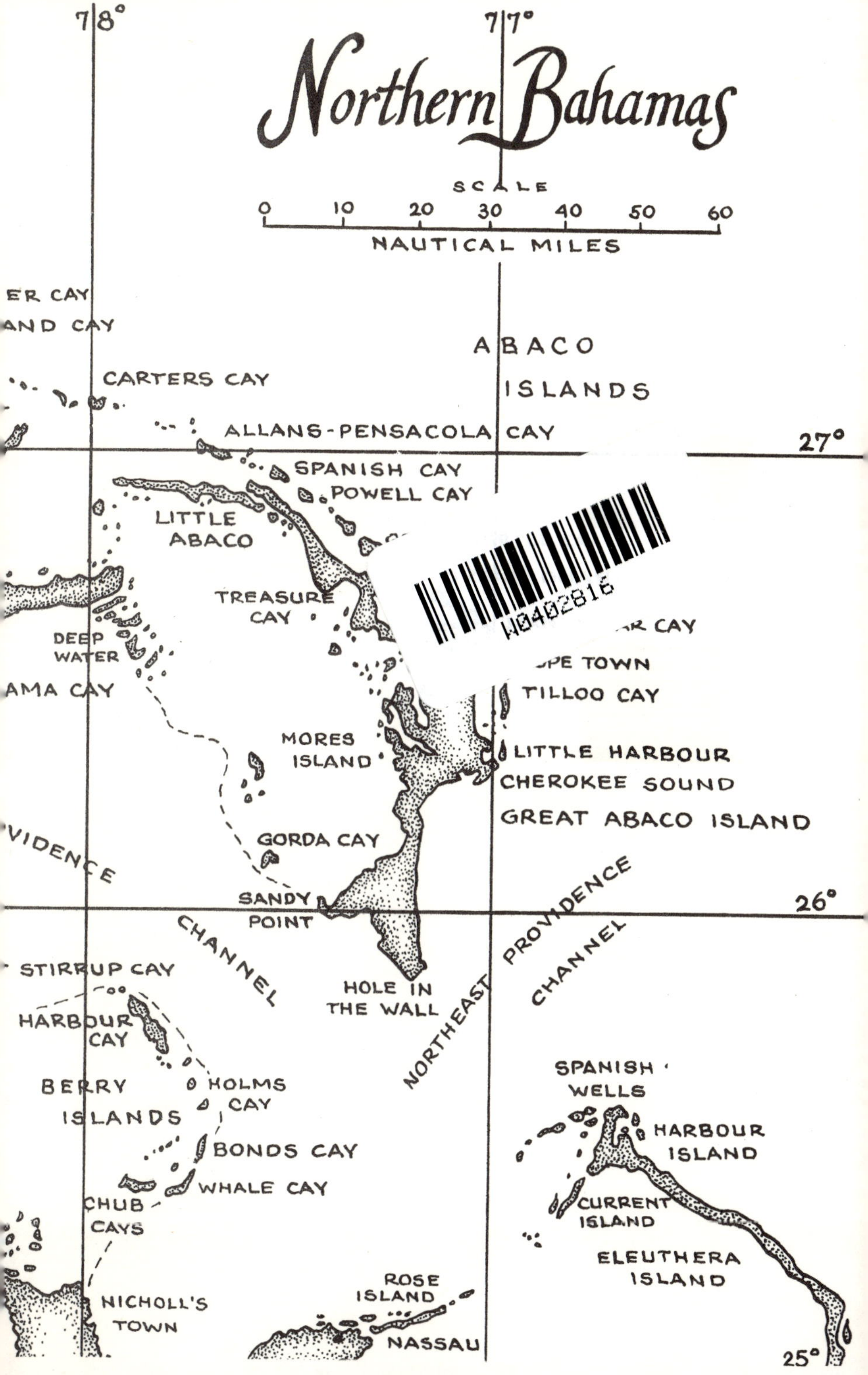

78°
77°
Northern Bahamas
SCALE
0 10 20 30 40 50 60
NAUTICAL MILES
ABACO
ISLANDS
CARTERS CAY
ALLANS-PENSACOLA CAY
27°
SPANISH CAY
POWELL CAY
LITTLE
ABACO
TREASURE
CAY
DEEP
WATER
TILLOO CAY
MORES
ISLAND
LITTLE HARBOUR
CHEROKEE SOUND
GREAT ABACO ISLAND
GORDA CAY
SANDY
POINT
26°
CHANNEL
NORTHEAST PROVIDENCE
CHANNEL
STIRRUP CAY
HOLE IN
THE WALL
HARBOUR
CAY
BERRY
ISLANDS
HOLMS
CAY
BONDS CAY
WHALE CAY
CHUB
CAYS
SPANISH
WELLS
HARBOUR
ISLAND
CURRENT
ISLAND
ELEUTHERA
ISLAND
ROSE
ISLAND
NICHOLL'S
TOWN
NASSAU
25°

Owanta G. Gottlieb-von Sanden ENGEL, STEH MIR BEI

Owanta G. Gottlieb-von Sanden

Engel, steh mir bei

Bläschke Verlag

CIP-Kurztitelaufnahme der Deutschen Bibliothek

Gottlieb-von Sanden, Owanta G.:
Engel, steh mir bei /
Owanta G. Gottlieb-von Sanden. —
Sankt Michael : Bläschke, 1984.

Druck: Bläschke Presse, St. Michael
Printed in Austria
ISBN 3-7053-2206-0

„Fasten your seat belt!" Die Bahamas liegen tief unter uns, der Anflug auf Nassau beginnt. „Zur Linken sehen Sie die langgestreckte Insel Abaco mit ihren silbernen Stränden." Es folgen noch Angaben über das Wetter und die Temperatur. Frederik, unser zweiter Sohn, 24 Jahre alt, ist ein fürsorglicher Reisebegleiter, er erinnert mich daran, daß ich den Gurt festschnalle. Als wir den großen Vogel verlassen und auf der steilen Treppe stehen, schlägt uns feuchte Treibhausluft entgegen. Sie läßt uns kaum atmen. Ist es die subtropische Wärme, oder ist es das Gefühl, wieder hier zu sein, was mein Blut in Wallung bringt? Frederik holt tief Atem, ihm geht es ebenso.
Im Flughafengebäude spielt ein schwarzes Orchester Calypsomusik. Jeder Ankömmling wird zur Begrüßung mit einem Rumgetränk, einem sogenannten „Goombaysmash" empfangen. Als der schwarze Bandleader uns entdeckt, nickt er zu uns herüber und spielt als nächsten Song „Daybreak", den Cay, unser ältester Sohn, komponiert hat.
Wir überfliegen mit schnellem Blick die kleinen Kabinen, in denen die Beamten sitzen und Paß und Einreisedokumente prüfen. Der dritte von rechts ist ein guter Bekannter, zu dem wir uns vorschlängeln. Sofort werden wir mit einem freundlichen Grinsen begrüßt und abgefertigt. Beim Zoll ist es dasselbe. Der Zollbeamte schüttelt uns die Hände, fragt nach unserem Wohlergehen, während er nonchalant die Zollmarken zum Passieren unserer Koffer aufklebt.
Es ist halb vier Uhr nachmittags, und es gibt keinen Flug zur Insel Abaco, unserer Insel, über die wir kurz zuvor geflogen sind. Eine Nacht werden wir also in Nassau bleiben müssen, und wir werden den Abend gemütlich in King Eric's Nachtklub verbringen. Auch hier die gleiche Herzlichkeit. King Eric, mit kahlrasiertem Kopf, der an eine reife Kokosnuß erinnert, Stuart, der einzige Weiße in der

Band, und Jimmy, der baumlange Schwarze mit der tiefen Tremolostimme, setzten sich in der Pause an unseren Tisch. Wir erfahren den neuesten Klatsch von Nassau und den umliegenden Inseln, den sogenannten „Out-Islands", Abaco, Grand Bahama, Eleuthera, Andros und den anderen.
Am Morgen geht es mit „Bahamas Air" weiter nach Marsh Harbour. Viele Bekannte, schwarz und weiß, sind auf dem Flug, und die 45 Minuten vergehen im Nu. Schon beim Einrollen in Marsh Harbour sehen wir Ejnars rotes Auto. Er steigt aus und winkt uns zu. Wieder Begrüßung alter Bekannter. Aber dann endlich liegen wir uns in den Armen.
Später sitzen wir entspannt und zufrieden beim Frühstück auf unserer kühlen Veranda und schauen über den blühenden Garten zum Meer hinunter. Und es wird mir klar, wie sehr dieser Blick demjenigen gleicht, den ich von meinem ostpreußischen Elternhaus Guja an den Masurischen Seen in Erinnerung habe. Erst vor knapp einer Woche hatten Frederik und ich auf der abgebröckelten Terrasse meines Geburtshauses gestanden und die Weite und Großzügigkeit dieses Bildes auf uns wirken lassen. Die hellen Tupfen auf dem stahlblauen Wasser des Guja-Sees waren Wildschwäne. Schwalben glitten zwitschernd über die Baumkronen zu den weißen Wolkenköpfen am Horizont, an dem die russischen Wachtürme uns an die rauhe Wirklichkeit erinnerten.
Hier nun in Abaco sind die Farben kräftiger. Die weißen Tupfen auf dem türkisgrünen Meer — kleine Schaumkronen, die sich fortwährend formen und auflösen. Die Schwalben, die elegant über den Garten zum Meer gleiten, lassen fast das gleiche Zwitscherlied hören, brüten aber nicht in Ställen, sondern auf Bäumen. Die eindringlichen Schreie der Lachmöwen sind dieselben hier wie in Ostpreußen. Doch am Horizont drohen keine russischen Wachtürme. Ein leuchtendes Segelboot zieht friedlich seine Bahn, es nimmt die Gedanken mit auf eine Reise in die Ferne, zurück zu dem Ostpreußen meiner Jugendjahre . . .

Da war der Engel, der in meiner Kindheit eine große Rolle spielte. Majestätisch und eindrucksvoll hatte er über meinem Kinderbett gehangen. Damals schien mir, er verändere ständig sein Gesicht. Ganz sicher lag es an den wechselnden Tageszeiten und den Sonnenstrahlen, die ihn trafen. Im Abendrot vergoldete sich sein Gewand, und er lächelte sanft zu mir herab. Bei zunehmender Dunkelheit wurden seine Züge streng und unnahbar, sein Kleid wurde bleigrau. Ich hatte das Gefühl einer allgegenwärtigen Person, die mein Tun gütig, streng oder drohend beobachtete.
Harro, mein um zwei Jahre älterer Bruder, und ich schliefen damals noch in einem Zimmer. Wenn wir irgendeiner Missetat wegen bestraft wurden, konnte ich oft nicht einschlafen, aus Angst vor dem Engel. Und ich bat Harro wachzubleiben, bis ich eingeschlafen war, denn ich hatte eine panische Furcht, allein zurückzubleiben. Manchmal wollte er mich ärgern und sagte: „Ich schlafe schon, du mußt allein einschlafen." Dann fühlte ich mich so verlassen, daß ich fürchterlich zu schreien begann. Das Kindermädchen stürzte herein, schimpfte und gab mir eine Ohrfeige. Ich heulte unter der Decke weiter, bis der Schlaf mich übermannte. Am Morgen war ich am glücklichsten. Ich schlich zum Fenster und schaute über den Garten zum Flüßchen hinunter zu den Häusern der Gutsarbeiter, hörte die unzähligen Vogelstimmen vom See her, hörte die Störche klappern, zählte die Rufe des Kuckucks und schaute gelegentlich nach dem Engel, der wieder ein freundliches, fast unternehmungslustiges Gesicht hatte. Kaum konnte ich es erwarten, ins Freie zu stürzen und meine Lieblinge zu begrüßen, gleich ob es der alte Schweinemeister Jekutsch oder die Haubenente auf dem Hühnerhof war. Sie alle mochten mich leiden. Es beruhte auf Gegenseitigkeit. Auch schien ich eine Hilfe zu sein, wenn irgendein Tier krank war oder eine Wunde behandelt werden mußte. Ich war zur Stelle mit einem Eimer Seifenwasser, den ich aus der Gutsküche herbeischleppte, fügte Lysol hinzu und wusch die vereiterten Wunden. Bald ließ man mich beim Fohlen einer Stute oder beim Kalben einer Kuh dabei sein. Viele Stunden verbrachte ich in den Ställen und wurde eine Art Laufbursche und

Vertrauensperson für die Gutsleute. Wenn der Tierarzt kam, wich ich nicht von seiner Seite. Der Obermelker, der Kutscher und der Schweinemeister ließen mich bei einem Muttertier Wache halten, während sie sich ein warmes Essen oder einen Schnaps holten. Durch diese Erfahrungen wurde ich früh mit vielen natürlichen Geschehnissen und auch mit der Behandlung von Krankheiten vertraut.

Unser Elternhaus lag in Ostpreußen im Kreise Angerburg auf einem Berg, eingebettet zwischen ausgedehnten Wäldern, einer lieblichen Hügellandschaft und dem blauen Guja-See, der wie ein Saphir leuchtete. Dieses kleine Gut Guja hatte seinen Namen in der Ordensritterzeit erhalten. Er kam aus dem Spanischen, bedeutete soviel wie „Kleinod" und paßte wunderbar zu dem vielgestaltigen, landschaftlich einzigartigen Flecken Erde. Guja war schon seit fünf Generationen in unserer Familie. Da es immer an die jüngste Tochter vererbt wurde, machte ich mich früh mit dem Gedanken vertraut, daß ich hier später selber leben würde. Diese Aussicht erfüllte mich mit Liebe für alles, was mit Guja zusammenhing, seinen Menschen, seinen Tieren und seiner Landschaft. Launingken, den wesentlich größeren Besitz an dem klaren Angerrapp-Fluß im Kreise Darkehmen, sollte mein Bruder Harro übernehmen. Unsere väterlichen Vorfahren waren schon lange in Ostpreußen ansässig. Einer von ihnen, sein Bild hing im geräumigen Saal, war Bernhard von Sanden, der als reformierter Bischof zusammen mit seinem evangelischen Amtsbruder König Friedrich I. im Jahre 1701 in der Schloßkirche zu Königsberg krönte. Die Familie meiner Mutter kam aus der Mark Brandenburg.

Vater stand im allgemeinen früh auf, mein Glück war vollkommen, wenn ich ihn im Garten, auf dem Wirtschaftshof oder auf dem Pfad zum See traf. Er zeigte mir, wie man die Netze aufnahm, erklärte die Fisch-, Vogel- und Getreidearten. Ich half ihm, Bungenstöcke zu schneiden oder beim Rudern des Bootes. Oft fragte ich ihn auch um Rat, wenn mir schien, daß eines der Haustiere schlecht behandelt wurde oder krank war. So vieles lernte ich spielend von ihm. Wenn wir durch den Wald gingen, erklärte er mir die Grund-

begriffe der Forstwirtschaft. Den sogenannten „Hieb auf den schlechtesten Stamm" hielt er für wichtig und richtig und schonte die herrlichen Bestände für Notzeiten in der Landwirtschaft. „Der Wald ist dein Reserveschatzkasten, auf den du, wenn es sein muß, getrost zurückgreifen kannst. Aber schone ihn, wenn möglich, für schlechtere Zeiten." Diese Worte hörte ich oft von ihm. Auch das System der Fruchtfolge auf den Äckern wurde mir bald vertraut. Wenn ich müde und erhitzt von unseren Wirtschaftsgängen zurückkam, setzte ich mich auf das Fensterbrett unseres Kinderzimmers und spielte Akkordeon. Die jungen Burschen vom Kuh- und Pferdestall pfiffen mit und winkten zu mir herauf. Dann wieder lauschte ich dem Dengeln der Sensen oder dem Trompetenruf des Kranichpaars, das in jedem Jahr im Moorgelände zwischen Wald und See brütete. Diese Morgenstunden mit meinem Vater gehören zu meinen schönsten Erinnerungen.
Es gab viel Zärtlichkeit zwischen unseren Eltern, doch in den Augenblicken, da sie einander gegenüberstanden, hatte ich das unbestimmte Gefühl zu stören. Mutter hatte — wie sie oft sagte — „ihren Mann" mit 14 Jahren geliebt, mit 19 geheiratet, und man erwartete seinerzeit eine tüchtige, wirtschaftlich interessierte Gutsfrau, die die Zügel mit junger Tatkraft in die Hand nehmen würde. Ihre Begabungen und Interessen lagen aber auf ganz anderem Gebiet. Vater vergötterte sie und stellte sich ganz und gar auf sie und ihre künstlerischen Neigungen zum Modellieren und Malen ein. Er schickte sie zu Fortbildungskursen an verschiedene Akademien und räumte ihr jede noch so kleine Schwierigkeit, ja auch das Arbeitspensum einer Gutsfrau aus dem Weg. Sie hatte ihr eigenes Atelier, dazu eine erfahrene Wirtschafterin. Den Vormittag und auch Stunden des Nachmittags verbrachte sie meist im Atelier. Vaters Zeit war aufgeteilt zwischen seinen Forschungen in der Natur und der Verwaltung der beiden Güter. So sahen wir auch ihn nur zu den Mahlzeiten. Allein die frühen Morgenstunden mit ihm blieben ein immer neues Erlebnis für mich. Meine ausgesprochene Liebe galt den Tieren und Pflanzen. Hier trafen sich unsere Interessen auf einer natürlichen und selbstver-

ständlichen Ebene. Ein unbeschreiblich warmes Gefühl durchflutete mich, wenn ich ihm mitteilen konnte, daß ich ein Nest gefunden hatte, nach dem er schon lange suchte, um Aufnahmen zu machen. Diese Stunden umgaben unsere Beziehung mit einem gemeinsamen, wunderbaren Geheimnis.
Schöne Stunden gab es oft auch mit Mutter allein. Sie war temperamentvoll, klug, kindlich und sehr weltfremd mit einem scharfen Blick für das Schöne. So konnte sie in heiles Entzücken ausbrechen über die goldgelben Sumpfdotterblumen entlang den Wiesengräben und sich nicht sattsehen an den samtbraunen hochwangigen Zigeunerfrauen, die bei uns bettelten und immer häufiger kamen, da Mutter sie als Modelle ins Atelier bat und sie dann fürstlich belohnte. Danach kamen sie gewöhnlich zu mir, um die neuesten Klatschgeschichten und Liebesverhältnisse der Haus- und Hofangestellten zu erfahren. Diese Kenntnisse nutzten sie geschickt, wenn sie danach ihren Kunden die Zukunft aus der Hand lasen oder ihnen Karten legten. Das Erstaunen war natürlich groß und abermals wurden sie reichlich belohnt.
Mutter teilte sich mir mit der Direktheit eines Kindes mit und schulte meinen Blick für die vielen Schönheiten um mich her. Wir unternahmen gemeinsame Ritte durch den endlosen Märchenwald und freuten uns an einem ersten Zitronenfalter, der als Frühjahrsbote aus dem braunen Vorjahrslaub zu den zartgrünen Birken taumelte. Oft stiegen wir ab und legten uns ins blühende Heidekraut. Dann erzählte sie von ihrer Liebe zu Vater, der sie wie eine verwunschene Prinzessin von allerlei Dämonen befreit und errettet habe. Erst viel später begriff ich, was sie mit diesen Dämonen meinte. Es waren Schwermutsanfälle, die vorübergehend wohl verschwanden, dann aber wieder verstärkt auftraten. Ihr künstlerisches Wesen und die Unfähigkeit für praktische und wirtschaftliche Dinge ließen sie den Gutsleuten unverständlich bleiben. Sie fand nicht den leichten und natürlichen Ton zu ihnen und litt darunter. Mutter war ehrlich bis zur Selbstaufgabe. Ein Geschehen etwa auf den Hörer zugeschnitten zu erzählen, war ihr genauso unmöglich, wie etwas Diplomatie anzuwenden. Sie hätte dadurch manch-

mal ein wenig Öl in die Maschinerie des täglichen Lebens tropfen können. Das aber war ihr fremd, und gerade sie litt ganz besonders unter Disharmonien, wußte aber nicht, wie sie zu verhüten waren. Sie war so klar, ehrlich und direkt, daß sie oft unwissend Menschen verletzte und dann deren Reaktionen gar nicht verstehen konnte. Oft fing Vater solche Situationen geschickt auf, so daß sie die Folgen nicht zu spüren brauchte. Als Kind erfaßte ich instinktiv das feine Netz der gegenseitigen Beziehungen zwischen unseren Eltern. Später erst konnte ich es analysieren und verstehen.

Beide waren sie Künstler und rangen ihr Leben lang ehrlich nach einer Ausdrucksweise. Mutters wirkliche Kinder waren, so scheint mir, ihre selbst geschaffenen Bronzen, und bei Vater waren es die tief empfundenen Naturbücher, die er schrieb. Wir, ihre leiblichen Kinder, bereiteten ihnen oft unbequeme Probleme, die sie in ihrer Schaffensatmosphäre störten. Trotzdem wußte ich, daß sie uns auf ihre Art sehr liebten. Je älter ich wurde, um so zärtlicher und liebevoller fiel mein Urteil aus. In unseren Jugendjahren aber beneideten wir die unbeschwerten lustigen Zusammenkünfte von jung und alt unserer Nachbarn und Verwandten. Da gab es Erntefeste, Turniere, Auktionen und Familienpicknicks. Es fehlte uns ganz gewiß nicht an Liebe, aber wir wurden scheu und unsicher, und ich entwickelte tief verankerte Minderwertigkeitskomplexe, die mir mein ganzes Leben hindurch schwer zu schaffen machten. Um so mehr wuchsen wir Geschwister zusammen, obwohl unsere Interessen ganz verschiedener Art waren. Harro war über alle Maßen jagdpassioniert. Ich ging oft mit ihm auf die Jagd, obwohl ich immer Mitleid mit den erlegten Tieren hatte. Meine schönsten Stunden verbrachte ich auf dem Rücken eines Pferdes, über die weiten Felder und Wiesen galoppierend oder durch den schattigen Wald und am Ufer des Sees entlangreitend. Nach den ersten drei Volksschuljahren, die wir in dem Dorfe Groß-Guja absolvierten, bekamen wir Hauslehrer. Ich glaube, diese Menschen haben in mir eine bis dahin schlafende kriminelle Ader erweckt, denn sie waren fast alle gemein und sadistisch. Wir konnten uns gegen ihre

Ungerechtigkeiten nicht wehren. Ich hatte einen ausgeprägten Gerechtigkeitssinn, der von ihnen regelrecht mit Füßen getreten wurde. Zurück blieb eine Überempfindlichkeit, die mich bei Ungerechtigkeiten manchmal fast zu Tätlichkeiten treiben konnte, so sehr ich auch später dagegen ankämpfte.
Unsere Eltern hatten zusätzlich ein kleines Gut in Österreich gekauft, das sie mit Liebe umbauten. So verbrachten sie viel Zeit auf diesem Hafner-Hof. Unterdessen waren wir den Hauslehrern auf Gnade und Verderb ausgeliefert. Harro hatte es besonders schwer. Er dachte an seine Rehböcke und war ein miserabler Schüler. So bekam er ständig Prügel und Strafarbeiten. Da gab es ein Fräulein Sommer, sie quälte uns, indem sie uns täglich mit endlosen Spaziergängen schikanierte, wobei wir rechts und links an ihrer Hand mit auswärts gestellten Füßen aufrecht gehen mußten, als hätten wir einen Stock verschluckt. Wir beschlossen daher, sie auf unserem See ins Wasser zu kippen, denn wir wußten, daß sie nicht schwimmen konnte. Es gelang uns an einem besonders schönen Tag, sie in Harros Boot zu locken. Auf dem See schaukelten wir so mit dem Boot, daß sie ins Wasser fiel. Sie benahm sich völlig hysterisch, strampelte in den Wasserschlingpflanzen herum und wäre wohl auch ertrunken, wenn Fischer sie nicht schreien gehört hätten, sie herausholten und an Land setzten. Sie packte noch am gleichen Tag ihre Koffer und verschwand. Der zweite Lehrer war zusätzlich noch ein Sadist und schlug mit dem Laubsägerahmen auf Harros Kopf ein, bis er blutete, weil Harro immer die Säge verkantete, was zur Folge hatte, daß die Sägeblätter zerbrachen. Aber, o Wunder, wir wurden plötzlich von ihm befreit. Die Polizei holte ihn ab, da er sich als russischer Spion entpuppt hatte. Dann aber kam das Fräulein Schneider, die auch nicht besser war. Wir sperrten sie zu unserem riesigen Bullen Ottokar ein, den wir von außen durchs Stallfenster wild machten. Er war zwar angebunden, rasselte aber fürchterlich mit den Ketten, brüllte unheimlich und scharrte das Stroh mit den Vorderfüßen, so daß Fräulein Schneider einen Nervenschock erlitt und uns Gott sei Dank auch verließ.

Um versetzt zu werden, mußten wir in jedem Jahr in Königsberg an einer öffentlichen Schule geprüft werden. Wir schnitten dabei so unmöglich ab, daß es bald keine Schule mehr gab, der man uns noch vorzeigen konnte. Schon eine Woche vor der geplanten Reise nach Königsberg mit dem „lahmen August", einem langsamen Personenzug, hatte ich Angst und Schweißausbrüche. Ich schlief, von entsetzlichen Träumen geplagt, so unruhig, daß ich oft von meinen eigenen Schreien erwachte. Der Engel schien drohend seinen Zeigefinger zu bewegen. Ein Traum aber blieb mir so lebhaft im Gedächtnis, daß ich ihn am Morgen unserer damaligen Hauslehrerin in allen Einzelheiten berichtete: Wir waren zu einem riesigen Schulgebäude gefahren worden, und man schob mich in ein grünes Klassenzimmer, in dem viele Schüler zu beiden Seiten des Mittelganges über mich lachten. Am Pult saß ein Mann, der ein aufgeschlagenes Buch vor sich hatte und mich heranwinkte. Ich stolperte nach vorne — mehr Gelächter. Dann zeigte mir der Mann eine französische Überschrift: „Le distrait spirituel" („Der zerstreute Professor"). Jeder fettgedruckte Buchstabe haftete in meinem Gedächtnis. Er forderte mich auf, die Geschichte zu lesen und nach Rückgabe des Buches einen französischen Aufsatz darüber zu schreiben. Ich verstand kaum ein Wort von dem Text und damit endete mein Traum. Die Hauslehrerin wurde nach Beendigung meiner Erzählung seltsam aufgeregt, sie nahm unser französisches Buch und durchblätterte es. Wahrhaftig, im zweiten Teil, zu dem wir noch nicht vorgedrungen waren, gab es diese Geschichte. Sofort schrieb sie alle Vokabeln heraus und setzte auch in gutem Französisch einen Aufsatz auf, den ich praktisch auswendig lernen mußte.

Als wir dann zur Prüfung aus dem Taxi stiegen, wurde mir ganz warm und ruhig zumute. Ich erkannte das große Gebäude sofort wieder. Es störte mich auch nicht, daß die Kinder in dem grünen Klassenzimmer über mich lachten, denn ich sah den Mann aus meinem Traum am Pult sitzen. Freundlich meinte er: „Lies diese Geschichte vom ‚distrait spirituel' durch und schreibe sie dann nieder." Anstandshalber tat ich, wie mir geheißen, und schrieb meinen auswendig gelernten Aufsatz hin. Es war das einzige Mal, daß ich eine Eins erhielt.

Schulzeit in Wieblingen und Königsberg

Nachdem wir auf diese Art in wenigen Jahren acht Hauslehrerinnen und Hauslehrer verbraucht hatten, wurden wir auf Internate geschickt. Ich fand mich im Alter von dreizehn Jahren in Wieblingen bei Heidelberg wieder, einem Internat für „höhere Töchter", das von Fräulein von Thadden geleitet wurde. Die 200 oder 300 Mädchen überwältigten mich anfangs, denn ich war scheu und ein richtiges Landkind. Dazu noch mit riesigen Schullücken behaftet. Mehrere Mädchen schliefen in einem Zimmer, und mir fehlte das Alleinsein mit meinen Tieren. Obwohl ich die Lehrer, Fräulein von Thadden und auch viele der Mädchen nett fand und die heitere Atmosphäre im Hause genoß, sehnte ich mich oft so sehr danach, allein zu sein, daß ich nachts heimlich aus dem Zimmer schlich, über die große, dicke Klostermauer kletterte und hinunter an den Neckar lief. Dort lernte ich einen alten Fischer kennen, der Netze in sein Boot lud, um sie auszulegen. Er war erstaunt, daß auch ich sie reparieren und stricken konnte, und als ich ihn bat, mich doch mitzunehmen, lächelte er, und ich kletterte in sein Boot. Ich schien ihm tatsächlich eine Hilfe zu sein, denn wir verabredeten uns nach der ersten Nacht für die nächste. So setzte ich meine heimlichen Bootsfahrten mit dem alten Mann auf dem damals noch unberührten Neckar fort.
Doch eines Mittags nach der Postausgabe wurde ich von Fräulein von Thadden in ihr Arbeitszimmer beordert. Das war gewöhnlich sehr aufregend, denn man wußte genau, daß man irgend etwas angestellt hatte, und mußte — während alle anderen mit Briefen in der Hand davonstürmten — als armer Sünder zurückbleiben. „Sag mal, Kindchen", sagte Fräulein von Thadden nicht un-

freundlich, „wo gehst du eigentlich Nacht für Nacht hin, wenn du über die Mauer geklettert bist?" Ich wurde rot und erklärte ihr, daß ich zum Fischer Klaus ginge und ihm mit den Netzen und auch beim Fischfang hülfe. Fräulein von Thadden sah mich mit ihren hellen Augen eine Weile an, dann sagte sie: „Das glaube ich dir, aber warum tust du es?"

Ich versuchte ihr zu erklären, daß ich von Zeit zu Zeit hinaus in die Natur müsse, sonst würde ich ersticken. Sie lächelte und sagte: „Also, hier ist der Schlüssel zum grünen Tor. Du brauchst nicht mehr über die Mauer zu klettern, Owanta, sondern kannst kommen und gehen, wann du willst. Aber deine Schularbeiten dürfen nicht darunter leiden. Du weißt, daß du riesengroße Lücken hast."

Das hatte ich nicht erwartet. Ich war so überwältigt, daß ich mich mit Handkuß und einem „Vielen, vielen Dank!" verabschiedete. Danach setzte ich meine Ausflüge noch eine Weile fort, wollte Fräulein von Thadden aber um keinen Preis enttäuschen und fing an, geradezu streberisch zu arbeiten. Der Erfolg war, daß ich sehr bald ganz gute Noten bekam und wenigstens keine Schwierigkeiten mit der Schule hatte.

Fräulein von Thadden erschien mir, der Dreizehnjährigen, irgendwie majestätisch, streng, aber verständnisvoll und gerecht. Sie tat mehr für mich in jenen Jahren, als je ein anderer Mensch. So schenkte sie mir, weil sie glaubte, ich brauchte Tiere um mich, Merinoschafe. Ich durfte mit meinen Schafen, die hinter mir herliefen wie Hündchen, ins Dorf, sogar bis nach Heidelberg spazieren. Auch glaube ich, daß Fräulein von Thadden mich besonders gern mochte. Denn anderenfalls hätte sie mich bei einem der Streiche mit meiner Freundin Aurikel aus der Schule entlassen müssen.

Es war eine ganz blöde Geschichte. Wir hatten uns gar nichts dabei gedacht, sonst hätten wir diesen Unfug nie begangen. In einem Laden hatten wir Knallkorkenpistolen entdeckt und gekauft. Zum Schießen gingen wir in das hintere Ende des großen Parks, weil es einigen Krach verursachte. Zufällig zog eine lange feierliche Fronleichnamsprozession von der katholischen Kirche aus durch die Straßen. Die Mädchen mit Locken und weißen Ge-

wändern und die Erwachsenen im Sonntagsstaat. Dazu wurden Litaneien gesungen.
Aurikel und ich sahen dem Schauspiel hinter der Mauer versteckt eine Weile zu. Als die Prozession ganz nahe war, konnten wir uns nicht enthalten, ein paar Knallkorken hineinzuschießen. Da alle Kirchen sich in der damaligen Nazizeit schon nicht mehr recht sicher fühlten, entstand eine beängstigende Panik unter den vorbeiziehenden Menschen. Kinder schrien und fielen hin, Erwachsene stürzten wie verwundet vorwärts, ja, der Baldachin, den sie trugen, kam ins Wanken, und alles raste Hals über Kopf zur Kirche zurück, von wo sie gestartet waren. Sie drängten ins Gebäude und verrammelten die Tore. Wir waren einigermaßen entsetzt über das, was wir da angerichtet hatten. Es dauerte auch nicht lange, da begehrte eine Delegation Fräulein von Thadden zu sprechen und berichtete, die Schüsse seien aus dem Park gekommen. Bei der Postausgabe sagte Fräulein von Thadden: „Diejenigen, die geschossen haben, bleiben nachher hier."
Aurikel und ich blieben zurück. Mir war die Geschichte besonders fatal, weil ich Fräulein von Thadden keinen Kummer bereiten wollte. Sie war ernstlich wütend und meinte, gerade weil wir eine protestantische Schule seien, wäre es besonders schlimm, noch dazu in der heutigen Zeit. Wir stammelten Entschuldigungen, während sie, den Kopf gestützt, am Schreibtisch saß und ganz erschüttert aussah. Das Schweigen wurde unheimlich. Wir machten uns aufs Schlimmste gefaßt. Endlich bewegte sie die Lippen wie abwesend und meinte: „Jede von euch muß 20 Eimer Kartoffeln schälen!" Damit entließ sie uns.
Leider konnte man in Wieblingen nicht das Abitur machen, und ich war traurig, daß ich mit der Obersekunda weggehen sollte. Fräulein von Thadden hatte mir so viele Freiheiten eingeräumt. Ich durfte meinen zoologischen Interessen nachgehen. Obwohl sie eine Respekt einflößende Persönlichkeit war und die meisten Mädchen Angst vor ihr hatten, fühlte ich mich immer sicher in ihrer Gegenwart und war erstaunt über so viel persönliches Interesse und Verständnis. Sie schien alle ihre Schäfchen genau zu kennen

und ihren Eigenarten Rechnung zu tragen. Ich ging also kurz vor dem Abreisetag zu ihr und fragte sie, ob ich im Internat wohnen bleiben dürfte. Zwei andere Mädchen, Bea und Irene, wollten das auch gerne. Wir drei konnten morgens nach Mannheim auf die staatliche Schule gehen und abends zurückkommen. Es gab eine elektrische Bahnverbindung von Wieblingen nach Mannheim. Fräulein von Thadden fand das eine glänzende Idee, und so durfte ich bleiben.

Unser Glück währte leider nicht lange. Fräulein von Thadden war eine ausgesprochene — und leider auch unvorsichtige — Gegnerin des Nationalsozialismus. Es war ein ungeschriebenes Gesetz, daß man nicht in ihrer Schule und gleichzeitig im nationalsozialistischen Bund Deutscher Mädchen sein konnte. Sie machte kein Geheimnis aus ihrer Einstellung und hat dies später unter grauenhaften Umständen mit dem Leben bezahlt. Sie wurde als Hitlers persönliche Gefangene von Freisler verurteilt und dann gehenkt. Immer werde ich sie in lebhafter Erinnerung behalten und ihr ein tief dankbares Andenken bewahren. Denn sie hat mir in meinen Jugendjahren nicht nur Richtlinien fürs Leben gegeben, sondern auch ein volles Maß an Liebe und Verständnis.

Wir wurden in der schon stark nazistisch beeinflußten öffentlichen Mannheimer Schule aufgefordert, einen Vortrag über die Juden im Dritten Reich zu halten. Bea von Bismarck hatte den ersten Teil, ich den zweiten auszuarbeiten und vorzutragen. Bea begann: ,,Die Behandlung der Juden im Dritten Reich ist unwürdig.'' Weiter kam sie nicht. Es entstand ein Aufruhr in der Klasse, und der Lehrer war entsetzt. Zugleich aber hätte er gerne noch mehr von uns erfahren. Bea gab ihm ihr Manuskript und ich ihm das meine. Dazu meinte Bea in ihrem köstlich arroganten Tonfall: ,,Es tut Ihnen wohl leid, mich unterbrochen zu haben. Hier können Sie alles schriftlich haben.''

Nach zwei Tagen waren wir von der Schule geflogen. Binnen einer Woche kamen wir vor ein Jugendparteigericht in Karlsruhe. Fräulein von Thadden fuhr im Hermelinpelz mit Chauffeur Walter im Opel Kapitän mit uns hin. Es passierte nichts, da wir zu jung waren.

Aber ich mußte Abschied von Wieblingen nehmen und ging nach Königsberg, wo eine zweijährige Leidenszeit für mich begann. Plötzlich landete ich in einer sprachlich ausgerichteten Schule. Ich sollte acht Jahre Latein und andere nie gehörte Dinge lernen und fürs Abitur bewältigen. Und das in knapp zwei Jahren.
Meine Eltern sagten: „Entweder du schaffst es, oder du kommst nach Hause und wirst Gutssekretärin, lernst Kochen und Nähen."
Meine Vorstellung von der Zukunft wich von dem in Aussicht gestellten Sekretärinnendasein ganz entschieden ab. Ich erhielt ein düsteres Zimmer bei alten, pleite gegangenen Gutsleuten in Königsberg und ging von nun an in die Königin-Luise-Schule. Es war entsetzlich. Die Klasse war seit der Sexta zusammengeschmolzen, und ich kam in die Unterprima als völlige Außenseiterin hineingestolpert. Ich hatte nicht nur Wissenslücken, mir fehlte der Boden unter den Füßen. In dem dunklen Plüschzimmer versuchte ich, Latein nachzulernen, und heulte stundenlang vor Verzweiflung, bis ich Kopfschmerzen hatte und beschloß, in der Konditorei Schwärmer einen Eiskaffee zu trinken. In dieser Zeit lernte ich Heinz Sielmann kennen, den heute berühmten Tierfotografen, der auch gerade keine Leuchte in der Schule war. Das machte ihn mir um so sympathischer. Wir tanzten im Tiergarten-Café, trösteten uns gegenseitig und schwärmten von der Zukunft, die ganz der Zoologie galt. Aber dennoch, ich sah bald ein, daß es so nicht weiterging, und begab mich auf die Suche nach einem Nachhilfelehrer für Latein.
Mein Schicksal war mir immer wohlgesonnen im Finden von hilfreichen Persönlichkeiten. Irgendwie geriet ich an einen von den Nazis abgesägten Direktor einer humanistischen Schule. Herr Mischkowski hieß er. Wenn wir auch noch so wenig Zeit hatten, er gab mir zuerst fünf Minuten Anti-Nazi-Unterricht, bevor wir zum Latein übergingen. Mein Tageslauf fing nun um sechs Uhr früh bei ihm an. Der rührende Mensch hatte schon ein kleines Frühstück für mich parat. Während ich es hinunterschlang, belehrte er mich über die Nazi-Teufel. Dann brachte er mir bis halb acht Latein bei. Er kam während der Ferien mit mir nach Hause und schaffte es

irgendwie, daß ich durchhielt. Als ich mein Abitur mit Ach und Krach in der Tasche hatte, freute er sich ebenso sehr wie ich darüber.

Pflichtjahr und Dresdner Zeit

Das Studium stellte ich mir eher romantisch vor und überlegte, in welcher Stadt ich es beginnen sollte. Heidelberg war mir vertraut und bekannt von der Internatszeit her. Aber ich wollte Neues kennenlernen, und so entschied ich mich für München. Ich schrieb um Informationen — und mein goldener Traum zerplatzte jäh aufgrund einer Bestimmung, nach der ich zuerst ein sogenanntes Pflichtjahr zu absolvieren hatte, bevor ich zum Studium zugelassen wurde. Die verlockenden Pläne rückten in weite Ferne. Ich landete in der Nähe von Nürnberg bei einer Familie von Tucher Simmelsdorf, und wieder hatte ich Glück, alle waren sie ganz besonders reizend zu mir. Die gleichen Landarbeiten, die ich von zu Hause her kannte, mußte ich hier selber verrichten. Der Sohn des Hauses kam auf Urlaub und bat mich, seine Hosen zu bügeln. Etwas verschämt, mit einem Handtuch um die Lenden und den gebügelten Hosen überm Arm kam er zurück und erklärte gutmütig, daß die Falten vorne und nicht an den Seiten eingebügelt sein müßten. Er half mir auch mit 500 Milchflaschen, die ich täglich mit einem Pferdewagen zum Bahnhof fuhr. Dort lud ich sie in einen Waggon und holte die gleiche Anzahl leerer Flaschen zurück. Am Abend wurden sie gewaschen und sterilisiert. Es dauerte bis zehn Uhr, danach wurde bis spät in die Nacht hinein getanzt.
Die Zeit verging schneller als ich gedacht hatte, und ich durfte 1940 vor Studienanfang ein halbes Jahr nach Dresden zu meiner Lieblingstante Hilda gehen. Sie war mit einem Architekten verheiratet, der vor Lebenskraft und Humor nur so sprudelte. Beide führten ein überaus gastfreies Haus, in dem vor allem Künstler ständig ein und aus gingen. Schriftsteller, Maler und Musiker waren fast

an jedem Abend zu Gast. Sie waren mit Gerhart Hauptmann, Emil Nolde, Otto Dix und anderen befreundet. Meine Tante war von einer unglaublich anmutigen Sanftheit, deckte den Teetisch mit goldenen Tassen auf goldenem Untergrund und fertigte Rauschgoldengel an. Ihre Tochter war genauso zart, still und heiter. Ich platzte in diesen sanften Kreis hinein wie eine Bombe. Aber Tante Hilda schloß mich gleich in ihre Arme, und ich fühlte mich wie zu Hause.
Hier in Dresden befand ich mich in einer Umgebung, in der sich mir völlig unbekannte Dinge boten, von denen ich bis dahin wenig Ahnung hatte. Vorträge, Opern, Theater, Konzerte, Leseabende, alles stürzte auf mich ein. Es gab nur ein großes Problem, wo immer wir auch hingingen, ich hatte nichts, aber auch gar nichts Passendes anzuziehen. In die zarten Gewänder meiner Kusine paßte ich nicht hinein. Den ersten Ball erlebte ich in einem Kleid meiner Tante und sah darin aus wie eine Preßwurst. Dadurch fühlte ich mich unsicher und ergab mich in meiner Verzweiflung dem Alkohol. Mein Bruder Harro hatte mich schon beim Jagen im Alter von sechs oder sieben Jahren an Mengen von Slibowitz gewöhnt. Ich vertrug unheimlich viel! Plötzlich aber kam der Punkt, an dem meine Hemmungen wie weggeblasen waren. Dann tobte ich derart wild herum, daß ich bei den kultivierten, modisch gekleideten, hübschen Mädchen nur noch „die wilde Comteß" genannt wurde. Ich bat meine Tante, wegen neuer Garderobe an meine Eltern zu schreiben, und sie tat es auch. Aber meine Eltern fanden solche Äußerlichkeiten unwichtig, womit sie vielleicht auch recht hatten. Doch mir erschienen neue Kleider damals lebensnotwendig. In meiner Verzweiflung schrieb ich an meinen Großvater. Er schickte postwendend Geld, wofür ich ihm ewig dankbar bin. Da ich nur unter der Bedingung, einen Nähkurs zu absolvieren, nach Dresden hatte gehen dürfen, meldete ich mich bei Fräulein Belzigs Nähstuben an. Sie war eine kluge Frau und begriff schnell, daß es besser war, mir die Teilnahme an dem Kurs gleich nach der zweiten Stunde zu bescheinigen. Es wäre ein totaler Zeitverlust für uns beide gewesen, hätte ich den ganzen Kurs absolviert. Ich habe es

nie in meinem Leben weiter gebracht, als bis zum Knöpfeannähen und ähnlichen absoluten Notwendigkeiten.
Nicht weit entfernt wohnten gute Freunde meiner Verwandten, mit denen sie oft zusammenkamen. Es waren die Gottliebs; Hamlet Gottlieb war Däne und seine Frau Annie Schweizerin. Sie hatten eine Tochter, Karin, und einen Sohn, Ejnar, der etwas älter war als ich und in München Medizin studierte. Gewissen Anspielungen entnahm ich, daß man allgemein fand, Ejnar und ich würden gut zueinander passen. Das allein schon machte mich diesem jungen Mann gegenüber äußerst voreingenommen.
Inzwischen hatte ich viele Freundschaften geschlossen und tobte mich nach Herzenslust aus. An jungen Leuten fehlte es nicht, obwohl der Krieg bereits heftig im Gange war. Meine Tante und mein Onkel ließen mich gewähren und freuten sich über meine Unermüdlichkeit im Ausgehen und Genießen. Ohnehin näherten sich die heiteren Monate allzu schnell dem Ende. . Zum Abschied wurde bei einem Mitglied unserer Clique ein Fest für mich geplant. Am Nachmittag erschien plötzlich der vielzitierte Ejnar Gottlieb. Er war nach bestandenem Physikum für kurze Ferien aus München nach Hause gekommen und wollte meine Kusine und mich zu dieser Fete begleiten. Zwar fand ich ihn, das mußte der Neid ihm lassen, sehr gut aussehend und charmant, aber doch eher angeberisch, wie er so von Atomspaltung etc. daherredete. Er lud mich ins „Café Kreutzkamm" ein und hatte mich nach einer halben Stunde dazu überredet, meine Haare abschneiden zu lassen. Wir hätten ja noch Zeit, und er kenne da einen fabelhaften Friseur an der Prager Straße. Ich hatte schon immer meine liebe Not mit meinen dicken blonden Zöpfen, die ich natürlich in einem Knoten trug. Aber ich fand, daß es so treudeutsch aussähe, und nur weil meine Eltern strikt dagegen waren, hatte ich es bisher nicht gewagt, sie abschneiden zu lassen. Wir tranken noch einige Cognacs, mein Mut wuchs olympisch, und wir gingen schnurstracks zum Friseur Hoffmann, der mir einen kurzen Haarschnitt verpaßte. Er gab mir das lange, zu einem goldenen Zopf geflochtene Haar in einer Tüte mit. Meine Tante behielt den Zopf in ihrer Erinnerungsschublade.

Ich fühlte mich mit der neuen Frisur äußerst wohl. Mein Selbstgefühl schnellte nach oben, und das Abschiedsfest wurde ein lustiger Abend. Ejnar tanzte viel mit mir und fragte mich geschickt aus, wo ich denn studieren wolle. Als ich sagte, in München, fand er das eine glänzende Idee, und wir verabredeten, daß wir zum Semesterbeginn gemeinsam nach München fahren wollten. Er versprach, mir auch bei der Zimmersuche und dem Immatrikulieren zu helfen. Ich fand ihn nicht mehr ganz so angeberisch.

Ferien in Guja

Der Abschied von den Dresdnern war schwer. Nur die Aussicht auf ein baldiges Wiedersehen erleichterte ihn etwas. Es waren so glückliche und unbeschwerte Monate gewesen. Nun fuhr ich also nach Ostpreußen zurück und rief von Königsberg an, um meine Ankunft zu melden. So nebenbei erwähnte ich meine abgeschnittenen Haare. Schweigen. Das Telefon klickte — kein Wort mehr. Meine armen Eltern waren dermaßen entsetzt und enttäuscht über meine kurzen Haare, daß sie es lange nicht verwinden konnten. Es war eine Katastrophe. Drei oder vier Wochen Ferien und kaum ein Wortwechsel zwischen uns. So ritt ich denn täglich stundenlang die einsamen Waldwege entlang, über die Wiesen, am Ufer des Sees dahin und dachte an Dresden. Ich muß gestehen, auch an Ejnar und an München.
Auf einem meiner Ritte verfolgte mich plötzlich, wie aus den Wolken gefallen, ein kleines Flugzeug. Ein Fieseler Storch, wie ich später erfuhr. Der Pilot hielt das kleine Ding immer genau über mir, so niedrig, daß ich unwillkürlich den Kopf einzog. Dandy, mein Pferd, wurde nervös, scheute, ich verlor die Gewalt über ihn, und wir rasten auf eine eingezäunte Wiese zu. Bei einem Sprung, wenn es überhaupt dazu kam, konnte es böse ausgehen. Wenn wir in diesem Tempo in den Stacheldraht rannten, wäre das Pferd verloren. So riß ich Dandy mit einem heftigen Ruck und kräftigem

Schenkeldruck nach rechts herum. Er ging augenblicklich in die Knie, und ich landete über seinen Kopf hinweg unsanft auf dem Boden. Als ich wieder auf die Beine kam, erwischte ich ihn gerade noch beim Zaum. Voller Wut sah ich auf.
Das Flugzeug beschrieb einen Bogen und schickte sich an, auf der Wiese zu landen. Als der Motor endlich schwieg, konnte ich mich mit meinem schweißbedeckten, zitternden Pferd nähern. Zwei junge Piloten saßen hintereinander im Flugzeug und grinsten. Das machte mich noch wütender, als ich ohnehin schon war. „Was für einen Unfug treiben Sie denn da! Das kann ja gefährlich werden!" fuhr ich sie an. Der vordere hatte die Tür geöffnet, nickte höflich und sagte laut und deutlich „Nein". Das war nun doch die Höhe. „Doch!" rief ich voller Zorn. „Sie haben mich absichtlich verfolgt und Ihren Spaß daran gehabt!" Er kletterte aus der kleinen Wundermaschine heraus und kam lachend, mit ausgestreckter Hand auf mich zu. „Nein", sagte er, „mein Name ist Oberleutnant Nein. Ich bitte um Verzeihung und würde Sie gerne als Wiedergutmachung zu einem Flug einladen."
„Das ist natürlich etwas anderes", entgegnete ich schnell besänftigt. Ich war noch nie geflogen und fand die Aussicht, mit diesem Vogel in die Luft zu steigen, unwiderstehlich. Sein Copilot hielt meinen Dandy mißtrauisch an langem Zügel, während ich mich hinter Oberleutnant Nein auf meinem Sitz festschnallte. Bereits beim Anlassen des Motors lief Dandy auf und davon. Es war mir nun auch egal, denn wir nahmen Geschwindigkeit auf und plötzlich erhob sich das kleine Flugzeug mit der Leichtigkeit einer Libelle in die Luft, und schon flogen wir über den See. Dort ließ Oberleutnant Nein es heruntergleiten und jagte eine weiße Perlenkette von Wildschwänen in die Luft, die gehüteten Lieblingsvögel meines Vaters. Es sah phantastisch aus, wie sie zum überstürzten Start ansetzten, auf dem Wasser eine Weile entlangliefen, mit kräftigem Flügelschlag, bis sie endlich abhoben und Höhe gewannen. Es schien mir, sie brauchten wesentlich länger zum Start als wir. Schon waren wir weit fort von ihnen und schwebten nun über dem ausgedehnten Wald. Auf einer Schneise entdeckte mein

Pilot einen Fuchs, der auf Mäusejagd war. Wieder sausten wir in einer Art Sturzflug hinunter. Der Fuchs wußte nicht, wie ihm geschah, und duckte sich zuerst, um dann mit entsetzten Sprüngen im Wald zu verschwinden. Wir flogen 45 Minuten über Wälder, Seen und Felder, und ich war traurig, als wir auf unserer Wiese zur Landung ansetzten. Dort hatten sich inzwischen nicht nur die Gutsbevölkerung, sondern auch meine Eltern eingefunden. Dandy wurde vom Kutscher Semmler gehalten. Ich kletterte ganz benommen hinter dem Piloten aus dem Flugzeug und stellte ihn meinen Eltern vor. Sie luden ihn und seinen Copiloten auf ein Glas Wein ins Gutshaus ein. Er erzählte, daß er der Privatflugzeugführer von Hitler sei und sich zur Zeit im Führerhauptquartier in Rastenburg aufhalte. Meine Eltern kühlten bei dieser Eröffnung merklich ab. Wir brachten die beiden zurück zu ihrem Flugzeug, und sie flogen davon. Ich aber mußte mir eine Gardinenpredigt anhören: kurze Haare, leichtes Mädchen und so weiter.
Im Frühjahr 1942 fuhr ich mit gemischten Gefühlen nach Dresden. Ejnar hatte auf mich gewartet. Wir blieben zwei Tage in dieser schönen, mir vertraut gewordenen Stadt. Der Ernst des Krieges legte sich wie eine feine Eisschicht auf unsere jungen Gemüter. Fast alle aus unserer Clique waren eingezogen und einige davon bereits gefallen. Das Wiedersehen mit meinen Verwandten war viel zu kurz.

München

Wir fuhren mit dem Nachtzug im überfüllten Abteil nach München und kamen übernächtigt in der Frühe an. Ejnar war indessen Herr der Lage, er kannte sich aus, und wie mir schien, war er auch bekannt wie ein bunter Hund. In Schwabing grüßte ihn an jeder Ecke ein Mädchen mit ,,Hallo Bobby, schön, dich wiederzusehen, wo warst du denn so lange?'' Wir gingen zuerst zu seiner Studentenbude, die sich als ein geräumiges, gut möbliertes Atelier mit großen, schrägen Fenstern entpuppte. Die Wirtin, Frau Goltz, eine typische Schwabingerin, freute sich sichtlich, Ejnar wiederzusehen, und bereitete uns gleich eine Tasse Blümchenkaffee. Mein Gepäck, das aus zwei Koffern, meinem Akkordeon und einem kleinen Käfig mit lebenden Mäusen bestand, stellte ich bei Ejnar ab. Dann gingen wir auf Zimmersuche. Ich fand ein viel zu teures in Nymphenburg. Ejnar meinte, daß es doch sehr unpraktisch sei, so weit weg von Schwabing zu wohnen, und versuchte, ob aus diesen oder anderen Gründen, ein Zimmer in seiner Nähe zu finden. Wir sahen einander häufig, seine Hilfsbereitschaft tat mir wohl. Was mich aber besonders anzog, war seine sichere humorvolle Art. Schlechte Laune oder eine bedrückte Stimmung gab es bei Ejnar nicht. Er hatte eine ausgesprochene Gabe, dem Leben die heitere Seite abzugewinnen. Die Atmosphäre bei Frau Goltz war überdies von besonderem Schwabinger Charme gekennzeichnet. Ihre Tochter, eine begabte Malerin, interessierte sich vor allem für Neger und glaubte, in ihrem früheren Leben in Afrika als Schwarze gelebt zu haben. Wo immer sie einen Farbigen aufspürte, brachte sie ihn mit nach Hause, um ihn zu porträtieren. Neben Ejnar wohnte ein Sänger, der sich, von seinen Eltern enterbt, tapfer durchschlug. Wenn am Monatsende uns allen das Geld ausging, fingen wir Tauben vom Dach und luden unsere Freunde zum Essen ein. Sie mußten Wein und Brot mitbringen. Unter einer Wäscheleine saßen wir dann gemütlich in der Küche bei Frau Goltz beisammen und verzehrten die zähen Vögel, wobei der Wein und das Brot das Beste waren. Frau Goltz erklärte lächelnd, um die andren Hausbewohner nicht zu schockieren, sollten wir abends nicht nach zehn Uhr und morgens nicht vor neun Uhr zusammen im Treppenhaus gesehen werden. „Es ist nur, um die Grazie der Form zu wahren", meinte sie. Dieser Rat war aber gar nicht vonnöten. Meine Eltern hatten mir immer wieder eingeschärft, bei keinem Mann zu übernachten.

Langsam arbeitete ich mich an der Universität durch einen Berg von Papieren, Bestimmungen und Vorlesungsangeboten durch, um zu immatrikulieren. Ejnar studierte so ein wenig nebenbei und behauptete, nach bestandenem Physikum könne man sich das schon erlauben. Außerdem rechnete er immer mit seiner Einberufung zum Militär. Wir trafen uns oft zum Essen, wobei er sich die noch zu habenden besten Gerichte bestellte. Ich hatte schnell begriffen, daß es mit meinem Wechsel nur zu Bier und Radi langte, und schrieb an Harro, der mit einer Verwundung im Lazarett lag und sein Geld gar nicht verbrauchen konnte. Er schickte auch umgehend, so viel ihm nur möglich war.

Der erste Fehlschlag kam, als meine Wirtin die Mäuse entdeckte und mich von einem auf den anderen Tag hinausschmiß. Ich mußte wieder meine Sachen bei Ejnar unterstellen. Wir versteckten die Mäuse auf einem hohen Schrank, denn Frau Goltz mochte ähnlich reagieren. Wo aber sollte ich übernachten? Ejnar schlug vor, in den Simplizissimus zu gehen und bei Whisky und Musik die Situation zu bedenken. Der „Simpel" war damals auf seiner Höhe. Die originellsten Typen und Schwabinger Künstler trafen sich dort und hatten ihre nostalgische Phase, wenn Magnus „Stormy weather", „My heart belongs to Daddy" oder „Dina" vortrug. Plötzlich schien alles viel einfacher.

Wir waren beide sehr beschwipst, und wir tappten im Stockfinstern durch die verdunkelten Straßen. Ein heftiges Gewitter entlud sich über unseren Köpfen; wir nutzten die Blitze, um unseren Weg zu finden, und sprangen bei ihrem Aufleuchten, so weit es ging, vorwärts. Dicht neben mir hörte ich einen dumpfen, hohlen Klang und sah Ejnar in die Knie sinken. Er war mit voller Wucht in einen eisernen Laternenpfahl gelaufen. Leicht benommen und patschnaß schlichen wir in seine Wohnung. Auf „die Grazie der Form" konnten wir diesmal keine Rücksicht nehmen. Ejnar schwor, er wolle auf dem runden Ledersofa übernachten, und ich sollte sein Bett für mich haben. Ein heroischer Vorschlag, denn ihm war es schrecklich schlecht vom Whisky und einer dicken Beule am Kopf.

Ich legte mich aufs Bett und zog nur die Schuhe aus. Bald fing Ejnar an zu stöhnen, er könne so krumm nicht schlafen, alles täte ihm weh. Ich möge doch Erbarmen haben und ihm erlauben, sich neben mir auszustrecken.

Wenig später wurde einer von Ejnars Freunden eingezogen und dessen Zimmer in Schwabing, am Nikolaiplatz, frei. Es war billig. Die Wirtin kümmerte sich zwar um nichts, ließ aber auch meine Mäuse gewähren, zu denen sich noch eine zahme Krähe gesellte. Sie saß im Ofenrohr, wenn ich weg war, oder auf meiner Schulter, wenn ich durch den Englischen Garten ging.
Ich war nun so weit durch den Papierberg gedrungen und hatte so viele Formulare ausgefüllt, daß ich mich am Ziel der Immatrikulation wähnte. In einer langen Schlange von neuen Studenten und Studentinnen stehend, machten wir nur ganz langsame Fortschritte in Richtung auf die letzten Stempel. Endlich war ich an der Reihe und legte meine Papiere auf den Tisch. Die Beamtin sah sie an und sagte mit gleichgültiger Stimme: „Jahrgang 1921 muß laut neuer Bestimmung vom soundsovielten ein halbes Jahr Arbeitsdienst leisten, bevor zum Studium zugelassen." O nein, das konnte doch nicht sein! Aber meine Erklärungen, daß ich doch schon ein Pflichtjahr hinter mir hätte, interessierten gar nicht. Verzweifelt und wütend verließ ich den Ort der Handlung und lief blindlings durch die Straßen. Am Siegestor lief ich Ejnar in die Arme. Unter Tränen erzählte ich ihm von dem jähen Ende meines Studientraumes, und von der trüben Aussicht, ein halbes Jahr im Arbeitsdienst verbringen zu müssen.
Ejnar wußte Rat, wie so häufig. „Ich werde das schon für dich deichseln; ich kenne einen Arzt", sagte er, „der wird dir bestimmt ein Attest ausstellen. Ich rufe ihn gleich an." Dr. Probst, ein grauhaariger, freundlicher Mann hatte tiefstes Verständnis für meine Situation. Als ich ihm von meinem gebrochenen Schlüsselbein bei einem Sturz vom Pferd erzählte, nickte er und fand den Ausweg, und zwar eine zurückgebliebene Nervenschädigung, die sich bis in die Finger auswirke. In dem Ring- und kleinen Finger hatte ich „pelzige Gefühle, die bis in den Arm ausstrahlten". „Mit den anderen Fingern fühlen Sie normal", schärfte er mir ein, „das dürfen Sie bei einer eventuellen Untersuchung nicht vergessen." Ich wiederholte alles, während er das Attest ausschrieb und keinen Pfennig von mir annahm.

Am nächsten Tag ging ich stolz wie ein Schneekönig mit meinem Attest in der Tasche zum Meldeamt 128, wo mich eine Arbeitsdienstlerin empfing. Sie hatte das Haar straff nach hinten zu einem Knoten frisiert, fast so, wie ich es auch einmal getragen hatte, dazu eine Brille auf der Nase. Als ich ihr das Attest reichte, lief sie rot an, sprang vor Wut vom Stuhl auf und schrie: „Ja, du meine Güte, wie viele Atteste wagt denn dieser Dr. Probst noch auszustellen! Sie sehen ganz so aus wie ein Drückeberger, adelig noch dazu. Es wird Ihnen schlecht bekommen, dafür werde ich sorgen!"
Ich war so erschrocken, daß ich nichts antworten konnte. Die Dienstperson studierte das Attest eine Weile und dann sagte sie mit resignierter Stimme: „Zu schade, daß Sie mir nicht in die Hände geraten. Ich bearbeite nur die Namen bis R, und Ihrer fängt mit S an. Sie müssen zum Meldeamt 129." Ich war ebenso erleichtert wie wütend und machte mich schnellstens aus dem Staube.
Am folgenden Tag versuchte ich es beim Meldeamt 129. Diesmal war ich schlauer. Ich kämmte mir die Haare so glatt es ging, zog mein grünes Jagdkostüm an, steckte mein großes Sport- und Reitabzeichen daran und lieh mir noch eine Schieß- und Schwimm-Medaille. Als ich das Amt betrat, fand ich einen Arbeitsdienstler in weißer Uniform am Schreibtisch sitzen. Ich grüßte zackig, worauf er sich erhob und mir einen Stuhl anbot. Mit trauriger Stimme erklärte ich ihm meine Enttäuschung, daß ich nicht in den Arbeitsdienst dürfe, und alles wegen dieses blöden Reitunfalls. Er schaute das Attest an, während er mir eine Zigarette anbot. „Ich danke Ihnen vielmals, aber die deutsche Frau raucht nicht", entgegnete ich ihm. Er sah mich verdutzt an, nahm einen Stempel und beglaubigte das Attest. Dann stand er auf und begleitete mich bis zur Tür, wie ein Gentleman. Als ich draußen war, atmete ich tief auf und konnte es kaum fassen, die Vorstellung war ein voller Erfolg gewesen, bühnenreif. Nun lag meinem Studienbeginn nichts mehr im Wege.
An einem der folgenden Tage wurden die neuen Studenten in der großen Aula vom Reichsstudentenführer Scheel und einigen anderen hohen Tieren begrüßt, mit vielen Ansprachen, Fahnen und

der Nationalhymne. Ich saß in der hintersten Reihe und döste vor mich hin, als ich plötzlich meinen Namen vom Sprecherpodium hörte. Etwas verwirrt zögerte ich, als es schon wieder von unten heraufklang. „Gräfin Bismarck und Fräulein von Sanden, bitte hier antreten." Ich traute meinen Augen nicht, als ich Bea, meine alte Schulfreundin aus der Wieblinger Zeit nach unten gehen sah, und schickte mich an, ihr zu folgen. Wir hatten uns aus den Augen verloren, und so fielen wir uns vor dem Podium zuerst einmal zur Begrüßung in die Arme, ungeachtet der NS-Führerschaft. Sofort ermahnte uns jemand zur Ordnung, und eine strenge Stimme fragte, warum wir nicht der „Arbeitsgemeinschaft Nationalsozialistischer Studentinnen" beigetreten seien. Diese Verbindung hieß allgemein die ANST und wurde „Angst" genannt.

Bea war sich treu geblieben. Sie übernahm sofort in ihrer herausfordernden Art das Wort und entgegnete: „Aus weltpolitischen Anschauungsgründen, meine Herren." Schweigen. Daraufhin richtete der Münchner Studentenführer das Wort an uns: „Dann werden Sie nie ein Abschlußexamen machen dürfen und eine Anstellung erhalten können. Das ist Ihnen hoffentlich klar?" Ich hätte es dabei bewenden lassen, aber Bea entgegnete spöttisch: „Sie glauben doch wohl nicht im Ernst, daß wir eine Anstellung suchen werden. Wir studieren aus Wissensdrang." Ich konnte die bösen Blicke auf meinem Rücken fühlen, als ich wieder in meiner hintersten Reihe verschwand.

Die friedlichen Morgenstunden im Englischen Garten bezauberten mich mit ihrer Stimmung, und so hielt es mich schon früh um fünf Uhr nicht mehr in meinem kleinen Zimmer. Ich schlenderte mit meiner zahmen Krähe auf der Schulter zum Kleinhesseloher See und stieß dabei auf eine Gruppe von Leuten, die Vögel beobachteten, belauschten und sie zu bestimmen versuchten. Ich schloß mich ihnen an, denn die Ornithologie war mir von meinem Vater her so vertraut, daß ich die verschiedenen Rufe und Liedchen von der Mönchsgrasmücke bis zum Kleiber beherrschte. Ein freundlicher älterer Herr kam mit mir ins Gespräch und fragte, was ich denn hier in München triebe, mit meiner Krähe auf der Schulter. Stolz erklärte ich ihm, daß ich Zoologie bei Professor von Frisch und Professor Jakobs studiere. ,,Aha'', meinte er, ,,das ist interessant.'' Er sah mich prüfend an. ,,Ich bin Professor Jakobs, habe aber noch nie das Vergnügen gehabt, Sie in meiner Vorlesung zu sehen.'' Allgemeines Gelächter. Ich wurde rot. Am nächsten Tag erschien ich in seiner Vorlesung. Er erkannte mich sofort und meinte: ,,Bitte, kommen Sie doch in die vorderste Reihe, damit wir uns nicht gleich wieder aus den Augen verlieren.'' Von nun an gab's kein Schwänzen mehr.

Gegen Ende des Semesters erhielt ich einen Brief mit der Mitteilung, daß ich während der Sommerferien einen Hilfsdienst in einer Fabrik oder als Straßenbahnschaffnerin zu absolvieren hatte, um mein Studium fortsetzen zu können. Ich meldete mich sofort bei einem Freund aus der Dresdner Zeit an, der eine große Maschinenfabrik besaß und nun im Krieg Flugzeugteile herstellen mußte. Mit ihm hatte ich viele Nächte durchgetanzt. Außerdem konnte ich wieder bei meinen geliebten Verwandten wohnen — wenn schon Fabrikdienst. Jochen, mein alter Freund und neuer Chef, bat mich nur, die Fabrikarbeiter nicht merken zu lassen, daß wir uns kannten. Über ein Storchschnabelgerät mußte ich an einem Fließband winzige Zahlen und Buchstaben in immer den gleichen Maschinenteil gravieren. Dies täglich zehn Stunden lang, mit 45 Minuten Mittagspause. Die sächsischen Arbeiter hatten zwar einen köstlichen Humor, aber sie waren auch frech und zudringlich, und man hatte seine liebe Not mit ihnen.

Es war trotz Fabrikarbeit eine schöne Zeit. Ich sah viele alte Freunde wieder, obwohl unser Kreis von jungen Leuten mehr und mehr zusammenschmolz. Immer neue Meldungen von gefallenen Freunden trafen ein. Zwei Wochen waren mir noch als richtige Ferien erlaubt, und die verbrachte ich zu Hause in Ostpreußen. Hier spürte man den Krieg schon sehr. Fast alle Pferde waren uns weggenommen worden. Das Benzin für die Maschinen war stark rationiert, die Gutsleute eingezogen, bis auf Frauen, Kinder und Großväter. Die Landarbeiten wurden von polnischen und russischen Kriegsgefangenen verrichtet, die einander bis aufs Blut haßten.

Mein Vater nahm daher alle Russen nach Launingken und ließ alle Polen in Guja arbeiten. Er behandelte die Gefangenen nach Ansicht des Kreisleiters viel zu gut, und so wurden immer wieder Spitzel eingeschleust. Wir fühlten uns auf eigenem Boden nicht mehr sicher.
Bei meiner Ankunft erzählte mir Vater, daß mein geliebtes Reitpferd Dandy und noch zwölf andere Pferde am folgenden Tag in die Kreisstadt zur Musterung gebracht werden müßten. Das war das Ende der Pferde. Das Militär nahm alles, was nicht hinkte. Ich beschloß, mit den Pferden selber hinzureiten und wenigstens bei Dandy einen alten Zigeunertrick anzuwenden. Als Kind hatte ich oft viele Stunden in ihren Wagen zugebracht und gelernt, ein Pferd vorübergehend lahm zu machen. Man reißt vom Pferdeschweif zwei oder drei lange Haare aus und bindet sie ganz fest um den Huf des Pferdes, dort wo der Hornteil aufhört und der fleischige Teil des Beines anfängt. Die Haare — heute könnte man natürlich einen Nylonfaden nehmen — bindet man so, daß sie unter dem Rand des Felles versteckt liegen. Es dauert zehn bis zwölf Stunden, bis die Blutzirkulation beeinträchtigt wird. Erst tritt das Pferd unsicher auf, und nach einigen weiteren Stunden beginnt es zu lahmen.
Als unsere Pferde im Ring dem Musterungs-Major vorgeführt wurden, lahmte Dandy brav. Der Major fühlte das Bein ab — mein Herz schlug im Hals — und ließ ihn nochmals traben und galoppieren. Ohne Zweifel, Dandy lahmte. Zwei uralte Klepper und er blieben uns erhalten. Ich war so glücklich, daß ich Dandy aus dem Ring führen durfte, und trat sofort den Heimritt an. Doch mir wurde ganz schwach, als uns plötzlich der Major im Auto überholte. Ich konnte sehen, wie er sich den Hals verrenkte. Mein Dandy trabte ohne jedes Anzeichen von Lahmheit unter mir dahin. Wahrscheinlich war auch der Major dieses ganzen Treibens müde, denn er ließ das Auto nicht anhalten und verschwand in einer Staubwolke.

Ejnar und ich hatten uns vollends ineinander verliebt, und wenn wir mittlerweile auch beide ernsthaft für unser Studium arbeiteten,

so ist diese Münchner Studienzeit in der Erinnerung reich an unbeschwerten Eindrücken und Studentenromantik. Die Vorlesungen waren noch nicht so überfüllt, so daß die Professoren persönliches Interesse für ihre Studenten zeigten, vorausgesetzt, man tat etwas. Ejnar wartete noch immer auf seine Einberufung und hatte oft den Verdacht, daß man ihn vergessen haben könnte. Die nächsten Trimester gingen viel zu schnell vorbei, und eines Tages, als wir es am wenigsten erwarteten, bekam er, im Oktober 1942, einen Gestellungsbefehl zur Marine.
Der Abschied war schrecklich. Ich sehe ihn heute noch mit seinem winzigen Köfferchen in der Hand mit anderen Zivilisten hinter dem Münchner Hauptbahnhof antreten. Weiter durfte ich ihn nicht begleiten. Ich fühlte mich so einsam und verlassen, daß ich in meine kalte Bude ging und heulte. Eine gemeinsame Freundin rief mich an und sagte, ich solle zu ihr kommen, sie wolle mich trösten. Ich hatte keine Lust, aber sie bestand auf mein Kommen. Sie und ihre Eltern empfingen mich mit einem Gläschen Champagner, was damals schon eine Seltenheit war, und ich fand Champagner auch nicht passend zu meinem Abschiedskummer. Völlig erschöpft lehnte ich mich mit dem Glas in der Hand an den großen Flügel und bekämpfte meine Tränen. Plötzlich kniff mich jemand ins Bein, und schon kroch Ejnar unter der herabhängenden Flügeldecke hervor. Er war noch einmal bis zum Morgengrauen entlassen worden. Diese geschenkten Stunden verbrachten wir — entgegen dem Verbot meiner Eltern — in seinem Atelier.
Von nun an stürzte ich mich noch intensiver in mein Studium. Ejnar war in einem Trainingslager an einem gottverlassenen Ort, Wijk aan Zee, gelandet. Wir schrieben einander fast täglich.

Innsbruck

Der Krieg war nun allgegenwärtig und überschattete jedes Leben. Um meine zahme Krähe nicht zu kurzen Ferien nach Ostpreußen

mitnehmen zu müssen, gab ich sie gewöhnlich einer alten Gärtnersfrau, die am Nikolaiplatz ein kleines Unternehmen mit einem Gewächshaus hatte. Sie liebte Tiere und hatte außer Katzen, Hund und Kaninchen auch eine Ziege. Wir verstanden einander, ich verbrachte viele Stunden bei ihr im Gewächshaus, und meine Krähe war gut bei ihr aufgehoben.
Doch als ich einmal von meinen Ferien zurückkehrte, gab es diese Oase der freundlichen Stille nicht mehr. Eine Bombe hatte sie zerstört. Die liebe alte Gärtnerin war darunter begraben mit all ihren Tieren. Nur meine Krähe saß traurig und verlassen auf den Trümmern. Sie erkannte mich sofort und schwang sich laut krächzend auf meine Schulter. Mich hielt nicht mehr viel in München. Die ewigen Fliegeralarme erschwerten auch das Arbeiten sehr. So siedelte ich 1943 nach Innsbruck über, während etwa zur gleichen Zeit Ejnar zum Weiterstudieren nach Freiburg i. Br. kommandiert wurde.
Er rief oft an und schrieb noch öfter. Da er von Freiburg nicht wegkonnte, besuchte ich ihn manchmal übers Wochenende. So gut wir uns auch verstanden, der Krieg schien auch über uns seinen Schatten zu werfen. Wir quälten und liebten einander und wälzten Probleme, die eigentlich gar keine waren. Dann wurde Freiburg bombardiert und fast dem Erdboden gleichgemacht. Ejnars Einheit wurde daraufhin nach Danzig verlegt, weil die Unterkunft völlig zerstört worden war.
Ich hatte inzwischen mit meiner Doktorarbeit begonnen und bereitete mich auf die Examina vor.
Es war der 20. Juli 1944. — Eine Freundin und ich fuhren im Bus hinauf nach Hötting zum Zoologischen Institut. Wir wurden von einigen Studenten angesprochen: „Ihr seid doch auch solche Adelige aus Ostpreußen, dort hat heute ein Graf Stauffenberg versucht, unseren Führer umzubringen!" Und sie schauten uns herausfordernd an. Mir platzte der Kragen. „Gott sei Dank!" sagte ich, „daß es noch verantwortungsbewußte Leute gibt, die ihr Leben für die Beendigung dieses Wahnsinns einsetzen." Das verschlug ihnen die Sprache.

Wir stiegen aus, gingen aber nicht ins Institut, sondern schlichen uns zurück in unsere Studentenbude. Uns war nicht wohl zumute. Ich dachte auch an zu Hause, das Führerhauptquartier war ja so nahe bei Guja. Was mochte alles geschehen sein? Eilig packte ich einige Sachen zusammen und fuhr mit dem erstbesten Zug via München, Berlin und Königsberg nach Guja.
Als ich von Königsberg aus telefonierte, um von unserer kleinen Bahnstation abgeholt zu werden, antwortete nur unsere Wirtschafterin: ,,Die Eltern sind nicht da, aber ich schicke den Wagen.'' Über Guja lag gedrückte Stimmung, wie eine schwarze Wolke. Niemand konnte oder wollte mir Auskunft geben, wo meine Eltern waren. Ich rief unseren Nachbar an, der mich nicht ausreden ließ, sondern ins Telefon schrie: ,,Ich komme gleich mal rüber'', und sofort aufhängte. Er berichtete mir dann, daß alle Telefonleitungen abgehört wurden und daß meine Eltern wegen Verdächtigungen, bei dem Anschlag auf Hitler beteiligt gewesen zu sein, selbst zur Hauptstelle der Gestapo nach Insterburg gefahren seien. Da gab es nichts, als abzuwarten und zu hoffen. Ich wußte, daß meine Eltern nichts damit zu tun haben konnten, weil beide völlig unpolitisch waren und nur ihren künstlerischen und wissenschaftlichen Interessen lebten. Vater hatte sich ganz zurückgezogen, beobachtete und fotografierte die Vögel am See und schrieb Bücher. Mutter modellierte oder malte. Hie und da reisten sie zu dem Kärntner Hafner-Hof. Ein gesellschaftliches Leben mit Nachbarn und Freunden gab es kaum. Ich konnte mir daher nicht erklären, warum meine Eltern irgend etwas mit dem Attentat zu tun haben sollten und warum sie in die Höhle des Löwen gefahren waren.
Wie lange die Wartezeit dauerte, weiß ich nicht mehr, denn sie war wie ausgelöscht, als ich den alten Fiat mit den Eltern den Berg zum Gutshaus herauffahren sah.
Vater berichtete: General Köstring, der lange unter Graf Schulenburg in Moskau als Militärattaché gearbeitet hatte, war nach dem Kriegsbeginn mit Rußland über Konstantinopel nach Deutschland zurückgekehrt. Er war ein guter Freund meiner Eltern, und wir Kinder nannten ihn Onkel Ernst. Nun war er durch die Geschehnisse

„arbeitslos" geworden und hatte sich beim Führerhauptquartier bei Rastenburg zu melden. Da er nicht nur die russische Sprache fließend beherrschte, sondern auch unzählige russische und kaukasische Dialekte, war er für Hitler ein wertvoller Mann und sollte Chef der fremdländischen Truppen werden. Köstring hatte das abgelehnt, und daraufhin war ihm ein Ultimatum gestellt worden. Entweder er übernahm den Posten oder aber er würde an einer Magenverstimmung zugrunde gehen. Köstring befand sich in einer menschlich ausweglosen Situation; er hatte sich mit seinen 60 Jahren als alter Junggeselle zum erstenmal unsterblich verliebt und wollte nicht sterben. So übernahm er den Posten. Sein Adjutant und er kamen öfter nach Guja, und Onkel Köstring berichtete meinem Vater dann, wie es an der Front stand. Die Russen rückten zwar immer weiter vor, wurden aber auch gelegentlich zurückgeschlagen. Auf Guja und den anderen Gütern saß man in ständiger Angst und Unruhe, ob und wann zur Flucht gerüstet werden sollte. Zudem waren überall eine Menge Berliner Bombenflüchtlingsfamilien einquartiert, eine zusätzliche Belastung und Verantwortung.

Bei einem solchen Besuch hatte Onkel Köstring zu meinem Vater gesagt: „Walter, bis zum 20. Juli habt ihr noch Ruhe. Danach könnte sich einiges ändern und ihr müßt vielleicht auf die Flucht. Die Front hat sich ein wenig stabilisiert." Dieses Datum nannte er, nichts ahnend von dem geplanten Anschlag auf Hitler. Mein Vater tröstete und beruhigte mit dieser Nachricht unsere Leute und Einquartierten. Als am 20. Juli die Bombe in Rastenburg fiel, lief eine Berliner Flüchtlingsfrau zur Polizei und berichtete: „Herr von Sanden ist mit dabei, er hat das Datum gewußt." Der Ortsgendarm, ein guter Freund meines Vaters, riet ihm, von sich aus zur Gestapo zu gehen und den Sachverhalt klarzulegen und nicht zu warten, bis man ihn abholte.

Bei der Gestapo wurde Vater von einem Mann verhört, der früher Diener auf einem benachbarten Gut gewesen war. Vater hatte ihm einmal ein kleines Goldstück als Trinkgeld gegeben. Der Mann erkannte Vater wieder und meinte: „Was immer es ist, ich bringe die

Sache für Sie in Ordnung, Herr von Sanden. Ihr Goldstück habe ich immer noch bei mir." So kam es, daß meine Eltern ungeschoren nach Hause zurückkehren durften. „Die Moral von der Geschichte", so sagte mein Vater mit einer Art Galgenhumor, „gebt immer anständige Trinkgelder!"

Ich fuhr zurück nach Innsbruck. Es gab zwar oft Alarm, aber zu der Zeit wurde noch nicht allzuviel Schaden angerichtet. Meine ostpreußische Freundin Ursel und ich bewohnten im Zentrum, in der Maria-Theresien-Straße, gemeinsam ein Zimmer. Wir schauten direkt auf die Anna-Säule hinab. Unter uns befand sich das Café Hiebl mit einer Bar. Mein Bruder, der mit seiner Einheit auf dem Balkan kämpfte, hatte mir von dort mit einem Soldaten einen lebenden Entenbraten geschickt. Das Tierchen war von der langen Reise so erschöpft und verschmutzt, daß wir es in die Badewanne setzten. Dort plantschte es, putzte das verklebte Gefieder, tauchte und quakte so vergnügt, daß wir es nicht übers Herz brachten, es zu töten. Von nun an schlief die Ente in einer großen Kiste unter dem Tisch, nahm ihr tägliches Bad und teilte unsere Rationen mit uns. Zu ihr gesellten sich eine flügellahme Amsel und ein junger Mops namens Krocki. Krocki war trotz seiner Gefräßigkeit, die uns einige Probleme bereitete, absolut lebenswichtig. Der Druck einer Bombe hatte unsere große Fensterscheibe zersplittert, und es war bitter kalt. Wir konnten nur mit Krocki als Wärmflasche einschlafen und rissen uns um ihn.

Ich arbeitete, so gut es ging, für meine bevorstehenden Examina, aber immer wieder warfen uns beängstigende Nachrichten aus dem Gleichgewicht. So die Bombenangriffe im Februar 1945 auf Dresden. Ich dachte in Sorge an meine Verwandten und Ejnars Eltern. Von Ejnar hatte ich einen Brief aus Danzig erhalten, in dem er mir schrieb, daß seine Einheit von den Russen eingeschlossen sei. Diesen letzten Brief konnte er noch mit einem Flugzeug aus der Stadt hinausschicken. „Wahrscheinlich werden wir in russische Gefangenschaft kommen", schrieb er, „aber ich habe das bestimmte Gefühl, daß ich lebendig zu Dir zurückkehren werde. Bitte, warte auf mich, auch wenn dies vorläufig das letzte Lebenszeichen ist."

Diese Nachricht und die Sorge um meine Eltern und meinen Bruder lasteten mir schwer auf der Seele. Dazu kamen die mangelnde Ernährung und das ewige Frieren im ungeheizten Zimmer; jedenfalls legte ich mich mit hohem Fieber und knurrendem Magen ins Bett. Ich bekam eine schwere Lungenentzündung. In meinen fiebrigen Träumen erschienen mir abwechselnd Ejnar und der Engel meiner Kindheit. Manchmal verschwammen sie zu einer Person, die, wie ich meinte, draußen an die Türe klopfte. Immer wieder schickte ich die gutmütige Ursel hinaus, um nachzusehen, ob nicht jemand geklopft habe. Ganz deutlich hörte ich lautes Klopfen. Ich schlich mit wackligen Knien zur Tür, öffnete, und schon lagen Ejnar und ich einander in den Armen.
Ejnar war in Danzig, als dort das Standrecht verhängt worden war, auf ein Schiff kommandiert worden, das nach Pillau, dem Hafen von Königsberg, fuhr, um Flüchtlinge zu holen. Auf dem Rückweg wurde der überladene Frachter von russischen U-Booten angegriffen. Obwohl der erfahrene Kapitän durch geschicktes Manövrieren einem Torpedo-Volltreffer entgehen konnte, rechnete er mit dem Schlimmsten. Hunderte von Flüchtlingen mit Kranken und Kindern warteten hilflos auf ihr Schicksal. Minuten vergingen. Dann hörte man eine riesige Detonation, das Schiff zitterte mit jedem Nerv. Die russischen U-Boote hatten die wesentlich größere „Wilhelm Gustloff" ausgemacht und sie in wenigen Minuten versenkt. Ejnars Schiff nahm noch an Ertrinkenden auf, was zu retten war, und fuhr unbehelligt bis nach Swinemünde. Von dort wurde er zur Absolvierung seines medizinischen Staatsexamens nach Innsbruck weiterkommandiert. Es gelang ihm, einige Medikamente für mich zu organisieren und mich damit gesundzupflegen. Mit den Lebensmitteln wurde es zunehmend schwieriger. Ich mußte unsere Wärmflasche, den kleinen Krocki, an einen Hotelbesitzer verschenken, der ihn besser versorgen konnte. Ursel zog aus, stattdessen erschien Jupp, ein Mediziner aus Ejnars Freiburger Zeit, mit seiner Freundin Hilla.
Wir wohnten nun zu viert in dem kleinen Zimmer mit Ente und Amsel. Hilla und ich waren den ganzen Tag damit beschäftigt, Essen

zu organisieren, während die Männer sich zu ihren Examina anmeldeten. Im Januar 1945 erhielt auch ich einen Examenstermin. Chemie war von jeher mein schwächstes Fach, die anderen bereiteten mir keine Schwierigkeiten. In der Nacht vor dem Chemieexamen schlief ich genauso unruhig, wie seinerzeit vor den Versetzungsprüfungen in Ostpreußen. Ejnars Bemerkung, die Welt ginge ja nicht unter, falls ich durchfiele, ärgerte mich mehr, als sie mich beruhigte. Und wieder einmal geschah etwas Seltsames: Im Traum sah ich deutlich die Hieroglyphen einer komplizierten Formel, die mir — um es milde auszudrücken — unklar war. Ich stand auf und suchte sie aus meinem Chemiebuch heraus. Dann weckte ich Ejnar, der sie mir erklären und beibringen mußte. Auf dem Weg zum Examen wiederholte ich sie mehrmals. Sollte ich wieder Glück haben? Es gab beim Betreten des Prüfungszimmers keinerlei Anhaltspunkte dafür. Nach einigen leichten Anfangsfragen mußte ich tatsächlich genau diese Formel entwickeln, was mir als Gesamtnote eine Zwei einbrachte, während Ejnar sogar mit „sehr gut" abschnitt. Wir erhielten unsere Zeugnisse, er als Doktor der Medizin, ich als Doktor der Zoologie.

Hochzeit und das Ende des Krieges

In unserem Zimmer gab es zwei schmale Betten, ein Grammophon mit herrlichen Platten von Glenn Miller, Nat Gonella, Tommy Dorsey und anderen, und eine riesige Verdunkelungspappe für das zersplitterte Fenster. Wenn wir zwei und zwei unsere Schäferstündchen hielten, stand die Pappe zwischen den Betten, und das Grammophon spielte. Die Schäferstündchen wurden immer länger, denn zu essen gab es kaum noch etwas und zu tun auch nichts, alles wartete auf die Stunde Null, denn der völlige Zusammenbruch des Großdeutschen Reiches näherte sich unaufhaltsam. So erschien es uns ganz natürlich, das Kommende gemeinsam durchzustehen, und wir beschlossen, am 24. April 1945 zu heiraten.

Im Jahre 1943 war Ejnar für einige Urlaubstage zu uns nach Guja gekommen, um sich meinen Eltern vorzustellen. Von unserer Terrasse aus zeigte Vater ihm die Größe und Schönheit des Gujaer Landes, das sich, soweit das Auge reichte, ringsum erstreckte. „Alles dies", so erklärte er, „werden die Russen erben. Und wenn Sie meine Tochter heiraten, wird sie nichts in die Ehe bringen als sich selbst. Darüber müssen Sie sich klar sein." Wie gerne hätten meine Eltern unsere Hochzeit in Guja ausgerichtet. Es hatten schon Pläne bestanden, die Feierlichkeit auf der runden Insel im See stattfinden zu lassen. Die Eltern sahen in Ejnar den richtigen Ehemann für mich und hatten damit ja wohl auch recht. — Nun wußte ich nicht einmal, ob sie noch am Leben waren oder wo sie sich auf der endlosen Flucht befanden.
Unser Hochzeitstag wurde dank einiger alter Innsbrucker Freunde zu einem schönen, erinnerungsvollen Erlebnis. Der jetzige Besitzer unserer Wärmflasche Krocki schenkte uns ein mageres Suppenhuhn und ein selbstgemachtes, unanständiges Gedicht zur Hochzeit. Eine Nachbarsfamilie stiftete einige Flaschen Wein, und zwei alte Damen brachten uns blühende Apfelzweige. Ejnar ernannte einen Rumänen, der im Schwarzhandel große Übung erlangt hatte, zum Trauzeugen. Der Gute war so geschmeichelt, daß er uns dafür 400 Zigaretten schenkte, damals ein Vermögen. Wir gingen mit unseren Papieren und Ausweisen zum Standesamt, ließen eine nationalsozialistische Rede über uns ergehen, sicherlich eine der letzten ihrer Art, und erhielten, unter einer Hitlerfahne getraut, das Buch „Mein Kampf". Zu Hause kochten wir auf dem kleinen eisernen Bullerofen mit Hilfe eines alten Stuhls und des Exemplars „Mein Kampf" das magere Suppenhuhn gar. Ein paar Kartoffeln, dazu der Wein, auf dem Tisch die Apfelblütenzweige und als Nachtisch Zigaretten. Was für ein festliches Mahl!
Das zauberhafte Frühlingswetter jenes Jahres stand in krassem Gegensatz zu den Nachrichten, die sich überall in Windeseile verbreiteten. Von Italien her rückten die Alliierten unaufhaltsam näher. In Innsbruck sammelte ein Offizier versprengte Marineangehörige zur Verteidigung des Obersalzberges, dem Führersitz. Kei-

ner hatte mehr Lust zu kämpfen; Ejnar und Jupp jedenfalls hatten nicht die Absicht, in letzter Minute für den Führer am Obersalzberg zu sterben, aber bis zur Kapitulation mußten sie irgendwie verschwinden, um nicht als fahnenflüchtig abgeurteilt zu werden. Die Tiroler waren uns Deutschen mehr und mehr feindlich gesonnen, was verständlich war. Das drückte sich vor allem in der Zuteilung der Lebensmittelkarten aus. Wir kratzten also unsere eiserne Ration zusammen, tauschten die Hochzeitszigaretten gegen Eßbares ein und packten unsere Rucksäcke, um für die nächste Zeit in den Bergen zu verschwinden. Wir hatten alles für den Abend vorbereitet und warteten nur auf die Dunkelheit. Da setzte ein verspäteter heftiger Schneesturm ein, mit so viel Kälte und Schnee, daß es Selbstmord gewesen wäre, mit unseren unzulänglichen Mitteln in die Berge zu gehen. So verzogen wir uns wieder in unsere Betten und erwachten am Morgen durch eine laute Schießerei unter uns in der Maria-Theresien-Straße.
Was wir da sahen, zog uns vor Schmerz und Entsetzen das Herz zusammen. Die Straße entlang fuhren deutsche Lkws mit Verwundeten beladen, und junge österreichische Widerstandsbewegler beschossen die Verwundeten, warfen Handgranaten in die Lastwagen. Die zurückflutende geschlagene deutsche Armee bot einen erschütternden Anblick. Die Soldaten mit Arm- und Kopfverbänden, soviel man sehen konnte, auf den Lastwagen zusammengepfercht, machten den Eindruck von Tieren, die zur Schlachtbank gefahren werden. Die Fahrer, die von den uniformierten jungen Soldaten den Weg wissen wollten — die Innsbrucker Brücken waren ja zum Teil zerstört —, begriffen anfangs nicht gleich, daß diese jungen Uniformierten eine Armbinde trugen, auf der „Österreichische Widerstandsbewegung“ stand. Die Sekunden der Verwirrung nutzten die jungen Burschen aus und warfen ihnen Handgranaten unter die Lkws oder schossen in die verwundeten Soldaten hinein. Es war grauenvoll, diesem barbarischen Treiben so kurz vor dem Ende zusehen zu müssen.
Im Morgengrauen des nächsten Tages schlugen Gewehrkolben gegen unsere Tür. „Aufmachen“, wurde gebrüllt, „wir sind von

der österreichischen Widerstandsbewegung!" Wir öffneten die Tür, und vier junge Kerle kamen herein, beladen mit Hunderten von Zigarettenpäckchen, die sie in einem Lager gestohlen hatten. Der eine von ihnen gab jedem von uns mit lässiger Handbewegung eine kleine Schachtel Zigaretten und sagte: „Wehe, ihr klaut von diesen Zigaretten! Sie sind gezählt, und wir verwahren sie hier nur bis morgen. Wenn welche fehlen, ergeht es euch Saupreußen schlecht!" Und damit zogen sie wieder ab.
Wir atmeten auf, schauten uns an und waren uns einig. Das war die Chance. Hilla bereitete sofort einen Topf mit kochendem Wasser auf dem Bullerofen, während wir alte Zeitungen und Papiere zusammentrugen. In fieberhafter Arbeit öffneten wir sämtliche Schachteln über dem Dampf, entnahmen die Zigaretten, stopften zusammengeknülltes Papier hinein und klebten sie wieder zu. Als die Burschen wiederkamen, lagen alle Schachteln fein säuberlich am gleichen Platz. Sie nahmen ihre Beute mit und verschwanden. Die Zigaretten versteckten wir auf dem Dachboden. Dank dieser freundlichen Gabe des Schicksals und einem blühenden Tauschgeschäft Zigaretten gegen Nahrungsmittel konnten wir uns in den nächsten Wochen über Wasser halten.
Eines Abends, die traurigen Züge deutscher geschlagener und verwundeter Soldaten schienen verebbt, legte sich eine eigenartige Stille über die Maria-Theresien-Straße. Wir hingen am Fenster und schauten hinaus. Plötzlich wurde die Stille durch Weibergeschrei unterbrochen, und schon sahen wir die ersten Soldaten eines nicht endenwollenden Zuges in amerikanischen Uniformen die Straße entlangmarschieren. Sie trugen Gummisohlen und schienen alle zu kauen. Baumlange Neger waren unter ihnen, und ich werde nie das komische Bild einer dicken Tirolerin vergessen, die an einem Schwarzen emporsprang, ihn umarmte und schrie: „Lange gebraucht, bis ihr uns befreit habt!" Der Schwarze machte sich von ihr los, spuckte etwas Undefinierbares auf den Boden und marschierte leise wie eine Katze weiter.
Fasziniert schauten wir dem lautlosen Marsch der Truppen zu, bis wir zu müde wurden. Am nächsten Morgen waren sie überall zu

sehen, grinsend und grüßend. Es war der 4. Mai 1945. Ich saß auf dem Fensterbrett und spielte Akkordeon, denn alle Geschäfte waren geschlossen, und zu tun gab es nichts. Ein amerikanischer Soldat stellte sich unters Fenster, pfiff mir eine Melodie vor und gab Zeichen, die ich bald verstand. Er wollte, daß ich ihm diese Melodie spielte, und zur Belohnung zeigte er mir ein längliches kleines Päckchen. Das Lied hieß, wie ich später erfuhr, „You are my sunshine". Ich begriff schnell und spielte es meinem Zuhörer vor. Dann ließ ich einen langen Faden hinunter, an den er das Päckchen band. Es war mein erster Kaugummi.

Unsere Zigaretten waren leider allzu schnell aufgebraucht und der Hunger wurde unerträglich. Die Marken, die aufgerufen wurden, ergaben so minimale Portionen, daß wir davon nicht annähernd satt werden konnten. Viele Lebensmittelmarken wurden überhaupt nicht aufgerufen. Als „Saupreußen" hatten wir von den Tirolern ohnehin nichts zu erwarten. Wir sahen unsere einzige Chance darin, die nicht aufgerufenen Nummern in solche zu verwandeln, die ein paar Gramm Margarine, Fleisch oder Brot einbrachten. Mit Rasierklinge, Radiergummi, Augenbrauenstift und Tusche machten wir uns an die Arbeit. Es brauchte viel Zeit, aber die hatten wir ja. Bald entwickelten wir eine solche Fertigkeit, daß wir auch eine 1 in eine 5 umwandeln konnten. Trotzdem war damit nicht viel zu gewinnen. Der Hunger wurde so unerträglich, daß wir beschlossen, in den Bergen zu wildern. Es war sehr aufregend, aber wir waren beileibe nicht die einzigen, die auf diese Idee gekommen waren, der ganze Wald schien von Jägern zu wimmeln. Schüsse fielen von Leuten, die mehr Jagdglück haben mochten als wir, denn wir sahen nie etwas Schießbares. Mit knurrendem Magen verfielen wir auf die Idee, Brennesseln zu pflücken und Spinat daraus zu kochen. Dieses Rezept hatte mir unsere Wirtschafterin in Guja beigebracht. Oft buken wir unser eigenes Brot, dem wir Sägemehl beimischten. Ein Ende unserer Lage war nicht abzusehen.

Ejnars Patenonkel war der Chef der schweizerischen Fremdenpolizei. Wir schrieben ihm, um in Erfahrung zu bringen, ob Ejnars

Eltern vielleicht doch dem mörderischen Dresdner Luftangriff entkommen und in der Schweiz gelandet wären. Die Familie hatte in Hinblick auf den Zusammenbruch eine Wiedervereinigung auf schweizerischem Boden geplant, zumal Ejnars Mutter als Schweizerin dort lebenslängliches Asylrecht hatte. Es gab aber keine Möglichkeit, den Brief auf normalem Weg ins Ausland zu senden. Ich sollte daher zu den amerikanischen Besatzungsbehörden ins Innsbrucker „Gauhaus" gehen und dort mein Glück versuchen.

Meine Englischkenntnisse stammten von amerikanischen und englischen Jazzplatten. Die Folge war, daß es stundenlang dauerte, bis ich mich mit Hilfe eines Dolmetschers bis zu dem Zimmer eines Major Cameron vorgekämpft hatte. „Nehmen Sie Platz", sagte er abwesend und setzte die Dressur eines deutschen Schäferhundes fort, der neben ihm lag und nicht sitzen wollte, wie er sollte. Nach einigen vergeblichen Versuchen wandte er sich verärgert an den Dolmetscher: „Was will sie?" Beide starrten mich an wie einen aufgespießten Schmetterling, während der Dolmetscher erklärte: „Sie hat einen Brief, den wir unbedingt in die Schweiz befördern sollen. Sie wissen ja, keine zivile Post geht außer Landes!"

Der Major schlug mit lautem Knall seine Peitsche auf den Schreibtisch, so daß der Schäferhund sich in die äußerste Zimmerecke verzog: „Nein, das kommt gar nicht in Frage!" Der Dolmetscher übersetzte, was ich schon vom Gesicht des Majors abgelesen hatte. Also erhob ich mich und steuerte enttäuscht der Tür zu. Ich fühlte förmlich, wie sich die Blicke des Majors in meinen Rücken bohrten. Mit einem weiteren Peitschenknall wurde ich zurückgerufen. Ein langwieriges Palaver fand zwischen Major und Dolmetscher statt. Dann richtete der Dolmetscher das Wort an mich: „Sie sollen für den Major arbeiten, er möchte Ihre Lohnbedingungen wissen."

„Ja, aber ich kann doch gar kein Englisch, das müssen Sie doch bemerkt haben, und zu anderen Arbeiten bin ich nicht bereit, wollen Sie ihm das bitte sagen."

Wieder wurde diskutiert. „Sie sollen von den Nazis angelegte Ak-

ten durchlesen und bestimmte Notizen und Vermerke aussortieren, die ich Ihnen zuvor gründlich erklären werde. Würden Sie dazu bereit sein?"
Alles kam so überraschend, aber mein knurrender Magen diktierte mir die Antwort. „Ja", sagte ich mit fester Stimme, „für eine warme Mahlzeit pro Tag und etwas Bezahlung wäre ich dazu bereit."
Ehe ich mich versah, erhielt ich eine Karte, die mich berechtigte, im Gauhaus ein und aus zu gehen, nebst einem Zettel mit meinen Arbeitszeiten für den nächsten Tag. Der Major ließ mich aber noch nicht nach Hause, sondern fuhr mit mir, dem Schäferhund und drei Soldaten in einem Jeep zu einer schönen Villa, die wohl gerade erst von ihren Besitzern verlassen worden war. Aber nicht von allen. Am Fensterkreuz eines großen hellen Zimmers hing eine Leiche. Der Magen drehte sich mir um, und ich ging in den angrenzenden Raum. Man sagte mir, ich solle die Schränke und Kommoden ausräumen, aber das ging mir zu weit, und es entsprach ja auch nicht unserer Vereinbarung. Ich weigerte mich also mit heftigem Kopfschütteln. Der Major starrte mich an und nach einigem Nachdenken übergab er mir plötzlich den Hund zum Spazierengehen.
Als ich nach einiger Zeit wiederkam, waren Leiche und Inhalt der Schränke verschwunden und die Villa zum Quartier des Majors hergerichtet. Wir fuhren alle im Jeep zum Hotel „Grauer Bär", wo ich meine erste Mahlzeit erhielt.
Hätte ich nur Englisch gekonnt! So aber fiel mir auf seine Frage, was ich essen wollte, nur Icecream ein. Er grinste und bestellte drei Portionen. Am nächsten Tag kam ich vorbereitet zum Essen. Ich hatte eine hübsche Auswahl von Bestellungen parat: vom Hamburger über Frankfurter, porc chops und chicken. Auch hatte ich Plastik in meinem Büstenhalter eingenäht, und es gelang mir, trotz der vielen Blicke der Ordonnanzen, Offiziere und Soldaten um mich herum, ein Hühnerbein für Ejnar sicherzustellen. Ejnar, Hilla und Jupp fanden meine Beschäftigung sehr aufregend, und Ejnar meinte: „Ich gebe dich frei vom Kopf bis zur Gürtellinie, falls du nur täglich etwas zum Essen mitbringst."

Die Arbeit war nicht schwierig. Beim Durchlesen des deutsch geschriebenen Materials erfaßte ich ziemlich schnell, worauf es dem Dolmetscher ankam. Den Major sah ich gewöhnlich nur zur Mittagszeit, wobei er sich immer höflich und korrekt benahm, mich aber oft unverblümt und lange anstarrte.
Ein paar Tage später lud mich der Major für den nächsten Abend zu einer Party in seine Villa ein. Es waren sehr vergnügte Offiziere dabei, mit denen ich viel tanzte. Auf der Veranda entdeckte ich Kisten mit Nescafé, Trockenmilch, Eiern und Konserven. Getrunken wurden Unmengen von Whisky und Gin. Zu fortgeschrittener Stunde verkrümelte ich mich mit meiner Tasche auf die Veranda, und während ich verträumt den Garten betrachtete, stopfte ich an Lebensmitteln in meine Tasche, was ich erwischen konnte. Schwierig wurde es allerdings, als der Major mich selber nach Hause brachte, zärtliche Annäherungsversuche machte und partout in unsere Wohnung wollte. Er muß sich seine Gedanken über meine Prüderie gemacht haben. Aber wie konnte ich ihn in das enge Zimmer bitten, in dem Ejnar, Hilla und Jupp wie Hyänen auf meine Rückkehr warteten? Es bedurfte großer Diplomatie, ihn abzuwimmeln und nicht zu verärgern. Ich schien ihm ohnehin ein Rätsel zu sein.
Indessen wurde sein Bursche Peter Coyle mein hilfreicher Freund und Verbündeter. Hochintelligent, Manager einer Bank im Empire State Building in New York, half er mir nicht nur aus mancher heiklen Situation heraus, sondern besuchte Ejnar, Jupp und Hilla und brachte ihnen Lebensmittel, Zigaretten und Whisky. Er war der einzige, so glaubte ich, der von Ejnars Existenz wußte, und verriet es nicht. Er war derjenige, der letztlich Ejnars Brief in die Schweiz beförderte. Mit einem geheimen Klopfzeichen erschien er, schwer bepackt in unserer Behausung, gewöhnlich nach Mitternacht. Dann verbrachten wir gemütliche Stunden bei Kaffee und Whisky und mußten ihm immer wieder unsere Platten vorspielen und vom Krieg erzählen.
Mein Englisch verbesserte sich rasch. Bald konnte ich dem Major nahelegen, daß ich eine hübsche Freundin namens Hilla hätte, die

auch gern zu den Parties käme. Fortan waren wir zu zweit gut organisiert, mit großen Taschen, so daß wir vereinbarten, nicht die gleichen Lebensmittel zu klauen, damit auch etwas Abwechslung in unseren Menüplan käme. Ich lernte auf einer dieser Parties einen charmanten, wirklich gut aussehenden Amerikaner kennen, der oft in Zivil erschien. Er war eher zurückhaltend, mit einem Lächeln, das mir die Knie weich machte. Wir konnten uns auch in deutscher Sprache gut unterhalten, da er sie fast perfekt beherrschte. Eines Abends fragte er mich, ob ich ihm zu deutschen Pistolen verhelfen könne. Er habe eine Sammlung. Es war strengstens verboten, Waffen zu besitzen. Wir hatten die unsrigen immer noch nicht abgegeben. Fast täglich gab es Anzeigen von Österreichern untereinander. Ich ging nicht weiter auf dieses Gespräch ein. Nach der Party fuhr er mich und Hilla nach Hause, nicht ohne uns vorher zu einer Kantine mitzunehmen, wo er uns Ketten von Frankfurter Würstchen, Whisky, Brot und Margarine schenkte. Dann standen wir wieder einmal vor unserer Tür, und auch er konnte nicht begreifen, warum wir ihn nicht hereinbaten. Er schüttelte traurig den Kopf und ging.

Während der Fliegerangriffe hatte ich meine wertvollen Sachen, Bücher, Schmuck, Fotoapparat und anderes, in Hötting bei einer Tirolerin abgestellt, bei der ich auch vorübergehend gewohnt hatte. Dort waren selten Bomben gefallen. Als ich auszog, ließ ich diese Sachen gegen einen kleinen Geldbetrag dort. Als ich sie nach Kriegsende holen wollte, erklärte mir die Frau, die Amerikaner hätten alles mitgenommen. Es sei nichts mehr vorhanden. Ihre Miene verzog sich schadenfroh, als wollte sie sagen: „Recht so, ihr Preußen!" Ich war wütend. Es waren die letzten materiellen Güter, die ich noch besessen hatte. In Ostpreußen war alles verloren.

Beweisen konnte ich der Frau nichts, aber es ließ mir keine Ruhe. Bei einer Party auf der Terrasse des „Grauen Bären" sah ich meinen charmanten Amerikaner wieder, den ich Blacky nannte, wegen seiner rabenschwarzen Haare. In der rechten tiefen Tasche meines roten Rockes trug ich die kleine Mauser-Pistole, die ich zur Sicherheit meist bei mir hatte, und in der linken das volle Magazin.

Es war einer jener romantischen Augenblicke; Blacky kam lächelnd mit einem Whisky auf mich zu, da zog ich die kleine Pistole heraus und richtete sie auf ihn mit den Worten: „Stick 'em up." Blacky wurde bleich, wich einen Schritt zurück und murmelte: „Werwolf". Ich begriff sofort, was ich angerichtet hatte. Waren doch alle Amerikaner von der Idee einer Untergrundbewegung, dem „Werwolf", besessen. Schnell holte ich das volle Magazin aus der anderen Tasche hervor. Da ging ein erleichterter Seufzer über seine Lippen. Er freute sich wie ein Kind, als ich ihm die kleine handliche Pistole als Geschenk überließ. Immer wieder spielte er mit ihr und streichelte sie. „You made me so happy, what can I do for you?" „Oh", sagte ich, „ich weiß was. Du mußt mit mir nach Hötting fahren, zu einer Bekannten. Du brauchst gar nichts zu sagen, ich spreche. Du brauchst nur mit einer von deinen großen Pistolen zu spielen." Er war gleich dabei, und so fuhren wir am nächsten Tag hinauf. Während er in Uniform mit einer langläufigen Pistole spielte, verlangte ich meine Sachen — und bekam sie. Wir fuhren alles hinunter in die Maria-Theresien-Straße. Ejnar hatte schon aufgepaßt und trat wie von ungefähr auf die Straße. Blacky winkte ihm und sagte: „Come here, boy, und bringe die Sachen für das Fräulein nach oben." Ejnar tat, wie ihm befohlen, mit sturem Blick.
Nur ein kleines Lächeln spielte um seinen Mund, als er beim letzten Gang ein Päckchen Zigaretten als Trinkgeld erhielt. Es waren auch seine eigenen Medizinbücher dabei, die er hinaufschleppte.

Eines Tages erreichte uns die langersehnte Antwort von Ejnars Patenonkel aus der Schweiz. Der Brief besagte, daß es uns erlaubt sei, auf legalem Wege einzureisen. Wenn wir den Grenzübertritt bei St. Margarethen wählten, werde der Grenzoffizier namens Mäder über unseren Plan orientiert sein. Von nun an konzentrierte sich unser ganzes Denken nur auf eine Möglichkeit: in dieses gelobte Land zu gelangen.
Ich ging zu Major Cameron und fragte ihn offen, wie ich auf legalem Wege in die Schweiz gelangen könnte. Von Ejnar hatte ich nie

etwas gesagt. Er traktierte seinen Schreibtisch wieder mit der Reitpeitsche und drohte: ,,Impossible! Versuchen Sie es ja nicht, Sie kommen nicht durch. Ich lasse Sie nicht fort. Wenn Sie also von der Arbeit wegbleiben, weiß ich sofort Bescheid. Sie könnten ja auch ein Nazi sein, der sich verdrücken will.'' Auf diesem Wege war also nichts zu erreichen. Blacky aber kannte ich viel besser und hatte mich ganz schön in ihn verliebt. Als ich ihm mein Anliegen vortrug, sagte er in seiner ruhigen Art: ,,Ich weiß, du gehst nicht allein, aber wenn ihr von den Franzosen erwischt werdet, die an der Schweizer Grenze sind, dann geht dein Boy in die Fremdenlegion und du in ein Haus mit rotem Licht, du weißt schon. Ich kann dir nicht helfen. Aber ich gebe dir eine Karte, worauf die amerikanischen Checkpoints und die französische Zonengrenze eingezeichnet sind. Ich gebe dir auch meine Nummer, unter der du mich erreichen kannst, falls euch die Amerikaner fangen sollten. Ich bin der Boß des CIC (Counter Intelligent Corps) des ganzen Tiroler Distrikts. In amerikanisch besetzter Zone kann ich euch helfen, bei den Franzosen nicht.'' Also hatte er doch von Ejnars Existenz gewußt, sich aber nie etwas anmerken lassen.
Es schien aussichtslos, auf legalem Wege in die Schweiz zu gelangen, und so blieb uns nichts anderes übrig, als zu warten. Für Ejnar war das nicht so leicht, da er keinerlei Beschäftigung hatte. Ich hingegen hatte genügend Arbeit und Abwechslung.
Anfang September erschien Ejnar plötzlich in meinem Arbeitszimmer im Gauhaus. Äußerst aufgeregt teilte er mir mit, daß wir in anderthalb Stunden die Möglichkeit hätten, mit einem schweizerischen Lastzug des Roten Kreuzes direkt von der Maria-Theresien-Straße nach St. Margarethen zu fahren. Er hatte mit dem Führer der Kolonne gesprochen und erfahren, daß sie KZ-Flüchtlinge und Schweizer aufsammelten, um sie zu repatriieren. Vorbedingung war allerdings, Schweizer zu sein. Da Ejnar wußte, daß wir uns drüben auf seinen Patenonkel und an der Grenze auf den Offizier namens Mäder berufen konnten, behauptete er einfach, er sei Schweizer. Dies war um so glaubwürdiger, als er mit dem Führer der Kolonne in fließendem Zürcherdialekt verhandelte.

Alles schien wie für uns arrangiert. Ich verständigte meinen Freund Peter Coyle und bat ihn, mich bei Major Cameron für ein bis zwei Tage zu entschuldigen, da mich eine Grippe erwischt hätte. Diese zwei Tage würden uns genügend Vorsprung geben, so daß Major Cameron mich nicht zurückholen konnte. Peter verstand sofort und umarmte mich zum Abschied mit traurigem Gesicht und besten Wünschen. Es galt nun, unsere kleine Wohnung, in der ich drei Jahre gelebt hatte, in einer Stunde aufzulösen. So vieles mußte zurückbleiben. Wir durften jeder nur zwei Gepäckstücke mitnehmen. Ich wählte nebst einem vollgestopftem Koffer mein altes Akkordeon. Die schöne Plattensammlung, Bücher, Fotoalben — wir sahen nichts davon je wieder. Damals schwor ich, mir nie mehr Besitz anzuschaffen, als ich in meinen Händen tragen kann. Guja, Launingken, mein geliebter Dandy, alles war dahin, und nun mußte ich mich auch noch von den Erinnerungsstücken trennen, die mich mit dem bisherigen Leben verbanden.
Pünktlich zur verabredeten Zeit setzte sich der aus elf Lastwagen bestehende Zug von Innsbruck in Richtung St. Margarethen via Bregenz in Bewegung. In unserem Wagen befanden sich mehrere Pritschen, auf denen, ausgemergelt bis auf Haut und Knochen, KZ-Häftlinge lagen. Ein Bild des Grauens und der Schande. Andere saßen hohläugig auf Seitenbänken. Ab und zu hielt die Kolonne, und es wurde Essen gereicht. Wir gaben unsere Portionen an die Kranken, die schon etwas essen durften. Einen Tag ohne Nahrung konnten wir gut durchhalten. Länger würde es nicht dauern, bis wir uns auf schweizerischem Boden befanden.
Unbehelligt fuhren wir über alle Zonengrenzen, auch über die französische, bis nach St. Margarethen in der Schweiz. Der Führer der Kolonne verhandelte mit den Grenzposten. Wir bekamen diese Leute kaum zu Gesicht und brauchten uns nie auszuweisen. In St. Margarethen angelangt, fielen wir einander glücklich vor Erleichterung in die Arme. Ein freundlicher Grenzoffizier sprach mit Ejnar, der ihm erklärte, daß Offizier Mäder über unseren Fall Bescheid wisse. „Ja", entgegnete der Schweizer, „aber mein Kollege Mäder ist leider vor zwei Tagen versetzt worden." Also bat

Ejnar ihn, im Bundeshaus Bern anzurufen und mit Herrn Dr. H. Mundt über unseren Fall zu verhandeln. Er versprach, es zu tun, und wies uns einen Warteplatz an, da es einige Stunden dauern könne.
Geduldig und hoffnungsfroh saßen wir auf unseren Koffern und sahen dem Durcheinander zu. Plötzlich forderte uns ein unfreundlicher, dicker Grenzposten auf, unseren Schweizer Ausweis vorzuzeigen. Da wir keinen hatten, beschimpfte er uns als ,,Chaibeschwabe'', was soviel wie ,,Saudeutsche'' heißt, und trieb uns auf die Rheinbrücke, die als Niemandsland zwischen Deutschland und der Schweiz galt. ,,Solange Ihr keine Schweizer seid, gehört Ihr auch hier nicht her, sondern in die Neutralzone'', fauchte er. Wir befanden uns nicht in der Lage, mit ihm Streit anzufangen, und auf unsere Erklärungen hörte er nicht. Also schleppten wir unsere Sachen auf die Brücke, um dort weiter zu warten. Es geschah nichts, nur daß die Franzosen von der anderen Seite auf uns aufmerksam wurden. Ein französischer Offizier kam zu uns und fragte nach unserem ,,Laissez-passer'', was soviel wie eine Ausreiseerlaubnis aus dem besetzten Deutschland war. Natürlich hatten wir keine. In stockendem Französisch versuchten wir, unsere Situation zu erklären. Aber auch den Franzosen waren wir als Deutsche sehr zuwider, und nach kurzem Hin und Her zwangen sie uns mit auf uns gerichteten Gewehren hinter ihren Grenzbaum zu kommen. Es wurde uns schlagartig klar, daß wir nun in ihrer Gewalt waren, ohne jegliche Ausweispapiere. Blacky, mein amerikanischer Freund, hatte mich so gewarnt vor ihnen. Das nächste Auffanglager war in Bregenz, dorthin sollten wir gebracht werden, so erklärten sie uns. Unsere Gefühle lassen sich kaum beschreiben, es war uns zum Heulen zumute.
Da sahen wir den netten Grenzoffizier herüberkommen — neue Hoffnung. ,,Wie sind Sie denn um Gottes willen auf französischen Boden geraten?'' fragte er. ,,In der Schweiz ist nämlich alles in Ordnung für Sie, ich habe mit dem Bundeshaus in Bern telefoniert.'' — ,,Ihr Kollege hat uns aufs Niemandsland gejagt, und von dort haben die Franzosen uns mit Gewehren hinter ihren Balken

geholt, da wir kein Laissez-passer hatten.“ Obwohl er Mitleid mit uns hatte, konnte er uns nicht helfen und verabschiedete sich schnell und höflich, um wieder ins gelobte Land zurückzugehen. Was nun? Wir sagten den Franzosen, wir hätten Verwandte in Höchst und schleppten unsere Koffer zu einem deutschen Tischler, den wir überhaupt nicht kannten, der uns aber versprach, die Sachen aufzubewahren, bis wir wieder von uns hören ließen. Inzwischen wurde es dämmrig. Wir schlichen am hohen Stacheldrahtzaun entlang, der das Ufer des Rheins säumte, und inspizierten ihn genau. Er war zwei Meter hoch, zwei Meter tief und mit vielen diagonalen Drähten verspannt. Es war also eher eine Mauer aus Draht, und an ein Durchkriechen oder Drüberspringen war nicht zu denken. Außerdem wurden wir ständig von Franzosen und Marokkanern beobachtet. Wir mußten öfters stehenbleiben und uns umarmen und küssen, um ein Liebespärchen vorzutäuschen. Ab neun Uhr abends durfte sowieso kein Deutscher draußen gesehen werden. Die Zeit verfloß. Wir hatten keine Ahnung, wo wir für die Nacht unterkriechen konnten. Nur ins Lager zu den Franzosen wollten wir um keinen Preis. Fest umschlungen standen wir vor dem Drahtverhau, gingen einige Schritte weiter, beobachteten die Grenzposten, als wir plötzlich — oh, welch eine Offenbarung — vor einem säuberlich ausgeschnittenen Drahtloch standen. Jemand mußte es kunstgerecht mit einer Drahtzange ausgeschnitten haben. Auch konnte man es nur bemerken, wenn man ganz genau davorstand. In jedem anderen Blickwinkel überschnitten sich die vielen Drähte derart, daß von dem Loch nichts zu vermuten war. Wir schauten uns an, schätzten das Weidengestrüpp hinter dem Drahtzaun ab und behielten die Grenzposten scharf im Auge. Die Dämmerung nahm zu. Ein Blick auf die Uhr sagte uns, daß wir noch genau sieben Minuten Zeit hatten, bis wir hier nicht mehr gesehen werden durften.

Der Augenblick schien günstig. Wir hatten unsere dunklen Mäntel an, und Ejnar hielt eine Aktenmappe mit den wichtigsten Dokumenten fest in der Hand. Ich kroch, so schnell es ging, durch das Loch und verschwand in dem dahinterliegenden Weiden-

gestrüpp. Ejnar folgte mir auf den Fersen. Vor uns konnten wir einen fünfzehn Meter breiten Grasstreifen überblicken, der bis hart an das Rheinufer reichte. Auf diesem Streifen patrouillierten marokkanische Soldaten mit Gewehren. Damit hatten wir nicht gerechnet. Mir klopfte das Herz bis in den Hals. Ich hatte das Gefühl, sie könnten es hören, uns sehen oder riechen. Wir mußten also den Grasstreifen überqueren, ins Wasser tauchen und über den Rhein schwimmen, der zwar nicht breit war, aber eine sehr starke Strömung zu haben schien. Und das alles praktisch unter den Augen der schießfreudigen Marokkaner. Dazu zwei Mäntel auf meinem Arm und Ejnar mit seiner Aktentasche, die er über dem Kopf halten mußte. Das ganze mußte geräuschlos vonstatten gehen und in größtmöglicher Dunkelheit.
Wir warteten, bis es nicht mehr dunkler wurde, die zwei uns am nächsten patrouillierenden Männer ständig beobachtend. Allmählich atmete ich ruhiger. Ich weiß nicht, wie lange wir so saßen. Die Marokkaner schritten ein etwa dreißig Meter langes Stück, gewöhnlich in der gleichen Richtung gehend, ab, drehten sich dann um und taten dasselbe in entgegengesetzter Richtung. Da war an ein Durchkommen nicht zu denken. Erst als der von links kommende seine Blase erleichterte, kamen sie aus dem Takt, so daß beide Posten bei der Kehre Rücken zu Rücken auseinandergingen. Das war unsere Chance. Obwohl meine Knie zitterten, schlich ich aufs Rheinufer zu. Mit den Mänteln überm Arm tauchte ich lautlos ins Wasser. Ich trieb in rasendem Tempo stromabwärts. Am liebsten hätte ich die Mäntel schwimmen lassen, denn sie wirkten wie Segel. Immer wieder tauchte ich den Kopf ins Wasser, um etwaigen Kugeln zu entgehen. Ejnar war dicht hinter mir, aber mich umzudrehen, wagte ich nicht. Ich schwamm mit der Angst im Nacken, so gut ich konnte, mit einem Arm. Endlich erreichte ich das andere Ufer. Dank einer Weidenwurzel, die ins Wasser ragte, gelang es mir, mich mit meiner schweren Last ziemlich geräuschlos hochzuziehen. Ejnar erwischte mein linkes Bein, und wir verschwanden in einem dichten Brennesselwald, aus dem augenblicklich ein lautes, bellendes Geräusch ertönte. Ejnar erstarrte. Aber ich erkann-

te es sofort als das Schrecken eines Rehes. Wie oft hatte ich das zu Hause in Ostpreußen in unserem friedlichen Wald gehört, aber wie unheimlich klang es hier. Wir warteten. Die Mücken spielten uns übel mit. Obgleich meine Nerven bis aufs äußerste gespannt waren, fühlte ich mich in dieser Umgebung auf eigenartige Weise geborgen. Sie war mir von meiner Heimat in Ostpreußen her vertraut und wirkte beruhigend auf mich. Ejnar faltete die Papiere sorgfältig auf, die beim Schwimmen über den Rhein doch etwas feucht geworden waren. Ich wrang das Wasser aus den Mänteln. Über eine halbe Stunde warteten wir noch, nichts geschah. Wir zogen die Mäntel wieder an und pirschten uns vorsichtig weiter. Wie sollten wir den Stacheldrahtzaun auf der Schweizer Seite überwinden, wenn wir nicht wieder ein Loch fänden? Dieser Gedanke bereitete uns große Unruhe. Nach etwa dreißig Metern kamen wir an einen hohen Damm, der parallel zum Rheinufer verlief. Am Fuße dieses Dammes verharrten wir. Hinter ihm vermuteten wir den Drahtzaun. Plötzlich vernahmen wir Schritte und sahen über uns, gegen den fast schwarzen Himmel, einen Mann mit einem Hund den Damm entlangschreiten. Unsere Nerven waren bis zum Zerreißen angespannt. Ich mußte durch den offenen Mund atmen, weil ich zu ersticken glaubte. Ein frischer Wind stand Gott sei Dank auf uns zu. Diese Tatsache und die nassen Mäntel mögen der Grund dafür gewesen sein, daß der Hund uns nicht aufspürte. Ejnar erkannte an der Silhouette der Mütze, daß es sich um einen Schweizer Grenzposten handelte. Wir fürchteten seine Rückkehr und kletterten über den Damm, sobald wir Mann und Hund weit genug entfernt glaubten. Immer noch erwarteten wir den Drahtzaun mit Bangen. Stattdessen durchquerten wir ein Kartoffelfeld und entdeckten einen Landweg, der nach St. Margarethen zu führen schien. Ein Radfahrer mit einem kleinen Schweizer Nummernschild kam uns friedlich entgegen. Ejnar sprach ihn auf Schweizerdeutsch an. Wir wollten keinesfalls zur Rheinbrücke, sondern zum Bahnhof von St. Margarethen. Der Mann gab uns bereitwillig Auskunft und fuhr weiter. Es bestand kein Zweifel mehr, wir waren in der Schweiz.

In der Schweiz

In den letzten Kriegsjahren hatten wir ständig einen 50-Franken-Schein bei uns gehabt. Mit ihm wollten wir uns nun Fahrkarten nach St. Gallen lösen, um möglichst schnell weg von der Grenze zu kommen. So marschierten wir also zur Bahnstation und sahen dank der wollenen dunklen Mäntel ganz respektabel aus. Es gab sogar einen letzten Zug nach St. Gallen, für den Ejnar die Karten löste. Dabei entdeckten wir einen Automaten mit richtigen Zigaretten. So etwas hatten wir seit Jahren nicht mehr gesehen. Leider fehlte ihm das nötige Wechselgeld, um ein Päckchen herauszuholen. Ein Gepäckträger bemerkte es und steckte seine eigene Münze in den Apparat. Ejnar war selig. Ich schaute wehmütig auf den zweiten Automaten, mit Sahnebonbons gefüllt. Der freundliche Gepäckträger mochte wohl meine Gedanken gelesen haben, jedenfalls fragte er mich auf gut schweizerdeutsch: „Went Sie es paar Guetsli ha?" Begeistert nickte ich mit dem Kopf, denn ich wagte nicht einmal, ein deutsches „Ja" zu erwidern.
Wir hatten zwei Tage nichts mehr gegessen und Aufregung, Angst und Schlaflosigkeit hinter uns. Die Freundlichkeit dieses Mannes erschien mir wie ein gutes Omen. Der Zug rollte ein, und wir fuhren bis St. Gallen. Dort nahmen wir ein Taxi nach Zürich. Endlich, endlich hielten wir vor dem ersehnten Haus der Verwandten von Ejnar. Sie bezahlten eine hübsche Summe an den Taxifahrer und schlossen uns in die Arme. War nun der Krieg für uns endgültig vorüber?
Wir erfuhren, daß Ejnars Eltern und seine Schwester Karin bereits in der Schweiz waren. Als wir sie nach einigen Stunden Schlaf anriefen, war die Freude über unsere Ankunft erheblich gedämpft durch die Tatsache, daß wir nun doch illegal in die Schweiz gekommen waren. An Arbeit war nicht zu denken. Zeit mußte vergehen, ein Jahr mindestens, ehe wir an offizieller Stelle auf uns aufmerksam machen durften.
Mir erschien das anfangs gar nicht so schlimm. Zürich, die zauberhafte Stadt mit dem blauen See in der Mitte und den vielen Segel-

booten darauf, dazu die vollen Läden, Cafés und Restaurants, alte Patrizierhäuser und schöne Kirchen. Nach den zerstörten Städten, dem Hunger, dem Mangel an fast allen lebenswichtigen Dingen, nach all dem, was in den letzten Jahren unser Leben gewesen war, überwältigte mich der Reichtum dieser Stadt. Das Leben schien hier stehengeblieben zu sein.

Wir zogen wie schon Ejnars Eltern nun auch zu den Verwandten ins „Äpfelbäumli". Onkel Otto war Architekt und hatte mit Tante Noni sechs Kinder in die Welt gesetzt, die alle verheiratet oder außer Haus waren.

Meine Schwiegermutter, die unzählige Verwandte und Freunde in Zürich hatte, nahm uns überallhin mit. Wir waren dauernd unterwegs. Oft wurden wir zu herrlichen Konzerten in die Tonhalle eingeladen, Treffpunkt war meistens das Café Sprüngli. Herr Sprüngli, ein alter Freund meiner Schwiegermutter, auch „Sitesprüngli" genannt, weil er gelegentlich kleine Seitensprünge machte, war besonders nett zu uns und verwöhnte uns mit seinen Spezialitäten. Wir beschlossen, eine kirchliche Trauung nachzuholen. Es wurde ein zweiter Hochzeitstag veranstaltet, bei dem wir in der Wasserkirche von dem schöngeistigen Pfarrer Wegmann getraut wurden. Das Datum war der 24. September 1945. Ins Zunfthaus „Zur Zimmerleuten" luden wir alle Schweizer Freunde und Verwandten zu ein paar festlichen Stunden ein. Meine Schwiegermutter gab mir Erläuterungen zu der Liste von etwa 60 Personen, die erscheinen würden. Bei dem Namen Nono Keller machte sie ein bedenkliches Gesicht und meinte: „Alle werden bestimmt lieb und nett zu dir sein, aber der Nono Keller haßt die Deutschen. Der Krieg und sie haben ihm übel mitgespielt bei seinen Geschäften im Fernen Osten. Halte dich also besser in einiger Entfernung von ihm."

Mir schwirrte der Kopf von Namen und Erläuterungen. Es wurde auch nicht besser, als ich in meinem schlichten Kostüm all diesen alteingesessenen Schweizern vorgestellt wurde. Wie heimatlich berührt fühlte ich mich deshalb, als ich einem charmanten, sonnengebräunten alten Herrn mit Hirschgrandeln auf grüner Weste gegenüberstand. Er erinnerte mich an meinen jagdpassionierten Großvater von Schlüter und schien auch dieselben Humorfältchen um die Augen zu haben. Es war wie ein Stück Heimat hier in der fremden, goldenen Stadt. Ohne lange zu überlegen, schlang ich meine Arme um seinen Hals und küßte ihn fest auf beide Wangen. Er preßte mich spontan an sich und erklärte mir: ,,Ich bin der Nono Keller. Wenn du irgend etwas brauchst, dann komm zu mir.'' Damit war unsere Freundschaft besiegelt. Er lud Ejnar und mich auf seine Jagdhütte hoch über Bad Ragaz ein, wo wir auf Gemsen pirschten. An den Abenden saßen wir gemütlich bei einer Flasche Whisky vor der Tür, schauten auf die Schneegipfel, sahen den Bergdohlen zu und hörten das Pfeifen der Murmeltiere.

Ich mußte ihm viel von zu Hause erzählen. Die Ungewißheit über das Geschick meiner Eltern und meines Bruders ließ mich nicht zur Ruhe kommen. Es war mir eine Erleichterung, ihm über Guja und Ostpreußen zu berichten. Im Februar 1945 waren die Eltern auf die Flucht gegangen, ich erfuhr das durch ein Telegramm, das ich erst viel später erhielt. Seitdem kein Lebenszeichen mehr!

Nono war ein geduldiger Zuhörer. ,,Versuche doch, durch das Rote Kreuz etwas über deine Familie zu erfahren'', schlug er vor. Gestärkt durch die herrlichen Tage in den Bergen und unsere neue Freundschaft kehrten wir nach Zürich zurück.

Inzwischen war es Dezember geworden. Zwei Monate nach unserer kirchlichen Trauung in Zürich. Das erste Weihnachten in der Fremde stand vor der Tür. Meine Schwiegermutter besaß eine ansehnliche Summe Geldes in der Schweiz, aber aus irgendeinem Grunde war es eingefroren. Bescheinigungen aus Deutschland mußten beschafft werden. Das war bei dem Nachkriegsdurcheinander schwierig und zeitraubend. Uns allen ging das Zu-Gast-Sein langsam auf die Nerven, unseren Gastgebern sicherlich auch. Wir wollten arbeiten dürfen und nicht anderen zur Last fallen. Die Schweiz erschien uns als eine Oase, ein Fleischtopf Ägyptens. Wir litten keine Not und wurden gut ernährt, aber wir fühlten uns wie Parasiten.

Ejnar und ich wünschten uns sehnlichst ein Kind. Worauf sollten wir warten? Beim Wünschen blieb es nicht, aber als unser Wunschkind sich nicht länger verbergen ließ, erwies sich dieser Schritt als recht fatal. Man fand es ganz und gar nicht in der Ordnung, daß deutsche Flüchtlinge sich auch noch vermehren mußten, zumal wir das Leben von Schmarotzern lebten.

Endlich konnte Ejnars Mutter über ihr Geld verfügen, und sie kaufte ein kleines romantisches Haus in einer zauberhaften Gegend des Tessins. Mit großen Plänen zogen wir dort ein. Ejnars Schwager wurde aus amerikanischer Gefangenschaft entlassen und vervollständigte das Familienidyll. Wir waren drei Ehepaare, die in dem winzigen Häuschen in Sala Capriasca bei Tesserete lebten. Ich weiß nicht, ob es die Nachwehen der Kriegsjahre waren, das lange Nichtstunmüssen oder die sechs Personen, 32 Katzen und der kleine Zwergschnauzer Nakrit auf so engem Raum — die Mißstimmungen und Aggressionen schossen wie Hefepilze aus dem Boden.

Ejnar und ich liefen viele Stunden täglich durch die herrliche Landschaft, hinunter zum Origlio-See oder in Richtung der Denti della Vecchia-Berge. Dabei schmiedeten wir Zukunftspläne, die doch keinerlei Basis hatten. Er tröstete mich, wenn ich an zu Hause dachte. Ich freute mich auf unser Kind, aber die Freude wurde mir oft verleidet. Ich bereute meinen voreiligen Schritt unendlich, fühlte mich als unerwünschte Person, da ich vor allem nicht den richtigen Kontakt zu Ejnars Mutter fand. So verschloß ich mich immer mehr, zog mich von meiner Umwelt zurück und war so tief unglücklich, daß ich eine Fehlgeburt herbeiwünschte. Gott sei Dank kam eine Freundin meiner Schwiegermutter aus Zürich zu Besuch. Sie erkannte sofort die Lage und tat das einzig Richtige, indem sie mich für die letzten Wochen und die anschließende Geburt zu sich einlud. Es wurde eine gute Zeit. Ich lebte auf und sah nun der Geburt des Kindes mit neu erwachender Freude entgegen.

Was aber das Schönste war: Ejnar bekam zu jener Zeit endlich sein erstes Stellenangebot. Da gab es am Samadener Kreisspital einen Dr. Rupanner, und eben der war mit Geheimrat Sauerbruch von der Berliner Charité befreundet und daher wohl auch deutschfreundlich. Ejnar durfte die Stelle in sechs Wochen antreten, vorausgesetzt, daß er genügend italienisch sprechen konnte, um Untersuchungen vorzunehmen. Er sagte sofort zu und behauptete kühn, er spreche das Italienische perfekt. Davon war natürlich keine Rede. Aber von da an sah man ihn Tag und Nacht italienische Lehrbücher wälzen. Er schaffte es, wie immer, wenn er wirklich wollte.

Bei „Tante Trudi" in Zürich hatte ich eine herrliche Zeit. Meine Lebensgeister blühten wieder auf unter dem herzerwärmenden Humor dieser überaus liebevollen lustigen Frau. Sie war eine jener seltenen Persönlichkeiten, die sofort allen Lebenslagen die heitere Seite abgewann, obwohl gerade sie mit vielen Problemen konfrontiert wurde. Ihre Heiterkeit steckte an, und ich freute mich nun ganz unbeschwert auf unser Kind.

Endlich war es soweit. Trudi fuhr mich in einem Taxi zur Klinik und übergab mich den Schwestern. Ich war voller Zuversicht, daß ich diese Sache schnellstens hinter mich bringen würde. Die Wehen setzten sofort ein und auch die Fruchtblase sprang. Gehorsam tat ich alles, was von mir verlangt wurde. Es war Mittwochnachmittag. Ohne den geringsten Erfolg kämpfte ich bis zum Morgengrauen. Der alte Arzt, den meine Schwiegermutter für mich ausgesucht hatte, war schon bei ihrer Geburt dabeigewesen. So sah er auch aus! Er schaute ab und zu herein, sagte nichts und verschwand wieder. Den ganzen Donnerstag hindurch ging das so weiter. Freitag morgens erschien der Alte wieder und untersuchte mich. Meine Blicke hingen fragend an seinem Gesicht, aber er sagte nichts. Beim Hinausgehen fing ich seine schweizerdeutsch gesprochenen Worte auf, die er an die Hebamme richtete: Er konnte keine Herztöne mehr hören. Ich dachte nach — also die Herztöne des Kindes mußten das sein. Wenn er sie nicht mehr hören konnte, so mußte es tot sein. Aber konnte der alte Herr auch noch richtig hören? Die Hebamme gab mir erneut Wehenspritzen. Ich fragte sie, was mit dem Kind sei, aber sie tat, als verstünde sie mich nicht. Die Wehen setzten verstärkt ein. Noch nie hatte ich mich so allein, so

verlassen gefühlt. Tiefe Angst überkam mich. Freitag abend hatte ich genug von diesem Spiel. Ich kroch mit letzter Kraft aus dem Bett, suchte Pantoffeln und Morgenrock und machte mich auf den Weg zu Tante Trudi. Ich mußte unbedingt zu ihr, bei Trudi wäre ich nicht so grenzenlos allein. Kein Mensch, weder der Arzt oder die Hebamme noch die Schwestern erklärten mir, was los war.
Als ich den langen Gang entlangtorkelte, stürzten mehrere Schwestern auf mich zu und redeten auf mich ein wie auf ein halbtotes Pferd. Der alte Arzt erschien plötzlich, und es ging alles von vorne los. Mehr Spritzen, mehr Wehen, dazwischen Spritzen für eine Ruhepause, dann wieder welche zum neuen Start. Ich wußte, daß es so nicht weitergehen konnte. Tante Trudi hatte oft beim Arzt angerufen und war alarmiert. Sie rief meine Schwiegereltern und Ejnar in Samaden an. Inzwischen war es Samstag nacht und nichts hatte sich geändert. Allmählich befand ich mich in einem Dämmerzustand, der mir einen gewissen Abstand von den Schmerzen gewährte. Ich hatte mich auch damit abgefunden, daß unser Kind tot sein würde. Aber warum ließ man mich so leiden und erklärte und tat nichts? Das Gesicht des Arztes konnte ich nicht mehr ertragen und schloß die Augen, wenn ich ihn im Zimmer spürte.
Am Sonntagmorgen erschien plötzlich der Chefarzt mit einem Team von Ärzten. Er muß wohl sehr wütend gewesen sein. Wie aus weiter Ferne hörte ich seine Stimme. ,,Das geht so seit Mittwoch, und man hat mir nichts gesagt?“ Mir war jetzt alles egal. Ich erkannte eben noch Ejnar an meinem Kopfende, er sah grün aus im Gesicht und streichelte mir über die Stirn. Dann wurde es dunkel um mich. Als die Welle des Schmerzes verebbte, drückten zwei junge Ärzte fürchterlich auf meinen Bauch, irgend etwas passierte, ich konnte die Schmerzen nicht mehr identifizieren, und dann, nach langer Zeit, hörte ich ein dünnes Stimmchen, eher wie das Miauen einer Katze. Ich wagte nicht zu hoffen, daß es unser Kind war, daß es doch noch am Leben war.
Das Leben begann wieder, als ich in weißem Leinen mit meinem Baby im Arm in einem weichen Bett lag. Es war kaum zu fassen:

Cay, ein kleiner Junge, lebte! Zerdrückt und schrumpelig wie eine Vorjahrskartoffel, aber er lebte. Es war der 16. Juni 1946. Ich hatte immer gewußt, daß es ein Junge werden würde, und so hatten wir auch schon lange seinen Namen gewählt. Wir beide erholten uns schnell unter der liebevollen Pflege von Tante Trudi, die mir sechs weitere Wochen in ihrem Haus schenkte, mit dem Engagement einer richtigen Kinderschwester namens Frieda. Frieda übernahm uns beide mit liebevoller, geschulter Hand. Ich konnte ausschlafen und brauchte mir auch keine Gedanken zu machen, wenn Cay mal schrie. Er wurde von Tag zu Tag hübscher. Die roten Flecken und Druckstellen verschwanden. Da ich ihn stillte, entwickelte er sich zu einem zufriedenen Kind.

Ejnar war nach Samaden zurückgekehrt, wo er sich schnell einlebte. Er brachte es sogar fertig, daß wir zu ihm kommen konnten. Wir drei bekamen ein Zimmer mit Bad im Spital. Ich brauchte nicht einmal zu arbeiten. So ging ich täglich viele Stunden mit Cay spazieren. Auf den Matten des Engadin weideten die Kühe mit ihren melodischen Glocken zwischen blaßlila Herbstzeitlosen, darüber leuchteten die schneebedeckten Gipfel des Morteratsch. Ich schob Cay in einem kleinen Wagen am Ufer des Inns entlang, lagerte am Waldrand oder auf den Wiesen. Die klare, herbe Bergluft, die eigenartige Einsamkeit, die Sonne, die frühen dunklen Bergschatten und nicht zuletzt die vielen Abende mit Ejnar und unserem kleinen Sohn in zufriedener Dreisamkeit machten das Leben wieder lebenswert.

Ejnar und sein Kollege Peter Ricklin arbeiteten zusammen als Assistenzärzte bei Dr. Ruppaner. Die Ricklins hatten ein Töchterchen, das fast genau so alt wie unser Cay war. Uns vier verband in kurzer Zeit eine feste Freundschaft, die das ganze Leben hindurch hielt, und die sich auch zwischen unseren Kindern fortsetzte. Leider mußte Ejnar als Ausländer seine Stelle räumen, wenn ein Schweizer darauf Anspruch erhob. Dieser Fall trat allzubald ein. Nach einem Jahr zogen wir nach traurigem Abschied wieder nach Sala Capriasca. Ejnars Mutter war hingerissen von Cay, ihrem Enkelsohn. Der Haussegen, der seinerzeit so schief gehan-

gen und uns das Leben erschwert hatte, hing wieder gerade. Cay war der sonnige Mittelpunkt, immer zum Lachen aufgelegt, aber mit einem ausgeprägten Willen.
Nach einiger Zeit wurde Ejnar eine Stelle in der Nervenheilanstalt Oetwill am See angeboten. Er griff sofort zu. Ich durfte mit Cay bei ihm sein, falls auch ich mich verpflichtete, zu arbeiten. Wir bewohnten zwei winzige Zimmer mit einem Bad, das wir uns mit einer schweizerischen Arztfamilie teilen mußten. Ich wurde dem Küchenchef zugeteilt und hatte damit großes Glück, denn dieser Küchenchef, ein Urschweizer, verstand sein Handwerk. So konnte er mir in wenigen Tagen die Grundbegriffe des Kochens vermitteln, eine Fähigkeit, die mir noch sehr von Nutzen werden sollte. Wir beide hatten uns in Kürze so aufeinander eingespielt, daß wir am Nachmittag einige Stunden frei waren. Dann raste ich zu Cay, der während meiner Arbeitszeit von einer leicht verrückten Patientin, Fräulein Francis, betreut wurde. Sie war hysterisch und aufgeregt. Ich bangte schrecklich um Cay, aber was sollte ich tun? Geld erhielten weder Ejnar noch ich für unsere Arbeit, nur freies Wohnen und Kost. Wenn Nono Keller nicht gewesen wäre, hätte es nicht einmal zu den notwendigsten Dingen gereicht.

Endlich, nach so langer Ungewißheit, erfuhren wir, daß meine Eltern und mein Bruder am Leben und in Sicherheit waren. Die Eltern waren nach einer dramatischen Flucht von Guja per Fahrrad in Eis und Schnee über Berlin, Havelberg und dann per Zug nach Österreich auf ihren Kärntner Hof gelangt. Dorthin war dann auch mein Bruder gegangen, der den Krieg lebend überstanden hatte, wenn es ihm nach sechs Verwundungen und durch die harte Nachkriegszeit gesundheitlich auch schlecht ging. Wir durften ihn jedoch einladen, nach Oetwil zu kommen, so daß er sich einige Wochen bei gutem Essen bei uns erholen konnte.
Diese bittere Sorge war also von uns genommen. Doch es wurde uns immer klarer, daß wir in der Schweiz nicht bleiben wollten. Alle sechs Monate mußte eine Arbeitsbewilligung beantragt und erkämpft werden, und die Verdienstmöglichkeiten waren für Nicht-

Schweizer gleich null. So nahmen wir jede Verbindung zu anderen Ländern auf, der wir habhaft werden konnten. Australien, Philippinen, Angola und Abessinien kamen dabei in die engere Wahl. Ejnar schrieb nach dem langen Arbeitstag unzählige Briefe und Bewerbungen, bekam aber meistens negative Antworten. Einzig und allein mit den Philippinen schien es zu klappen. Er sollte in Mindanao ein amerikanisches Missionskrankenhaus übernehmen. Die Missionstätigkeit entsprach nicht wirklich unserer Einstellung und reizte uns überhaupt nicht, aber das Krankenhaus schien Ejnar verlockend. Es entspann sich eine lange Korrespondenz zwischen uns und den Missionsleuten, die ihren Hauptsitz in Boston, USA, hatten. Wir wurden angenommen und waren selig.
Dank Nono Kellers Vermittlung erhielten wir endlich auch unsere Visa für die Philippinen. Alle Versuche, in andere Länder zu kommen, waren letztlich immer an der Beschaffung der Visa gescheitert. Wir waren Deutsche, und das wurde nicht so schnell vergessen und verziehen. Als wir nun die Visa in der Tasche hatten, gaben wir die Anstellung in Oetwill auf und bereiteten uns auf die Auswanderung vor. Ehe wir jedoch die Reise in den fernen Osten antreten konnten, starb der Präsident der Philippinen, und der Nachfolger annullierte sofort jegliche Arbeitserlaubnis für ausländische Akademiker. Diese Nachricht traf uns hart. Sie zerschlug nicht nur unsere jungen Pläne, sondern machte uns auch arbeitslos. Es war zum Verzweifeln. Die Missionsgesellschaft verhielt sich ungemein großzügig und hielt uns geduldig einige Monate über Wasser, aber der Philippinentraum war ausgeträumt.

Von nun an machte Ejnar Ferienvertretungen für Ärzte in den verschiedensten Kantonen, aber es war ein unsicheres Brot. Die Wochen schlichen dahin. Das Geld wurde immer knapper, da wir nun für die Ernährung selbst aufkommen mußten. Während einer arbeitslosen Phase nahmen uns Freunde auf. Ich half im Haushalt. Sie lebten mit zwei kleinen Töchtern in einem betont vornehmen Haus direkt über der Drahtseilbahn, die zum Dolder oberhalb Zürichs führte.

An Cay gingen der ständige Wechsel und unsere Depressionen nicht spurlos vorüber, er wurde aggressiv und nervös. Dauernd mußte ich ihn ermahnen: Faß das nicht an, sei still, stör nicht. Er hatte keine Möglichkeit, sich frei und ungestört zu entwickeln. Wenn unsere Gastgeber zu Hause waren, saß er stumm und verstört in einer Ecke. Es war eine schlimme Zeit für uns drei. Dazu kamen dauernd Absagen, sowohl auf Bewerbungen in der Schweiz als auch auf solche im Ausland. Unser Stimmungsbarometer war bereits so tief gesunken, daß uns schließlich der Gedanke an Selbstmord nicht abwegig erschien.
50 Rappen hatten wir noch in der Tasche. Unsere Gastgeber waren ausgegangen. Wir drei saßen auf dem Balkon über der unter uns liegenden Drahtseilbahn, der Sprung hinunter würde alle unsere Probleme lösen. Ejnar aber, mein optimistischer Ehemann, fand, daß es doch einen Ausweg geben müsse. Er beschloß die letzten 50 Rappen großzügig auszugeben, ging hinunter und kaufte ein kleines Nescafé-Tütchen dafür. Bei einer Tasse Kaffee wollten wir unsere Gedanken ordnen und neue Pläne fassen. Vor dem Haus traf er eine alte Freundin, die eine Papierfabrik besaß, Gott und die Welt kannte und im Geschäftsleben äußerst aktiv war. Sie hatte uns bereits auf den Philippinen vermutet und war erstaunt, Ejnar so niedergeschlagen zu sehen. Er erzählte ihr kurzgefaßt von unserer Misere. ,,Wenn du einen Millionär triffst, der einen Leibarzt braucht, laß es mich bitte wissen. Am liebsten gingen wir in die Tropen'', sagte er und verabschiedete sich. Beim Kaffee versuchten wir, einander neuen Mut zu machen.
Am folgenden Tag rief die Freundin an: ,,Hört zu, ihr beiden, ich habe anläßlich eines Banketts für internationale Papierproduzenten gestern abend neben einem Mann namens Doktor Feiler gesessen, der von Kanada über die Bahamas gekommen ist. Und dieser Mann sucht unter anderem einen jungen Arzt für einen amerikanischen Großunternehmer. Dieser Arzt soll die Betreuung seiner etwa 800 Holzarbeiter und deren Familien auf Grand Bahama übernehmen. Das wäre doch etwas für euch. Er erzählte mir ferner, daß der Großindustrielle, ein Mister Butler, die Abholz-

rechte auf dieser Insel erworben hat, daß das Leben dort derart primitiv sei, daß er keine amerikanischen Ärzte für diesen Job finden könne. Außerdem zahlt er in der dortigen englischen Währung. Ich habe gleich ein Treffen von Doktor Feiler und euch vereinbart, um fünf Uhr nachmittags in der Roxibar. Vielleicht kommt etwas dabei heraus!"

Mehr als ein kleiner Hoffnungsfunke war es nicht, der nach all unseren Enttäuschungen in uns aufflackerte. Wir nahmen jedoch einen Atlas zur Hand und fanden nach langem Suchen einige kleine Kleckse südlich von Florida mit der Bezeichnung „Bahama Islands".

Pünktlich um fünf Uhr nachmittags trafen wir Doktor Feiler in der Bar. Er redete nur englisch mit uns, obwohl er fließend deutsch sprach. Unter Hitler war ihm sein ansehnliches Papiergeschäft in Württemberg weggenommen worden, weil er jüdischer Abstammung war. Er hatte sich nach Kanada retten können und war nun via Bahamas nach Europa gekommen, um Wiedergutmachungszahlungen zu erwirken. Auf den Bahamas hatte er durch das gemeinsame Interesse an Papierholz Mr. Butler kennengelernt und hatte ihm versprochen, sich in Europa nach einen Arzt umzusehen. Wir gaben ihm Kopien unserer Zeugnisse. Er fragte Ejnar intensiv nach seiner Ausbildung aus. Zu mir gewandt, wollte er meinen Mädchennamen wissen, und ich mußte ihm erzählen, wo ich aufgewachsen sei. Als das Wort „East Prussia" und mein Name von Sanden fiel, kniff er die Augen leicht zusammen und meinte: „Ah, you are a Prussian Junker." Er sagte das so zynisch, daß es mich verletzte und ärgerte. So erwiderte ich lediglich: „Mag sein", denn ich hatte im Grunde keine Ahnung, was er damit sagen wollte. Danach stockte die Unterhaltung, wir verabschiedeten uns bald. Ich wurde das fatale Gefühl nicht los, daß es meine Herkunft war, die diesen hoffnungsvollen Plan zum Scheitern bringen würde.

Ein grauer Alltag folgte dem anderen, und mit einer Antwort von Dr. Feiler oder dem weit entfernten Mr. Butler war sicher nicht mehr zu rechnen. Wir fuhren für einige Zeit ins Tessin, ein etwas

freieres Leben würde Cay guttun. Sechs Wochen waren vergangen, als uns der Postbote ein Telegramm brachte. Und da stand schwarz auf weiß: „Bahamas landing permit granted. When can you come? W. Butler." — Wir starrten auf das Stück Papier — die Landeerlaubnis garantiert —, sollte es diesmal wirklich klappen? Hieß es, daß wir gar kein Visum brauchten?
Es hieß tatsächlich, daß unsere Zeit der Arbeitslosigkeit, die Zeit ohne Hoffnung vorüber war. Wir erwachten zu ungeheurer Aktivität. Telegramme gingen hin und her. Die Reisegeldfrage und die Reiseroute mußten geklärt werden. Allmählich nahm unsere nächste Zukunft Gestalt an. Wir sollten mit der „Vulcania", einem Auswandererschiff, von Genua nach New York fahren und dort mit einem Dr. Avrack Kontakt aufnehmen. Alles Weitere würden wir von ihm erfahren. Das Geld für die Reise wollte man uns drüben zurückerstatten. Wir wagten nicht, zu viele Fragen zu stellen, und so liehen wir uns das Reisegeld und buchten auf der „Vulcania". Das alles ging viel schneller als erwartet, der Abschied stand in zwei Wochen bevor. Ich hatte dank Nono Keller noch meine Eltern in die Schweiz kommen lassen, Wiedersehen und Abschiednehmen zugleich. Sie sahen ihren ersten Enkel zum erstenmal. Inzwischen war es Ende März 1949 und Cay fast drei Jahre alt.

Start ins Ungewisse

Unser Gepäck — das wir übrigens seinerzeit von dem deutschen Tischlermeister an der Schweizer Grenze zurückbekommen hatten — bestand aus Ejnars medizinischen Büchern, seinem echten Guadagnini-Cello, meinem Akkordeon und den nötigsten Kleidungsstücken für uns drei. Per Zug ging es von Lugano nach Genua, wo die „Vulcania" im Hafen bereits Passagiere aufnahm. Es herrschten hektische Aufregung und ein schier babylonisches Sprachengewirr. Italienische, deutsche und polnische Auswanderer wurden in den Bauch des Schiffes hineingepfropft. Wir hat-

ten eine winzige Kabine, in der wir uns, so gut es ging, einrichteten. Nach einigen ruhigen Tagen wurde die See stürmisch. Viele Passagiere hingen an der Reling und waren nicht mehr ansprechbar. Täglich nahm der Sturm zu. Die Passagiere erschienen gar nicht mehr zu den Mahlzeiten, in den Gängen stützten und stauten sich die Seekranken, ein infernalischer Gestank schlug einem überall entgegen.
Uns allen dreien schien der Sturm nichts auszumachen, aber es war schwierig, beim Gehen Balance zu halten. Wir durften Cay keine Sekunde aus den Augen lassen. Von der ersten Klasse, die hoch über uns lag, winkten eine grauhaarige Dame und ihr erwachsener Sohn oft zu uns herunter. Sie schienen, wie wir, nicht seekrank zu sein und langweilten sich offensichtlich. Cay tat ihnen leid. Sie boten sich an, ihn zu sich nach oben zu nehmen, dort konnte er im sauberen Salon spielen. Wir waren natürlich froh, ihn fern von dem Gestank und den überreizten, seekranken Auswanderern zu wissen. Er gewöhnte sich sofort an seine neue Umgebung, war der Liebling aller und wurde nach Strich und Faden verwöhnt.
Endlich, endlich wurde das Meer ruhiger. Das Reiseziel lag zum Greifen nahe, und ansteckende Aufregung bemächtigte sich aller Passagiere. Alles drängte zum Bug und starrte gen Westen, wo sich im kupferfarbenen Dunst die hellgrauen Umrisse der Wolkenkratzer von Manhattan abzeichneten. Nach weiteren Stunden erkannten wir die Freiheitsstatue, und die ,,Vulcania'' verwandelte sich in einen Ameisenhaufen. Wir hatten unsere wenigen Sachen gepackt, standen mit Cays Gastgebern auf dem obersten Deck und bestaunten das eindrucksvolle Panorama von New York.
Was würde uns dieser neue Lebensabschnitt bringen? Eine leise Melancholie bemächtigte sich unser. Wie fern von Ostpreußen — wie weit zu den Bahamas? Was erwartete man von uns? Was hatten wir zu erwarten? Alle Gedanken verloren sich hin zu diesem gelbroten Horizont. Selbst das Empire State Building und seine Nachbarn schienen uns in ihrer Gigantik unwirklich. Cay saß in sich versunken auf einem Gepäckstück, den Daumen im Mund,

und schaute mit großen wachen Augen nach Amerika hinüber. Die nette Dame und ihr Sohn wollten sich gar nicht von ihm trennen. Immer wieder fuhr sie durch seine blonden Locken.
In New York arbeiteten wir uns in endlosen Menschenschlangen durch Zoll- und Einwanderungskontrollen. Wir hatten viel Zeit — uns erwartete niemand. Unser Bestimmungshotel lag am Broadway. Dort fanden wir Anweisungen von Dr. Avrack vor. Am folgenden Tag erwartete er uns in seiner Praxis in der Park Avenue.
Die Lichtreklamen am Broadway flammten auf, und Ejnar und ich beschlossen sofort einen Ausflug in die unbekannte Welt dieser berühmten Straße. Cay, der totmüde in einem überdimensionalen Bett lag, wollte nur noch wissen, wo wir hingingen. Mit der Erklärung „an den Broadway" war er völlig einverstanden und schlief ein. Das Zimmermädchen versprach, nach ihm zu sehen.
Natürlich nahm uns der Broadway mit seinem lichterflirrenden Zauber völlig gefangen. Ich beobachtete einige Sekunden lang die runden Rauchringe, die ein gigantischer Mann als Reklame für Zigaretten auf uns herabblies. Die flimmernden Bilder, die Musik für die Broadwayshows blendeten und betäubten unsere europäischen Augen und Ohren. Schaufenster, Plakate, das Hupen der unzähligen Autos, der Kaugummi, der einem an den Schuhsohlen klebte, die Eßautomaten, die vielen Schwarzen — es war überwältigend! Wir konnten nicht genug bekommen von diesem neuen Erlebnis. Alle Müdigkeit war verflogen. Wir wurden von dem glitzernden, tönenden, nach Popcorn und Hamburger riechenden Strom mitgerissen und trieben willenlos, fasziniert mit ihm den Broadway entlang bis zur Morgendämmerung.
Nach ein paar Stunden Schlaf machten wir uns auf die Suche nach der New Yorker Kontaktadresse. Der avisierte Dr. Avrack entpuppte sich als äußerst freundlich, kollegial und umgänglich. Er versuchte, uns einen Eindruck von der bahamischen Insel, unserem Arbeitgeber, Mr. Butler, und unserer Arbeit zu vermitteln. Irgendwie schien es, als wolle er uns warnen, denn wenn er von der Insel sprach, fiel immer wieder das Wort „primitiv". Auf medizinischer Ebene fragte er Ejnar geschickt aus. Obwohl Ejnar die englische

Nomenklatur noch nicht völlig geläufig war, verstanden die beiden Männer einander bestens. Mir gegenüber war er von ausnehmendem Charme. Wir ahnten nicht, daß er uns auf Fähigkeit, Persönlichkeit, Aussehen und Benehmen hin zu prüfen hatte. Falls wir den Anforderungen Mr. Butlers nicht genügt hätten, wäre es seine Aufgabe gewesen, uns sofort kaltblütig zurückzuschicken. Das aber erzählte er uns erst viel später, als wir gute Freunde geworden waren.
Dr. Avrack behielt uns noch einige Tage in New York. Er mußte wohl seine Informationen erst an Butler weiterleiten und warten, bis sie beantwortet wurden. Es war uns nicht entgangen, daß wir einer genauen Prüfung unterzogen wurden, aber von den Folgen eines eventuellen negativen Urteils hatten wir natürlich keine Ahnung, sonst hätten wir die Abende mit ihm und seiner Frau in den erstklassigen Lokalen und Night-Clubs, in die sie uns führten, nicht so genießen können. Eines Tages überreichte er uns die Flugkarten nach Miami mit der Adresse des Hotels Columbus, schüttelte uns besonders herzlich die Hände und verschwand zunächst aus unserem Gesichtskreis.

Eine DC-6 flog uns von Idlewild nach Miami. Als die Flugzeugtür geöffnet wurde, schlug uns feuchte, heiße Treibhausluft entgegen, wieder ein neues Erlebnis auf unserem Weg in die Zukunft. Miami war wirklich wie auf den großen kitschigen Postkarten, die überall in den Drugstores angeboten wurden. So schien es uns jedenfalls an diesem ersten Abend „on top of the Columbus", dem Restaurant im obersten Stock unseres Hotels mit seinem atemberaubenden Rundblick. Unter uns lagen die weißen Luxusdampfer, die mit Touristen gefüllt zur Karibik fuhren. In der Ferne, wie übergroße Bauklötze, erstreckte sich Miami Beach. Der Vollmond und die vielen Lichtreklamen tauchten das ganze Panorama in ein unwirkliches Blau-Lila.
Blaulila, so schien es, war die Farbe Miamis. Es gab hier, so weit wir sehen konnten, ausschließlich amerikanische Frauen über 60. Mit graublauen, graulila geometrisch gelegten Löckchen sahen

sie aus, als hätten sie ihren Kopf in Wäscheblau getaucht, dazu schimmernde Blusen und Kleider in Rosa und Türkis. Sie waren von einer überwältigenden Freundlichkeit und sprachen mich nur mit „darling" und „sweety pie" an. Wenn sie Cay entdeckten, kamen wir überhaupt nicht von der Stelle. Sie schenkten ihm Kaugummis und Kugelschreiber. Es gelang uns gerade noch, vor Aufbruch zum Flughafen einige leichte Kleidungsstücke zu kaufen, denn in unseren mitgebrachten Sachen kamen wir um vor Hitze.
Der Flug über die bahamischen Gewässer war wie der Flug über einen nie gesehenen Planeten oder eine Gletscherlandschaft. So stellte ich mir die Mondlandschaft vor — ehe wir von den Astronauten eines Besseren belehrt wurden. Da gab es helle, türkisfarbene Kuppeln, es konnten auch konkave Vertiefungen sein, Strömungen aller Farbschattierungen wechselten von Glasgrün über Türkis bis zu dem berühmten Nassau-Blau. Das Wasser war von unendlicher Transparenz, man sah die Korallenriffe und konnte nicht ermessen, wie tief sie unter der Wasserfläche lagen. Über sandigem Untergrund erschien das Wasser wie Gin. Wir konnten uns an dem Farbenspiel nicht sattsehen. Bald schwebten wir über grünen Inseln, die von leuchtend weißen Stränden umsäumt waren, als trügen sie Perlenketten. Winzige bunte Häuschen waren wie verloren hier und dort hingetupft. Den Inseln vorgelagert türmten sich Riffe zur Oberfläche. Unaufhörlich brachen sich schäumende weiße Wellen an diesen Barrieren in rhythmischem, nicht endendem Gleichmaß, überschlugen sich silberweiß aufleuchtend, um dann als Schaumgeriesel im grünblauen Meer zu verebben.
Wir waren kaum länger als eine Stunde geflogen, als wir zur Landung in Nassau ansetzten. Welch ein Unterschied zwischen dem Flughafen von Miami und dem von Nassau! Eine englische Fahne wehte fröhlich auf dem flachgestreckten rosa Gebäude, hier schien ein anderer Lebensrhythmus zu herrschen. Die schwarzen Eingeborenen bewegten sich in Zeitlupe, sie grinsten freundlich, und eine gelassene Atmosphäre umgab uns sofort. Der Immigrationsbeamte, ein blauäugiger Weißer namens Maurice Thomp-

son, in einer eindrucksvollen Operetten-Uniform, begrüßte uns herzlich.
Er fragte, ob wir etwas zu verzollen hätten. Als Ejnar auf sein sehr wertvolles Cello wies und ihm das Baujahr 1756 nannte, meinte er: ,,Wenn es so alt ist, kann es nicht mehr viel wert sein. Da brauchen Sie keinen Zoll darauf zu zahlen.'' Dann teilte er uns mit, daß wir von Mr. Butlers Privatpiloten erwartet würden, und arrangierte unsere Gepäckbeförderung zu einem Seitenflügel des Flughafens. Cay hatte zum erstenmal Zeit, einen dunkelhäutigen Menschen aus nächster Nähe zu betrachten. Er pirschte sich langsam an den Gepäckträger heran, beleckte seinen Zeigefinger und fuhr damit vorsichtig über den schokoladenbraunen Arm. Dann schaute er verblüfft seinen Finger an und leckte daran. Er war enttäuscht, daß er nicht nach Schokolade schmeckte. Der Schwarze grinste fröhlich und hob Cay auf den Gepäckwagen. Beide verstanden einander sofort — auch ohne Sprache.
Mr. Thompson ließ es sich nicht nehmen, uns zu dem kleinen Amphibienflugzeug zu begleiten. Dort stellte er uns dem Piloten vor und half, die Gepäckstücke zu verstauen. Wir hatten das Gefühl, VIPs zu sein, so herzlich und persönlich kümmerte man sich um uns. Das Amphibienflugzeug, mit Schwimmern unter den Flügeln, erinnerte an eine dicke Ente. Von der Rollbahn hob es nur langsam unter fürchterlichem Getöse ab. Wir flogen wesentlich niedriger als mit der Verkehrsmaschine und konnten viel mehr von dem Meer und seiner herrlichen Unterwasserlandschaft erkennen. Da gab es kreisrunde dunkelblaue Krater, die vulkanischen Ursprungs sein mußten. Der Pilot zeigte uns zwei Haie von stattlicher Größe, die sich auf einer Sandbank im flachen Wasser zu sonnen schienen. Er erklärte die Lage der verschiedenen Inseln von Nassau aus gesehen. Grand Bahama war eine der nördlichsten Inseln und rangierte der Größe nach an dritter Stelle. Wir flogen jedoch nicht nach Grand Bahama, wie wir erwartet hatten, sondern, wie der Pilot uns erklärte, auf die Privatinsel von Mr. Butler. Sie sei eine verhältnismäßig kleine Insel der Berry Islands Gruppe, hieß ,,Little Whale Cay'' und sei ein absolutes Paradies.

Die Bahamas beständen, so erläuterte der Pilot, aus 700 Inseln, von denen längst nicht alle bewohnt seien. Das Flugzeug schwebte bereits über den Berry Islands und suchte sich eine kleine nierenförmige Insel aus, flog tiefer und tiefer, glitt noch eine Strecke dicht über den Wellen dahin, dann setzte es ziemlich unsanft auf. Das Wasser spritzte und rauschte an den Fenstern vorbei, bis die Geschwindigkeit fast völlig gedrosselt war. Wir schwadderten in langsamer Fahrt einer Rampe zu und rollten mit aufheulenden Motoren an Land.
Der Pilot öffnete die Kabinentür und half uns heraus. Wir waren zunächst völlig benommen. Die vielen neuen Eindrücke, der rasche Wechsel von einem Leben in ein völlig neues nahm uns den Atem. Alles schien wie ein Film vor unseren Augen abzurollen. Mr. und Mrs. Butler entstiegen einer Rikscha und kamen uns entgegen. Einige Schwarze kümmerten sich um unser Gepäck, während eine sanfte, dickbusige Negerin in weißer Uniform sich Cays annahm und ihn auf ihre kräftigen Arme hob.
Die Butlers hießen uns herzlich willkommen. Besonders Mrs. Butler fand sogleich einen warmen, natürlichen Ton, der die Begrüßung unkompliziert machte. Wir stiegen in die Rikscha ein. Während Mr. Butler uns die Vorzüge dieses Gefährts erklärte, das eine Messerschmitt-Konstruktion sei, die er aus Deutschland importiert habe, näherten wir uns einem weißen, von Palmen umrahmten Gästehaus. Tina, die würdevolle Schwarze, nebst dem ganzen Haus ständen uns zur Verfügung, sagte Mrs. Butler. Sie erwarte uns um fünf Uhr im Haupthaus zum Cocktail und anschließend zum Dinner. Dann verschwand die Rikscha zwischen tropischen Pflanzen.
Tina half sofort beim Auspacken der wichtigsten Sachen, dann servierte sie einen köstlichen Lunch auf der Veranda mit nie gesehenen tropischen Früchten, von denen mir die Papayas am besten schmeckten. Anschließend bereitete sie ein kühles Bad für Cay und wich nicht von seiner Seite. Ejnar und ich machten, berauscht von so vielen faszinierenden Eindrücken und neugierig auf weitere, einen Entdeckungsspaziergang.

Die Insel war ein harmonisches Produkt von natürlicher Schönheit und menschlicher „Nachhilfe". Der in sanften Biegungen angelegte Weg führte uns an einem verträumten Palmenstrand vorbei zu einem künstlich ausgebaggerten Hafen, von einer Natursteinmauer eingefaßt. Neben einer schnittigen weißen Yacht und einem kleinen Frachter schaukelten zwei Rennboote. Ein flach gestrecktes Lagerhaus mit Werkstatt war von tropischen, blühenden Büschen so dicht überwuchert, daß man es erst bei näherem Hinsehen entdeckte. Mehrere Schwarze werkelten dort. Es gab etwa 60 Bedienstete auf der Insel, die in kleinen rosa Häuschen abseits vom Haupthaus und vom Park mit ihren Familien lebten. Ihnen stand eine Kirche zur Verfügung, die wochentags als Schule diente. Ein künstlich aufgeschütteter Hügel verbarg geschickt diesen Teil der Insel, von dem aus man auf einen dunkelgrünen Orangengarten sah. Gelbe Grapefruits und goldene Orangen hingen in solcher Fülle an den Zweigen, daß sie mit Gabelästen abgestützt werden mußten. Tropische Bäume, von deren Namen ich wenig Ahnung hatte, umgrenzten den Orangengarten. Eigenartige Vogelstimmen klangen zu uns herüber. Neugierig folgten wir ihnen und befanden uns plötzlich vor einem Süßwasserteich mit unzähligen Wasservögeln. Unter gelben Blütenzweigen stand ein Trupp gelangweilt aussehender Flamingos knietief im Wasser, ihr eigenes Spiegelbild betrachtend. Einige ordneten ihr rosa Gefieder mit den Schnäbeln, andere steckten ihren Schlangenhals ins Wasser und gründelten. Scharen von Kanadagänsen, bunten Zwerg- und Hochflutenten schwammen mit lautem Geschnatter durcheinander. In den flammendroten Zweigen eines blühenden Pointianabaumes kletterten vier große Ara-Papageien herum. Das türkise und zitronengelbe Gefieder stand in faszinierendem Kontrast zu den roten Blüten. Ihr Geschrei mischte sich zu fast ohrenbetäubenden Dschungeltönen mit den Rufen stolzer blauer Pfauen, die das Unterholz scharenweise zu bevölkern schienen. Häufig öffneten sich geschickt angelegte Ausblicke in dem tropischen Busch, durch die das Auge sich auf der unendlichen grünen Meeresfläche verlieren und wieder sammeln konnte. Von der warmen fri-

schen Salzluft wie benommen, bewegten wir uns in einer Art Trance in dieser lieblichen Märchenwelt. Eigenartig, zu denken, daß dieses Paradies zur selben Zeit bestanden haben mußte, als der Krieg so viele trostlose Eindrücke in unsere Seelen eingrub.
Pünktlich um fünf Uhr fanden wir uns zum Cocktail im Haupthaus ein, nicht ohne vorher von Tina bereitgelegte Kleidungsstücke angezogen zu haben. Anscheinend war es Sitte, in diesen sehr komischen Kostümen, von unseren Gastgebern geliefert, zu erscheinen. Ejnar sah aus wie ein Operettentürke mit einem Fez auf dem Kopf, ich war seine Haremsdame mit weiten, durchsichtigen Pluderhosen und knapp anliegendem Mieder, das den Bauchnabel frei ließ. Wir lachten Tränen, als wir uns im Spiegel sahen, und führten einen orientalischen Tanz auf, während Cay und Tina fasziniert zusahen.
Im Haupthaus erwarteten uns Mr. Butler in Goldrobe als Buddha, Mrs. Butler als eine Art weltlicher Engel in Weiß und mehrere andere Gäste, von denen mir der Name Lawrence Rockefeller im Ohr haften blieb. Seine Riesenyacht lag weit außerhalb von Little Whale Cay, da sie sich wegen ihres Tiefgangs der Küste nicht weiter nähern konnte. Eisgekühlte Drinks aller Art wurden ständig unauffällig von einem uniformierten Schwarzen nachgefüllt. Dezente Musik ertönte aus verschiedenen Richtungen. Man tanzte hin und wieder barfuß über die bunten italienischen Kacheln oder unterhielt sich in kleinen Gruppen. Mrs. Butler war eine charmante Gastgeberin. Ihre hervorstechendsten Eigenschaften waren eine temperamentvolle Natürlichkeit sowie eine Begeisterungsfähigkeit für immer neue Dinge. Zur Zeit schien der Gegenstand ihres besonderen Interesses unser Sohn Cay zu sein, den sie während unseres Inselspaziergangs bereits bei Tina besucht hatte. Ich konnte ihrem Wortschwall gar nicht so schnell folgen, und erst auf der Basis der französischen Sprache kam eine bessere Verständigung zustande.
So offenherzig seine Frau war, so undurchsichtig erschien uns Mr. Butler. Sein Kostüm war gut gewählt. Ein immer gleichbleibendes Lächeln war im Laufe der Jahre auf seinem Gesicht gleich-

sam versteinert. Ab und zu hoben sich seine Augenbrauen skeptisch, oder er vertiefte sein Lächeln zu einem Kichern, das den ganzen üppigen Körper zu schütteln begann. Seine Augen blieben bei solchen Regungen völlig unbeteiligt, sie waren überall, es entging ihnen nichts. Obwohl er ein aufmerksamer Gastgeber war, blieb er abwesend oder unerreichbar für seine Umgebung. Drei Dinge, so fanden wir bald heraus, vermochten sein Interesse jedoch fast immer zu fesseln: Geld, Pflanzen und Tiere, soweit letztere der Verschönerung seiner Umgebung oder seinem Feinschmeckergaumen Genüge taten. Hier wenigstens hatte unsere Unterhaltung eine gemeinsame Grundlage. Meine Liebe zu Pflanzen und Tieren ging weit über ihre „Brauchbarkeit" hinaus. Abgesehen von dem wissenschaftlichen Interesse war es Begeisterung für die Natur, mit der ich aufgewachsen war. Diesem Mann ging es nur um die Nutznießung. Immerhin war das Thema unerschöpflich und ungefährlich. Zum Dinner wurden junge Pfauhennen mit flambierten Bananen und Kokosnußeis als Nachtisch serviert.

Eine milde tropische Nacht deckte die leuchtenden Farben unversehens zu. Stattdessen strömten schwere Blütendüfte durchs Haus, die wurden — so erklärte Mr. Butler — von einem Jasminstrauch ausgesandt, der nur bei Dunkelheit seine unscheinbaren Blüten öffnete. Alle Spannung und Unsicherheit fiel von mir ab, und eine zufriedene Gelassenheit bemächtigte sich meiner. Am liebsten hätte ich mich auf dem kühlen Fliesenboden ausgestreckt, um den vielen verschiedenartigen Geräuschen draußen zu lauschen. Das eintönige Brechen der Wellen untermalte das helle metallische Singen der Zikaden, ab und an ertönte der klagende Ruf der Pfauen.

Kurz vor Mitternacht brachen wir alle zu einem kühlen Bad im Meer auf. Es schien selbstverständlich zu sein, daß wir uns unserer Kostüme entledigten und nackend schwammen. Mr. Rockefeller ging mit kühnem Schritt voran ins Wasser. Ich hatte noch nie Meeresleuchten gesehen und war fasziniert von den kleinen Crustaceen, die bei der geringsten Bewegung des Wassers phosphoreszierend aufleuchteten. Mr. Butler warnte uns, wir sollten der Haie wegen nachts nicht zu weit hinausschwimmen. Daraufhin sah ich Mr. Rockefeller schnell wieder an Land kommen, erleuchtet von unzähligen kleinen Fünkchen, die ihm an besonderen Körperstellen in großer Zahl anhafteten. Ich konnte ihn verstehen, mir war nun auch nicht nach einem ausgiebigen Bad zumute. An diesem Abend begann eine Art Millionärsurlaub für uns, den wir ebenso unerwartet wie ohne Skrupel genossen. Jeden Tag wurde etwas anderes unternommen. Es gab einen gepflegten Tennisplatz, auf dem man sich vor Sonnenaufgang traf. Wir fuhren mit Mrs. Butler weit auf den Ozean hinaus, um mit schweren Angelstöcken große Fische zu fangen. Mir gelang es, einen 68pfündigen Zackenbarsch, Grouper genannt, nach anstrengendem Kampf zu landen, während Ejnar einen Hai fing, der so groß wie er selber war. Mrs. Butler machte unsere Begeisterung solchen Spaß, daß sie täglich neue Unternehmungen startete. Sie versah uns mit Tauchermasken und Schwimmflossen und nahm uns mit zu einem Unterwasserriff. Wir ließen uns genau wie sie lautlos über den Bootsrand ins Wasser gleiten und befanden uns augenblicklich in einer Traumlandschaft. Gelb und lila gefärbte Fächer bogen sich sanft mit den Wellenbewegungen hin und her. Sie waren auf orangenem und hellgrünem Korallenuntergrund fest verankert. Zwischen ihnen schwammen Schwärme von kleinen Korallenfischchen in allen nur erdenklichen Farben und Formen. Einer der schönsten war der Juwelenfisch. Auf seinem tief königsblauen Körper leuchteten verstreut silberne Punkte auf. Er sah aus, als hätte ihn ein Juwelier aus blauer Emaille geformt und mit silbernen Sternchen verziert. In seiner Nähe sahen wir oft einen flachen Fisch mit spitzem Schnäuzchen, der ein buntes Pfauenauge am hinteren Ende trug. Man irrte immer wieder in der Annahme, es sei sein richtiges Auge, und war erstaunt, daß er rückwärts zu schwimmen schien. In den großen Korallenhöhlen saßen plumpe Grouper, die uns mit hervorquellenden Augen anstarrten und das dicklippige Maul auf- und zuklappten. Bösartig sahen die gefleckten grünbraunen Muränen aus, die wie Schlan-

gen in ihren Höhlen lauerten und willig ihr Gebiß zeigten. Sie schienen besonders angriffslustig, und eine von ihnen biß wütend in meinen Speer. Aus Sicherheitsgründen hatten wir jeder einen Speer mit, der, durch eine kurze Bambusröhre geleitet, mit Gummizug abzuschießen war wie eine Art Katapult. Die Fische schienen aber zu wissen, daß wir sie nicht schießen wollten, denn sie kamen vertrauensselig bis auf Armlänge heran.
Täglich verbrachten wir viele Stunden am Riff und erkannten viele der großen Grouper wieder, die dort ihren Standort hatten und ihn nicht wechselten. Auf den sonnenbeschienenen Abhängen grasten Herden von bunten Papageienfischen. Sie zupften kleine Algenteilchen vom Untergrund. Darüber stand in majestätischer Ruhe verharrend ein mächtiger Barracuda. Der sonnige Abhang verlor sich in einem geheimnisvollen Tal, dessen Basis zu tief lag, als daß wir es mit unserer Ausrüstung hätten erreichen können. Riesige dunkle und gestreifte Körper von Jewfischen und Groupern bewegten sich schwerelos dort unten in der dämmrigen Tiefe. Aus der unwirklichen Ferne steuerte ein hellgrauer, torpedoartiger Körper rasch auf uns zu. Es war der erste große Hai, dem wir von Angesicht zu Angesicht auf gleicher Ebene begegneten. Er kam mit unbeirrbarer Schlängelbewegung dichter heran. Ich fühlte mein Herz schneller schlagen, sah die helle Unterseite mit dem dreieckigen Maul, das beim Öffnen viele spitze kleine Zähne aufleuchten ließ. Kurz vor uns bog er plötzlich ab. Sein verhältnismäßig kleines, böse wirkendes Auge nahm mir den letzten Mut. Wir traten den Rückzug an, verfolgten aber seine Bewegungen genau. In fast gleichen Zeitabständen erschien er immer wieder, umkreiste uns wie eine Polizeipatrouille, bis wir ganz flaches Wasser erreichten. Erschöpft, aber erleichtert lagen wir dann auf dem feinen rosafarbenen Sand und ließen unsere abgekühlten Körper von der Sonne erwärmen. Die vielseitigen Eindrücke der Unterwasserwelt schwangen wie ein unauslotbares Echo nach.
Mrs. Butler, wesentlich jünger als ihr Mann, wurde nicht müde, uns immer neue Dinge zu zeigen. Ihr Mann führte stundenlange Geschäftsgespräche per Telefon oder mit Gästen, die kamen und

gingen. Seine Frau genoß es offensichtlich, begeisterungsfähige Begleitung zu haben. Oft holte sie Cay zu sich, die beiden fuhren in der Rikscha um die Insel oder spielten am Strand. Durch die gemeinsamen Unternehmungen mit Mrs. Butler waren wir ihr persönlich nahe gekommen. Sie schüttete uns ihr Herz aus, sie hatte vier Fehlgeburten gehabt und den sehnlichen Wunsch, ein Kind zu haben. Dabei spielte sie liebkosend mit Cays Locken. Immer wieder versuchte sie, uns auf Grand Bahama vorzubereiten. Was uns dort erwartete, sei völlig anders als Little Whale Cay. Offensichtlich wollte sie uns Enttäuschungen ersparen. Wir verharrten indessen nie lange bei diesen Gesprächen, denn dazu war die Gegenwart zu schön. Merkwürdigerweise sprach Mr. Butler nie über unsere zukünftige Arbeit auf Grand Bahama oder die Verhältnisse dort. Wir sahen ihn gewöhnlich nur am Abend oder auf dem Tennisplatz. Er war ein schlechter Verlierer; wurde er in einem Match besiegt, verließ ihn manchmal seine sonst so distanzierte Höflichkeit. Er zeigte sich dann unbeherrscht und verärgert.
Die vier Wochen „Ferien" gingen nur allzu schnell vorbei. Eines Tages stand das Wasserflugzeug wieder bereit. Wir flogen via Nassau nach Grand Bahama und landeten an der Nordküste dieser Insel auf dem Meer.
Diesmal mußten wir mit Gepäck in ein kleines Dinghi-Boot steigen, das uns an einen weit ins flache Wasser gebauten Damm brachte. Von hier aus führte uns ein eigenartiges Gefährt, „Pop-shot" genannt, auf Eisenbahnschienen durch eine Art Wattenlandschaft ins Innere der Insel. Die Sonne brannte gnadenlos auf unsere Köpfe. Ein Schwarzer saß in Yoga-Stellung vorne auf dem „Pop-shot" und steuerte es wortlos. Die Schienen waren so krumm, als hätten Kinder sie gezeichnet, und das Gefährt drohte dauernd zu entgleisen. Cay fand es herrlich und klatschte vor Vergnügen in die Hände. Soweit ich nicht damit beschäftigt war, ihn und mich festzuhalten, versuchte ich, die eigenartige Landschaft in mich aufzunehmen. Dunkle Geier schwebten über den ausgedehnten Mangroveflächen im seichten Wasser, nach und nach wurde der Untergrund fester und sogar felsig. Das Land war flach wie ein Tisch,

einzelne Kiefern unterbrachen die Eintönigkeit. Tropische Hitze flimmerte über den Schienen, und ich hatte das Gefühl, daß ich bald einen Sonnenstich bekommen würde.
Als wir uns unserer neuen Heimat — denn das sollte sie ja sein — näherten, traf uns der Anblick wie ein Schlag in die Magengrube. Neben einem hohen rauchenden Schornstein erhoben sich einige graue Holzhütten. Das Gefährt hielt auf einem von diesen Hütten und Maschinen umstandenen weitläufigen Platz. Sogar eine richtige Lokomotive mit flachem Anhängerwagen gab es hier. Das war also das Holzfällerlager Pine Ridge auf Grand Bahama, und hier würden wir leben. Ein Mittelding zwischen Goldgräberstadt und Negerkral. Eine auf Zeit in die reizlose Landschaft gestellte Siedlung rund um ein großes modernes Sägewerk.
Zwei Schwarze halfen uns herunter und schleppten unsere Gepäckstücke zu dem größten Gebäude, dem Haus des Managers. Auf einer Veranda saß, wie eine fette Spinne, ein unförmiger Mann, dessen Begrüßung sich darauf beschränkte, daß er mit seinem Krückstock auf den Boden klopfte. Die Schwarzen verstanden seine Klopfzeichen. Sie trugen die Koffer uns voran und bedeuteten uns, zu folgen. Es ging eine düstere Treppe hoch, in ein großes Zimmer mit einem primitiven Bad, dort stellten sie alles ab und verschwanden.
Es war zum Umfallen heiß unter dem flachen Dach. Ein uraltes Doppelbett stand mitten im Raum. In den dünnen Wänden gab es viele runde Rattenlöcher. Der Kleiderschrank enthielt drei alte Drahtbügel. Außer dem Bett und einer Couch gab es keine weiteren Möbel. Wir hatten keine Lust, ans Auspacken auch nur zu denken. Wo sollten wir auch unsere Sachen unterbringen? Ejnar holte tief Atem und ging zu dem Dicken, der sich als Manager namens Mr. Brad vorstellte. Das Gespräch mit ihm ergab, daß ein Haus für uns nicht vorgesehen war.
Das also war der Anfang unseres neuen Lebens.
Die Praxis, die von den Eingeborenen ,,Clinic" genannt wurde, war eine Art Hühnerstall, in dem eine schwarze Krankenschwester die primitivsten Hilfeleistungen ausgeführt hatte. Sie war

auch Hebamme gewesen, aber Mr. Brad ließ kein gutes Haar an ihr und hatte sie eine Woche vor unserem Erscheinen davongejagt, wie er Ejnar stolz erzählte. Cay schlief todmüde auf der alten Couch, während wir die „Clinic“ besichtigten. Unser Stimmungsbarometer sank auf Null. In dem kleinen Raum befand sich eine Art Holzliege. Auf einem Tisch und einigen Wandregalen standen ordentlich aufgereiht mehrere Salbentöpfe, Alkohol und Jod. Fenster gab es keine. Um etwas sehen zu können, mußte man die am oberen Ende mit Scharnieren angebrachten Fensterläden mit Stöcken herausstellen. Dann strömten zu gleicher Zeit Licht, Hitze und Fliegen ins Innere.

Neben dieser Hütte stand ein rechteckiges Holzhaus, das durch Holzwände in drei gleiche Räume geteilt war. Es schien verlassen, die Tür stand offen. Im Inneren fanden sich ein alter Kamm, Papiere und undefinierbare Kleidungsstücke, die erkennen ließen, daß dies eine menschliche Behausung gewesen sein mußte. Bei uns in Ostpreußen wäre diese Bude nicht einmal für einen Schweinestall geeignet gewesen. Eine freundliche Negerin kam über den Platz, starrte uns mit unverhohlener Neugierde an und begann eine Unterhaltung. Soweit wir ihr eigenartiges Englisch verstehen konnten, entnahmen wir ihren Erzählungen folgendes: Die Krankenschwester hatte in dem „Schweinestall“ wohnen müssen. Sie war eine gute, hilfreiche Frau gewesen, aber Mr. Brad konnte sie nicht leiden. Sie hatte weder Medikamente noch sonst irgendwelche Hilfe von ihm erhalten und daher auch nur sehr wenig ausrichten können. Während wir dem Wortschwall der Frau folgten, hatten Ejnar und ich denselben Gedanken, auch wir würden in den „Schweinestall“ einziehen, das war immer noch besser, als über Mr. Brad in einem Backofen wohnen zu müssen. Nach und nach konnten wir ja eine menschliche Behausung aus der Bude machen, und wenn es mit unserem eigenen Geld sein mußte. Wir schlenderten tief in Gedanken versunken — es waren nicht die glücklichsten — zurück zum Haupthaus. Dort trafen wir auf Mrs. Brad. Mit falschem Lächeln gab sie der Hoffnung Ausdruck, daß wir uns gut einleben mögen.

Eine dumpfe Melancholie bemächtigte sich unser. Sogar Ejnar, der immer Optimistische, war ernstlich niedergeschlagen. Wie konnte es sein, daß Butler keinerlei Vorkehrungen für unsere Ankunft getroffen und nie mit uns über Grand Bahama gesprochen hatte? Die Probleme türmten sich vor uns auf wie Gebirge: Wo sollte ich kochen, was gab es an Nahrungsmitteln, mußten wir mit den Brads täglich essen? Wo konnte die Wäsche gewaschen werden, sollten wir in der Hitze zu Fuß zu den ausgedehnten schwarzen Siedlungen laufen, woher sollten wir die Medikamente bekommen, wer zahlte für sie, warum ließ man uns herkommen und zahlte ein Gehalt, wenn man uns keinerlei Hilfeleistung gab, gute Arbeit leisten zu können? Die dringlichste Frage aber schien ein eigenes Dach über dem Kopf.
In dieser Nacht konnten wir nicht einschlafen. Nicht nur von Gedanken an die Zukunft gequält, sondern auch von einer unerträglichen Hitze und Schwärmen von Moskitos gepeinigt. Endlich erlöste mich eine Art Dämmerschlaf. Als ich etwas auf meinem Bettlaken sich bewegen fühlte, schreckte ich auf. Im selben Moment sprang eine dicke Ratte vom Bett. Am Morgen beschlossen wir mit schweren Köpfen, alle Fragen niederzuschreiben und sie in einer Besprechung mit Brad zu klären.
Nach dem Frühstück nahmen wir die Sache in Angriff. Bevor wir unsere Fragen loswerden konnten, hielt Mr. Brad eine Rede im südstaatlichen Dialekt, seine Frau saß mit undurchsichtigem Lächeln neben ihm. Wir hatten Mühe, alle Einzelheiten zu verstehen, aber die Grundidee blieb uns nicht verborgen. Er betonte immer wieder, daß er hier uneingeschränkte Macht habe und daß Mr. Butler weit weg sei und wenig Interesse an den hiesigen Geschehnissen zeige. Wenn wir also seine Freunde würden, so könnten wir sehr reich werden. Die schwarzen Eingeborenen besäßen wunderschönes Land an der Südküste. Er gäbe ihnen Jobs und Holz für den Bau ihrer Häuser, und dafür überschrieben sie ihm große Teile ihres Landes. Daß das Holz offensichtlich Mr. Butler gehörte, davon erwähnte er nichts. Hingegen ließ er keinen Zweifel daran, daß eine enge Zusammenarbeit mit ihm selbst uns schnell Reich-

tum bringen würde. Anderenfalls würde er dafür sorgen, daß wir die Insel bald zu verlassen hätten.
Beunruhigt und entsetzt über seine unverblümten Eröffnungen, versuchten wir, ihm klarzumachen, daß wir von Mr. Butler angestellt seien und ihm gegenüber Loyalität zu zeigen gedächten. Aber der Dicke zuckte nur mit den Achseln, als wolle er sagen: „Macht, was Ihr wollt, Ihr werdet ja sehen!“
Es gelang uns einzig und allein, die Wohnungsfrage zu klären. Er schien damit einverstanden zu sein, daß wir sein Haus verließen und den „Schweinestall“ bezogen, gab uns aber keinerlei Hilfe, ihn bewohnbar zu machen. Wir gingen sofort ans Werk. Unter den wenigen Weißen, die eine Art Schlüsselstellung bekleideten, suchten und fanden wir einen Tischler. Er setzte Fenster und Fliegendraht in unsere Bleibe ein und baute einige primitive Möbel wie Schränke, Tische und Stühle. Das dauerte nur wenige Tage, und wir zogen sofort ein. Fließendes Wasser gab es nicht, die Toilette befand sich zwanzig Meter entfernt im Busch.
So starteten wir unser Leben auf den Bahamas. Zunächst bauten wir einen Gartenzaun um ein von uns willkürlich gewähltes Stück Land. Ich verlor keine Zeit, sofort einen Gemüsegarten anzulegen. Das war ein hartes Stück Arbeit, der Boden war felsig, und nur hie und da gab es die sogenannten pot-holes, das waren Felsenlöcher mit ein wenig Erde, die sich im Laufe vieler Jahre angesammelt hatte. In diesen pot-holes aber wuchsen die Pflanzen gut. Man durfte sich nur nicht einen deutschen Gemüsegarten mit rechteckigen Beeten zum Ziel setzen. Auch gediehen die tropischen Gemüsearten natürlich wesentlich besser als grüne Erbsen, Kohlrabi und dergleichen. Ich machte mir das Sägemehl zunutze, das in jeder Menge zu haben war. Die Eingeborenen blieben am Gartenzaun stehen und staunten. Sie selbst machten keinerlei Anstalten, sich einen Garten anzulegen. Hingegen fiel mir sofort auf, daß sie Bananenstauden in der Nähe ihrer Waschtröge hatten. Sie gediehen besonders gut durch das Seifenwasser und spendeten schon nach sechzehn Monaten Bananen und Schatten. Man schenkte mir bereitwillig Ableger, und ich machte es ihnen nach.

In dem einzigen Laden von Pine Ridge gab es zwar jede Menge Konserven und altmodische Hüte, jedoch keinerlei frisches Obst oder Gemüse. Wir mußten uns an Büchsenmilch, Corned Beef und gesalzenes Schweinefleisch gewöhnen. Einmal im Monat kam das Postboot von Nassau herüber. Die frischen Orangen, Salatköpfe und Äpfel waren von Ratten derartig zerfressen, daß wir es bald aufgaben, wieder welche zu bestellen. Es fehlte uns an allem. Ohne Kühlschrank wurde die tägliche Kocherei zu einem wirklichen Problem. Das nächstgrößte war die Transportfrage. Wie sollte Ejnar zu den Außenposten des Lagers kommen, die meilenweit entfernt von Pine Ridge lagen? Ejnar sprach also wieder mit Mr. Brad und bat ihn, einen Jeep aus den USA zu bestellen. Er sollte auf einem Company-Boot von Miami herübergebracht werden. Unser Visum für Amerika war abgelaufen, wir konnten also nicht in die USA, bevor wir vom amerikanischen Konsulat in Nassau ein neues erhielten. Ejnar wurde zwar vom Buchhalter, Mr. Lowe, bezahlt, aber es ging alles im Handumdrehen für Nahrungsmittel und Anschaffungen drauf. Auch bezahlten wir eine schwarze Hausangestellte, die Berge von Wäsche mit der Hand wusch und bügelte. Wir warteten vergeblich auf unser Vehikel und erfuhren erst durch den Captain des Bootes, daß Mr. Brad strikte Anordnung gegeben hatte, weder einen Jeep noch einen Kühlschrank für den Doktor zu bringen.
Mittlerweile wurde die Medikamentenfrage immer dringlicher. Eine Liste dessen, was er brauchte, die Ejnar Mr. Brad übergeben hatte, war zweifellos in den Papierkorb gewandert. Dies alles wurde uns erst nach langem Warten allmählich klar. Mit den wenigen Arzneimitteln, die sich in der ,,Hühnerstall-Clinic" befanden, taten wir, was wir konnten. Jedoch mit soviel Gemeinheit hatten wir nicht gerechnet. Die schwarzen und weißen Patienten kamen in Scharen zu uns, als es sich herumgesprochen hatte, daß ein Arzt auf der Insel sei. Mit dem Stethoskop und dem Blutdruckapparat konnte Ejnar zwar allerhand feststellen, aber geben konnte er ihnen außer Ratschlägen und Diätanweisungen nichts, was den Blutdruck gesenkt oder die Schmerzen gelindert hätte. Wir hatten

60 bis 80 Patienten pro Tag. Am trostlosesten erschienen mir die völlig falsch und unterernährten Babies. Da gab es sieben Monate alte Kinder, die nur sieben Pfund wogen. Ihre Bäuche waren prall wie Trommeln aufgetrieben, Ärmchen und Beine erinnerten an Stöckchen. Ich mußte täglich viele Male zu den Hütten laufen, um eine Mischung aus Büchsenmilch, Sirup und abgekochtem Wasser herzustellen, da es keine Kühlhaltegelegenheit gab und alles bei der Hitze schnell verdarb. Die Mütter hatten zwar Babyflaschen, konnten aber die Markierungen nicht lesen. Oft lösten sie einfach Wäschestärke in Wasser auf und fütterten ihre Babies damit, in der Annahme, es sei so gut wie Milch, weil es ja so aussah. Die Patienten hatten ein unbegrenztes kindliches Vertrauen zu uns, aber wie sollten wir es auf die Dauer rechtfertigen, wenn wir ihnen nicht einmal Aspirin geben konnten? In dem Laden fanden wir einige primitive Arzneimittel, die wir uns zunutze machten.
Mr. und Mrs. Brad hatten natürlich schnell erkannt, daß wir auf ihre Vorschläge, uns auf Kosten von Butlers Holz zu bereichern, nicht eingingen. Sie betrachteten uns daher automatisch als ihre Feinde. Diese Feindseligkeit wurde wohl noch zusätzlich durch die Tatsache verstärkt, daß wir Mitwisser ihrer unlauteren Aktionen geworden waren. Täglich kam es zu neuen Konfrontationen. Mr. Brad klopfte mich mit seinem Krückstock zu sich heran, als ich gerade eine Babymilchflasche aus seinem Kühlschrank holte. ,,Wir haben Sie nicht hierher geholt, damit Sie noch mehr Niggern zum Leben verhelfen'', fauchte er. ,,Sie sollen lediglich die Arbeiter in solch einem Gesundheitszustand erhalten, daß sie arbeiten können. Etwas anderes interessiert uns nicht. Die Milchflaschen müssen aus meinem Kühlschrank verschwinden.'' Den Schwarzen erzählte er immer wieder, was für ein schlechter Arzt Dr. Gottlieb sei, der nicht einmal Medikamente herbeischaffen könne. Er würde seinen Hund nicht zu so einem Arzt schicken, geschweige denn selber zu ihm gehen.
Kurz darauf geriet der Dalmatiner seiner Tochter unter eine schwere Maschine und brach sich ein Bein. Seine Tochter schlich mit ihm in unsere Hühnerstall-Clinic, wo Ejnar das Bein mit großer

Erfindungskunst schiente, so daß der Hund nach einigen Wochen wieder in Ordnung war. Dem weißen Tischlermeister verbot Mr. Brad, für uns nach Feierabend zu arbeiten. Die Situation wurde von Tag zu Tag unerfreulicher. Nach einiger Zeit gelang es uns, durch die Freundlichkeit eines Nassauer Kollegen einen gewissen Nachschub von Naht- und Verbandsmaterial sowie den notwendigsten Medikamenten zu organisieren. Er schickte sie uns einmal im Monat auf dem Postboot.

Unsere Negerhütte lag im Brennpunkt aller Aktionen. Vorne fuhren ständig mit lautem Pfeifen die Lokomotiven vorbei, sie rangierten gerade vor unserer Eingangstür, um mit den holzbeladenen Anhängern zur Nordküste zu fahren, wo das Holz auf Schiffe verladen wurde. Neben uns gab es Mittwoch und Samstag einen Westernfilm im Freilichtkino. Die Weißen saßen auf den Emporen und die Schwarzen unten auf Holzbänken und Coca-Cola-Kisten. Die Lautstärke war so eingestellt, daß wir die Handlung auch im Schlafzimmer verfolgen konnten. Hinter dem Haus in zweihundert Meter Entfernung kreischten die großen schwedischen Sägen vierundzwanzig Stunden lang mit achtstündiger Schichtablösung. Gegenüber waren die Bar und der Lebensmittelladen, wo den Arbeitern ihr mühsam verdientes Geld wieder abgenommen wurde. Jeden Samstag gab es in der Bar lautes Gegröle und Messerstechereien. Der Polizist, ein schwarzer Koloß namens Hannah, brachte die Täter und Verletzten dann zu uns herüber. Er hielt sie wie arme Sünder am Genick fest und klopfte an die Tür mit den Worten: „Doc, hier gibt's wieder was zum Nähen.“ Eines Abends, als er zum sechsten Mal hintereinander erschien, riß Ejnar die Geduld, er sprang auf und fluchte ausgiebig auf deutsch. Hannah ließ sein Opfer sofort los und suchte mit vor dem Gesicht erhobenen Händen Deckung hinter meinen eben angepflanzten Oleanderbüschen. Dabei hätte dieser Riese leicht jeden von Ejnars Knochen zerbrechen können.

Eines Samstagsnachts erschien Hannah aufgeregt, aber ohne Delinquenten an unserem Schlafzimmerfenster. Wir sollten sofort mit einer Trage zur Bar kommen. Dort hätte bei einer Auseinandersetzung ein Arbeiter seinem Kollegen mit einer Machete den Oberarm ganz übel zugerichtet. Der Patient wurde in unsere Praxis geschafft. Er hatte sehr viel Blut verloren. Sein nackter Oberkörper war von Schweiß und Blut schlüpfrig, als sei er mit Seife eingerieben. Um den Arm in der richtigen Stellung vor sich zu haben, mußte ich den Patienten für Ejnar in aufrechter Haltung stützen. Er drohte immer wieder wegzurutschen.

Der Geruch von Rum, Schweiß und Erbrochenem überwältigte mich. Plötzlich begann der kleine Raum sich um mich zu drehen. — Als ich erwachte, lagen der Patient und ich nebeneinander auf dem Boden. Ejnar war verzweifelt. Ich roch an einer starken Ammoniumkapsel, die ich dann meinem Nachbarn unter die Nase hielt. Allmählich kamen wir beide wieder zu uns und Ejnar konnte unter einigem Gefluche seine Arbeit fortsetzen.

Rechts von uns, in nur zehn Meter Entfernung, befand sich die Gemeindekirche. Dort wurden nach vereinbartem Terminkalender sämtliche Gottesdienste der verschiedenen Konfessionen abgehalten. Am Sonntag hörte man ab zehn Uhr den Manager vom Lebensmittelladen, Mr. Cash, mit lauter Eindringlichkeit predigen. Dazwischen Choräle, mit Inbrunst und kreischenden Stimmen gesungen. Am Nachmittag waren es die Holy Rollers, die in eine Art Ekstase gerieten und mit Kochtöpfen und selbstgemachten Trommeln wie im afrikanischen Busch den Rhythmus zu ihrem Singsang schlugen. Eines Sonntags kam ein kräftiger hochgewachsener Schwarzer direkt vom Gottesdienst zu uns. Kleine Blutrinnsale flossen ihm vom Kopf hinunter über Stirn, Schläfen und Nacken. Er war vor Begeisterung so hoch gesprungen, daß er die Glühbirne über sich zertrümmert hatte. Ejnar mußte unzählige kleine und große Glassplitter mit einer Pinzette aus dem blutdurchtränkten Krauskopf entfernen.

Montagabend predigte der anglikanische Geistliche, der anschließend zu einem Schwätzchen zu uns kam und sich ein warmes Essen erhoffte. Donnerstags versammelten sich die Baptisten. Sie übertrugen ihren Gottesdienst über Lautsprecher in der Hoffnung, der gesamte Ort Pine Ridge möge sie hören und sich

zu ihnen bekehren. Der katholische Geistliche hielt seine Messe am Freitagabend. Da war es am ruhigsten, weil er nur wenig Schäfchen hatte.
Unter unserem Schlafzimmer in etwa fünfzig Meter Entfernung hatte man einen Hundekäfig gebaut, in den alle herrenlosen Hunde nach dem Einfangen gesperrt wurden. Sie heulten die ganze Nacht markerschütternd oder kämpften miteinander. Ejnar ließ sie regelmäßig vor dem Schlafengehen ins Freie. Am nächsten Morgen sah man Buddy Russel, einen breitschultrigen Schwarzen, mit einem riesigen Schmetterlingsnetz wieder auf Hundefang gehen. Er beschwerte sich nie darüber, daß wir seinen Gefangenen die Tür geöffnet hatten, denn er wußte genau, daß dadurch die Fortdauer seines Jobs gesichert war.
Bei all diesem ohrenbetäubenden Lärm konnten wir nur schlafen, weil wir völlig erschöpft von der täglichen unbefriedigenden Arbeit und der ungewohnten Hitze waren. Die Widerwärtigkeiten von Mr. und Mrs. Brad jedoch hielten uns oft wach. Ich weinte mich in vielen Nächten vor Kummer und Heimweh in den Schlaf und dachte an meinen Engel. Little Whale Cay sank wie ein unwirklicher Traum ins Unterbewußtsein. Einzig und allein Cay war glücklich. Er fand das Leben zwischen aufgetürmten Bretterstapeln und Maschinen herrlich. Angeregt von den Westernfilmen, die er nie verpaßte, spielte er mit seinen schwarzen Freunden Cowboy in den alten Schuppen und zwischen ausrangierten Traktoren. Dabei war er immer der Anführer. Sie kletterten auf den 30 m hohen Schornstein und beobachteten den Nachtwächter, der täglich zur gleichen Zeit darunter vorbeiging. Um ihm auf den Kopf spucken zu können, rechneten sie sich aus, wie lange die Spucke brauchte, um ihn aus der Höhe zu treffen. Wenn es klappte, waren sie selig. Dabei merkte der Mann mit seinem breiten Strohhut nicht einmal etwas davon.
Die Bevölkerung schenkte uns sofort und rückhaltlos ihr Vertrauen, obwohl wir ihnen nur sehr bedingt helfen konnten mit den Mitteln, die uns zur Verfügung standen. Sie merkten aber, daß wir helfen wollten, und machten sich ihre eigenen Gedanken über die Situation. Ich verschwieg die Tatsache nie, daß ich weder Doktor der

Medizin noch Krankenschwester war. Aber sie ignorierten meine diesbezüglichen Erklärungen vollkommen und brachten mich während Ejnars Abwesenheit bei unvorhergesehenen Notfällen oft in fatale Lagen.

Eines Nachts, Ejnar hatte einen schwerkranken Patienten nach Nassau begleitet, klopfte mich der alte Sam Williams aus dem Bett. Ich kannte ihn gut, denn man sah ihn oft die krummen Schienen reparieren. Er war vom alten Schlag, höflich und respektvoll mit einer angeborenen Würde. „Was ist denn, Sam?" fragte ich verschlafen. Er senkte den ergrauten Kopf und scharrte verlegen mit dem Fuß: „Nurse, ich kann mein Wasser nicht lassen", sagte er verschämt. „Geh zum Kino (unserem Warteraum unter freiem Himmel) und versuch's noch einmal, derweil werde ich in deiner Krankengeschichte nachlesen, was der Doktor geschrieben hat." — Gesagt, getan. — Da stand: „Sam Williams, geboren 1894, Prostatabeschwerden. Bei Urinverhaltung Katheter Nr. 18 benützen." Frauen hatte ich schon katheterisiert, aber einen Mann noch nie. Ich bereitete alles steril auf einem Tisch vor und setzte mich hin, auf Sam wartend, wobei ich mir meine Gedanken darüber machte, wie das wohl zu bewerkstelligen sei.

Sam, der zögernd eintrat und mich so in Gedanken versunken sah, legte meine Nachdenklichkeit falsch aus. Schüchtern kam er näher und sagte: „Nurse, mache dir nichts draus, du bist eine Frau und ich ein Mann. Das ist der einzige Unterschied. Wir sind beide Menschen." Ich mußte lachen. „Ja", sagte ich, „dieser Unterschied ist es gerade, der mir zu schaffen macht. Doc hat dir ja schon mal geholfen, du mußt mir sagen, wenn ich etwas falsch mache." — Der Katheter ließ sich anfangs leicht einführen, aber dann stieß ich auf Widerstand. Da ich nicht gleich aufgeben wollte, stocherte ich vorsichtig herum, um die Passage zu finden. Sam stöhnte! Plötzlich rutschte der Katheter hinein, und zu meinem Entsetzen rann zuerst ca. eine Tasse voll blutiger Flüssigkeit in die Nierenschale, die zwischen seinen Oberschenkeln stand. „Sam", rief ich beunruhigt, „ich glaube, ich bin im falschen Kanal und habe dich verletzt!" Ein erleichtertes Brummen war die Ant-

wort. „Es ist okay, Nurse", sagte er. „Ich fühle es." Erleichtert gingen wir beide nach getaner Arbeit jeder in seine Hütte.
Nach einigen Monaten empfanden wir unsere Lage als hoffnungslos. Wir überlegten, wie wir uns aus ihr befreien könnten. Um nach Europa zurückzukehren, fehlten uns die Mittel, denn auch das ausgelegte Reisegeld war uns nie zurückerstattet worden. Für eine neue Arbeitsmöglichkeit kamen also nur Nassau und die USA in Frage.
Nicht nur die Post, die wir erhielten, sondern auch die Briefe, die wir schrieben, mußten Mr. Brads Büro passieren. Es war klar, daß unsere Briefe an Butler ihr Ziel nie erreichten. Wir befanden uns in völliger Abhängigkeit von den Brads; und sie wußten, daß sie am längeren Hebel saßen.
Zehn harte Monate waren vergangen, da bemerkten wir eines Tages eine ungewöhnliche Aktivität im ganzen Ort. Die vielen Bierflaschen und Papiere, die um das Freilichtkino verstreut lagen, wurden aufgesammelt. Überall fanden Aufräumungsarbeiten statt, sogar der Tischler kam von selbst, um einen Fensterladen an der Klinik zu reparieren. Mr. und Mrs. Brad erschienen mit süßem Lächeln und luden uns für den nächsten Tag zum Abendessen ins Haupthaus ein. Das war noch nie dagewesen! So nebenbei erwähnten sie, daß die Butlers erwartet würden. Die beste Nachricht, die wir seit unserer Ankunft erfahren hatten!
Wir beschlossen, nichts von Brads unehrlichem Antrag verlauten zu lassen. Hingegen verfaßten wir eine kurze Liste mit den dringlichsten Problemen: Die reibungslose Beschaffung der Medikamente, ferner einen Jeep als Transportmittel, das zurückzuerstattende Reisegeld und einige lebensnotwendige Änderungen in Klinik und Haus waren die Punkte unseres Briefes. Brad richtete es selbstverständlich so ein, daß wir Mr. Butler während des ganzen folgenden Tages nicht zu sehen bekamen. Aber seine Frau ließ es sich nicht nehmen, uns aufzusuchen. Ihre erste Frage galt Cay. Sie schaute sich unsere primitive Hütte an und war selig, als Cay ihr in die Arme lief. Sie hatte ihm eine Trommel mitgebracht und damit genau den Nagel auf den Kopf getroffen. Cay war fasziniert

von der Trommelkunst der Schwarzen, die aus jeder Kiste oder einem mit Ziegenleder bespannten Hohlraum die tollsten Rhythmen herausholten. Er verbrachte oft Stunden bei der Band, die am Samstagabend und zu Hochzeiten spielte. Als er nun selbst eine Trommel hatte, schlug er sofort einen echten karibischen Rhythmus mit seinen kleinen Händen. Es gelang mir gerade noch, Mrs. Butler eine kurze Beschreibung unserer Misere zu übermitteln, als Mrs. Brad unaufgefordert hereinkam, um sie zum Tee zu holen.

Nach dem ungemütlichen gemeinsamen Abendessen ließen die Brads weder uns noch Butlers aus den Augen. Ejnar war froh, daß er wenigstens eine kurze Gelegenheit gefunden hatte, Mr. Butler seinen Brief mit unseren Problemen zu geben. Am folgenden Morgen reisten die Butlers ab, und alles ging wieder seinen alten deprimierenden Gang. Nach weiteren trostlosen Wochen rief Brad Ejnar zu einer Konferenz zu sich. ,,Einen Jeep'', so sagte er verärgert, ,,können Sie haben, aber bezahlen müssen Sie ihn selber. Das Reisegeld bekommen Sie von mir nicht zurückbezahlt, ich habe keines. Die Medikamente werden nach Einsendung Ihrer Liste von Miami bestellt werden. Sie dürfen aber den Geldbetrag von einer bestimmten Höhe nicht überschreiten.''

Wieder reihten sich endlose bedrückende Monate aneinander, ohne daß wir von Butler etwas hörten. Um so erstaunter waren wir, als uns der Kapitän des Holz-Bootes mitteilte, er habe einen Jeep nebst Kisten mit Medikamenten und Instrumenten an Bord. Wir waren so glücklich, daß uns der Preis des Jeeps, der mehrere Monatsgehälter verschlang, nicht einmal erschütterte. Endlich konnten wir die Klinik mit den notwendigsten Instrumenten und Medikamenten einrichten. Die Erleichterung der Krankenbesuche durch den Jeep war nicht der einzige unermeßliche Vorteil.

Meine Patienten

Zum erstenmal war es uns möglich, mit Cay an die Südküste zum Meer zu fahren und dort an dem bezaubernden tropischen Strand zu schwimmen. Bis dahin hatten wir keine Ahnung von dessen Existenz und Schönheit gehabt. Man fuhr fünf Meilen im Schritttempo durch Kiefernwald auf einer miserablen Holzfällerstraße, die in einer kleinen Negersiedlung mit Namen Smith Point endete. Es gab mehrere Dörfchen entlang der ursprünglichen Küste, die sich viele Meilen nach Westen und Osten erstreckte. Jedes dieser kleinen Dörfchen beherbergte ca. 80 bis 120 Menschen, die froh waren, daß der Doktor sie erreichen konnte, wenn eine Geburt nicht vorwärts ging oder einer der Alten einen Schlaganfall erlitt. Wir erfuhren auch, daß Ejnar für die gesamte Insel der erste und einzige Arzt war. Es erhob ihn unversehens in den Stand eines afrikanischen Medizinmannes.

Wenn wir an Wochenenden unsere Entdeckungsfahrten machten, wurden wir von den Schwarzen reich beschenkt mit schönen Muscheln, eigenartigen Früchten und frischen Langusten, was unsere einseitige Ernährung verbesserte. Ich bat auch um Ableger der vielen subtropischen Pflanzen, und in kurzer Zeit entstand ein üppiger Garten um unsere Hütte, der den mannigfaltigen Lärm dämpfte und uns vor neugierigen Augen abschirmte. Die täglichen Widerwärtigkeiten konnten uns nicht mehr so viel anhaben, denn wir schlossen immer neue Freundschaften. Eine Flut von Patienten ergoß sich nach Pine Ridge zum Doktor, sicher sehr zum Ärger von Mr. und Mrs Brad. Da sie alle willig bezahlten, soweit es ihnen nur möglich war, verhielten sich die Einnahmen im Vergleich zu den Arzneikosten sehr günstig und erleichterten die Bestellungen von Nachschub und Neuanschaffungen.

Ejnar war in seinem Element. Ich sah ihn nur noch kurz zu den Mahlzeiten. Eines Morgens wurde er zu einem Unfall in die Wälder gerufen, während ich die Klinik säuberte. Aufgeregt klopfte ein Mann an die Tür. Als ich den Kopf hinausstreckte, ergoß sich ein Wortschwall über mich, von dem ich fast nichts verstand. Er deutete mir, schnellstens zu folgen, und wir betraten eine niedrige Holzhütte, aus der langgezogene Jammertöne an mein Ohr drangen. Als meine Augen sich nach dem grellen Sonnenlicht an die Dunkelheit gewöhnt hatten, sah ich eine junge Frau sich in den Wehen winden und wälzen.

Ich hatte noch nie eine menschliche Geburt gesehen. Die von Cay hatte einen heiligen Respekt und so etwas wie Grauen in meiner Erinnerung zurückgelassen. Nur ein einziger Gedanke beherrschte mich: das Weite zu suchen. Erklärungen, daß ich dafür nicht zuständig sei, wurden anscheinend gar nicht verstanden. Stattdessen nahm das Gejammere von Sekunde zu Sekunde zu. Immer wieder hörte ich die Worte der Gebärenden: „O Jesus! O Jesus!" Von Mitleid gepackt, beugte ich mich über sie. Wie eine Vision sah ich vor meinen inneren Augen den Kuhstall in Guja, eine kalbende Kuh, hörte das Stöhnen und erinnerte mich an den Geruch. Der junge Mann fuhr über meinen Arm mit den Worten: „Ich bin so froh, daß Sie da sind!" Im selben Augenblick platzte die Fruchtblase und verabreichte uns beiden eine kräftige Dusche. Und schon schob sich der Kopf des Kindes mit nicht aufzuhaltender Vehemenz ans Tageslicht. Die Frau tönte wie eine Sirene. Ich redete ihr gut zu, tief Luft zu holen und dann zu pressen. Mit einem Handtuch, das sauber zusammengefaltet neben Babyjäckchen, Nabelbinde und Windeln auf der anderen Seite des breiten Ehebettes lag, drückte ich den Kopf des Kindes etwas nach unten. Bei der nächsten Wehe konnte ich eine Schulter erkennen, hakte meinen Zeigefinger vorsichtig in die Achsel und zog. Der ganze kompakte Körper des Babys schlüpfte reibungslos heraus.

Wieder erinnerte ich mich an das Kalb, an dessen Füßen wir mit Gewalt hatten ziehen müssen. Da lag nun ein kräftiger Junge zwischen den zitternden Schenkeln der jungen Mutter und schrie sofort aus Leibeskräften. Mir machte die Nabelschnur einige Gedanken. Bei der Kuh war die Nachgeburt sofort erschienen. Ich entsann mich nur, daß ein etwa 15 cm langes Stück der Nabelschnur am Kälbchen verblieb. Während ich scharf nachdachte, was zu

tun sei, stöhnte die Frau von neuem. Und dann quoll die Nachgeburt hervor. Ich bat den Ehemann um eine Schere und einen starken Faden. Er verschwand und kam mit einer rostigen Schere und einem Stück Bindfaden zurück. Dann machte ich 10 cm vom Nabel entfernt eine doppelte Ligatur um die Nabelschnur und schnitt sie dahinter durch. Der junge Vater hatte schon eine Schüssel mit Wasser neben die Babysachen gestellt. Der Frau deckte ich ein Leinentuch über, prüfte das Wasser auf seine Temperatur und hielt mein Baby vorsichtig auf dem linken Unterarm balancierend in die Schüssel, während ich es mit der Rechten abwusch. Nachdem ich das Baby gewickelt und angezogen hatte, legte ich es in den Arm der Mutter. Es war ihr erstes Kind. Sie strahlte und musterte es genau, während ich neues Wasser für sie bereitete. Plötzlich stand Ejnar neben mir und grinste. Als ich ihm die rostige Schere und den Rest des Bindfadens unter die Nase hielt, nabelte er nochmals steril nach. Gottlob hatte ich ja die Nabelschnur lang genug gelassen.
An jenem Morgen beschloß ich, Geburtenunterricht zu nehmen. Es war alles so glatt gegangen, ohne mein Dazutun. Was aber wäre bei Komplikationen geschehen? Vielleicht hätte ich dann Mutter und Kind auf dem Gewissen. In solch eine Situation wollte ich mich keinesfalls nochmals unvorbereitet begeben. Zunächst assistierte ich Ejnar bei einigen Geburten und stellte viele Fragen. Dann machte ich mehrere in seiner Gegenwart. Ich lernte viel dadurch, daß ich bei jeder Geburt von Anfang an bis zum Ende dabeisaß. Ejnar hatte weder die Zeit noch die Geduld dazu. Wenn ich Komplikationen erwartete, schickte ich nach ihm. Dann ließ er mich auch nie warten, denn er konnte sich in meine Lage versetzen. Oft verbrachte ich ganze Nächte oder Tage in den Negerhütten, wobei ich literweise Kaffee trank. Heißes Wasser und Kaffee wurden bei jeder Geburt bereitwillig angeboten. Ich begann auch, die englischen Fachausdrücke zu lernen. Bei einer Geburt murmelte ich stolz vor mich hin: „Jetzt schneide ich die Nabelschnur, ‚umbilical cord', durch." Die Mutter horchte auf. „Was tun Sie?" fragte sie. Ich wiederholte. Einige Sekunden später: „Sagen Sie

es bitte noch einmal." „Ich habe die umbilical cord durchgeschnitten." Sie schaute mich interessiert an. „Können Sie mir das Wort bitte aufschreiben?" Ich ließ einen Zettel zurück. Zehn Tage später erschien sie mit dem Jungen zur Beschneidung. Beim Anlegen seiner Krankengeschichte fragte ich nach dem Namen. „Umbilical Cord", sagte sie stolz. „Aber wir nennen ihn ‚Umby', weil es kürzer ist."
Ejnar versuchte ständig, mich auf die erste Hilfe bei unvorhergesehenen Unfällen vorzubereiten, denn oft war er in einer weit entfernten Siedlung oder in Nassau, um den Medikamentennachschub zu organisieren. Gerade dann wurde ich meist mit nie vorher besprochenen Fällen konfrontiert. Es blieben mir nur noch mein gesunder Menschenverstand und eine Art Kuhhandel mit meinem Engel, der folgendermaßen vor sich ging: Ich betete innerlich zu ihm: „Bitte, laß mir dieses eine Mal alles gelingen und gut ausgehen, dann höre ich auf zu rauchen und werde alle meine anderen Fehler bekämpfen." Dieser Kuhhandel bewirkte, daß eine gewisse Ruhe über mich kam, die es mir ermöglichte, nachzudenken.
Eines Abends brachte man mir einen schwerverletzten Arbeiter in die Klinik. Ein Fahrzeug war über sein Becken gerollt, und neben einem Beckenbruch war seine schlimmste Beschwerde die Urinverhaltung. Er hatte so große Schmerzen, daß auch eine Morphinspritze keine Wirkung hatte. Offenbar war die Urethra, die Verbindung zwischen Blase und Penis, gerissen oder gequetscht. Ein Katheterisieren war unmöglich. Ich mußte ihn, da es Abend war und ein Wasserflugzeug erst anderntags landen konnte, über Nacht in der Klinik behalten. Wie aber sollte ich ihm die wahnsinnigen Schmerzen erleichtern? Vorsichtig tastete ich seine Blase ab. Sie reichte weit hinauf in den Bauch und war prall gefüllt.
Der Mann flehte: „Bitte, Nurse, tue etwas, ich kann es nicht mehr ertragen!" Was konnte ich tun? Ich überlegte. Wenn ich von außen versuchte, mit einer Spritze die Blase anzustechen, gelang es mir vielleicht, den Urin herauszuziehen, oder aber ich verletzte den Mann mehr, als daß ich ihm half. Konnte es nicht sein, daß ich

eine Darmschlinge erwischte oder eine Infektion in der Bauchhöhle verursachte? Aber das Leiden dieses Menschen konnte ich so eine ganze Nacht nicht mitansehen. Geschehen mußte etwas. Ich sterilisierte die größte Spritze mit einer ziemlich dicken langen Nadel. Wir hatten damals noch die Glasspritzen, die nicht weggeworfen wurden. Dann erklärte ich meinem Patienten mein Vorhaben. Er war mit allem einverstanden. Immer wieder kamen die Worte: „Please, do something! Bitte, tu etwas!"
Ich hatte alles parat, auch einen Behälter, in dem ich den Urin eventuell messen konnte, sollte mir mein Vorhaben gelingen. Vorsichtig ertastete ich den unteren Knochen des Beckens, das os pubis, und stach zwei Finger breit darüber in den Bauch, dabei zog ich den Stempel der Spritze zurück, je tiefer ich einstach. Plötzlich zog ich eine gelbe dünne Flüssigkeit auf, Urin! Der Anblick der sich füllenden Spritze machte mich geradezu euphorisch. Ich schraubte die volle Spritze vorsichtig von der Nadel ab, um sie im Behälter zu entleeren. Der Druck der Blase war so groß, daß der Urin in dünnem Strahl eine Zeitlang aus dem Ende der im Bauch verbliebenen Nadel spritzte. Den Rest zog ich mit der wieder angeschraubten Spritze heraus, indem ich mit der linken Hand von außen einen sanften Druck auf die Blase ausübte. Es dauerte eine dreiviertel Stunde. Der Mann wurde ruhig. Ich wischte ihm den Schweiß von der Stirn. Er schaute mich erleichtert an und murmelte: „Thank God, thank God!" Nun schien auch die Morphinspritze zu wirken und er nickte ein.
Ein anderes Mal brachte man mir einen Patienten, der sich die große Zehe abgeschnitten hatte. Die Wunde blutete wie die feinen Strahlen einer Brause. Ejnar erwartete ich erst in zwei Stunden zurück. Was immer ich auch versuchte, der Blutung konnte ich weder mit Klemmen noch mit starkem Druckverband Herr werden. Nach wenigen Sekunden tropfte das Blut durch den Verband hindurch auf den Boden. Ich nahm ihn ab und drückte, eine sterile Gaze über die Schnittwunde legend, mit den Daumen beider Hände fest zu. So saß ich meinem Patienten gegenüber und wartete. Als Ejnar endlich erschien und mich fragte, wie lange ich denn schon

so säße, erzählte ich ihm, daß es fast zwei Stunden seien. „Na, dann laß los", sagte er. „Wir werden schnell etwas Kühles trinken, und dann amputiere ich den Stumpf im Grundgelenk und schlage einen schönen Hautlappen über die Wunde, so daß er keine späteren Beschwerden hat." Ich traute der Sache nicht recht und wollte nicht loslassen aus Angst, daß es wieder bluten könne. Ejnar erklärte mir, daß bei solchem Druck die Blutung nach zehn bis fünfzehn Minuten stehen müsse. So hatte ich wieder aus Erfahrung etwas dazugelernt.

Frühmorgens hielt es mich wie seinerzeit in Guja nicht mehr im Bett. Ich schlich auf Zehenspitzen aus dem stillen Haus. Selbst das entnervende Geräusch der Sägen konnte mir die Morgenstunden nicht verderben. Ein smaragdgrüner Kolibri holte sich im schwirrenden Flug den Nektar aus einer sich öffnenden Hibiscusblüte in meinem Garten. Von den Hütten der Schwarzen wehte Rauch herüber. Es roch wie Kartoffelfeuer in Ostpreußen, die Schweine grunzten und quiekten auch wie zu Hause in Erwartung des Futters. Die Sonne schraubte sich friedlich über die Kiefernwipfel. Es würde ein heißer Tag werden, aber noch kühlte der frische Morgenwind, ohne den Staub aufzuwirbeln, der Pine Ridge oft wie eine Nebelwolke umhüllte. Nachts war Tau gefallen, und bevor die Sonne ihn aufgesaugt hatte, war die Luft würzig und angenehm. Ich genoß diese frühe Stunde. Ejnar war von einer Fahrt nach Westend gar nicht zurückgekommen. Die Straße war so schlecht, daß man damit rechnen mußte, mit dem Auto steckenzubleiben. Man war dann auf die Hilfe eines anderen Vehikels angewiesen. Da aber der Verkehr minimal war, konnte es Stunden dauern, bis jemand des Weges kam und aushelfen konnte oder einen bis zum nächsten Ort mitnahm.

Plötzlich zerriß ein explosionsartiger Knall die friedlichen Morgengeräusche. Dann heulte die Feuersirene los, und schon brachte ein Lastwagen mir gleich vier Patienten in den kleinen Klinikraum. „Engel, steh mir bei", flüsterte ich, während ich mir einen kurzen Überblick zu verschaffen suchte. Ein Mann war tot. Ich sah es sofort, hörte ihn fachmännisch mit dem Stethoskop ab, prüfte die Pu-

pillen und bat dann einige der unzähligen Zuschauer, die an den Fenstern hingen, die Leiche hinauszuschaffen. Ich hatte kaum Platz, mich um die drei anderen Schwerverletzten zu kümmern. Die Angehörigen des Toten aber weigerten sich. ,,Schwester, gib ihm eine Spritze, dann wird er wieder", riefen sie ein ums andere Mal. Ich war nicht in der Lage, mich auf lange Diskussionen einzulassen, mußte ich mich doch um die anderen kümmern. So gab ich dem Toten eine Injektion mit Kochsalzlösung und erklärte den Angehörigen, daß es des lieben Gottes bedürfe, ihn ins Leben zurückzurufen. Ich könne nichts mehr für ihn tun. Sie warteten einige Sekunden. Und als die Spritze keinerlei Wirkung zeigte, trugen sie ihn ruhig und gefaßt hinaus.
Nun konnte ich mich um die anderen drei kümmern. Da gab es eine komplizierte Oberschenkelfraktur bei dem einen und eine eventuelle Schädelbasisverletzung bei dem anderen. Blut sickerte aus dessen Ohr. Der dritte hatte eine tiefe, aber glatte Schnittwunde am Kopf, die ich nähen mußte. Für die beiden Schwerverletzten bestellte ich ein Wasserflugzeug. Sie mußten auf Tragen mit dem flachen Anhängerwagen der Lokomotive an die Nordküste gebracht und dort in ein Dinghi-Boot geladen werden, das sie zum Wasserflugzeug nach Nassau ins Spital brachte. Viermal wurden diese armen Menschen ein- und ausgeladen. Und das bei oft großer Hitze in praller Sonne.
Ejnar hatte mir vor seiner Abreise eingeschärft, ja nicht die Hormonspritze für Nelly Cash zu vergessen, da sie sonst hoffnungslos mit der Menstruation durcheinander käme. Bei seiner Rückkehr galt seine erste Frage Nelly Cash. Ich berichtete ihm, daß ich sogar einem Toten eine Spritze gegeben hätte. ,,Na", meinte er in seiner ruhigen Art, ,,da wird er sich aber wesentlich besser danach gefühlt haben."
Einer unserer ältesten Patienten war Mr. Stewart, er lebte in einer weit entlegenen kleinen Siedlung an der Südküste. Er brauchte Tage, bis er uns zu Fuß erreichte, indem er den Strand entlang wanderte und bei Freunden oder Verwandten übernachtete. Was ihm seinen langen Marsch besonders erschwerte, war sein Fuß-

leiden. Seine Zehen waren einzeln in Leinenläppchen verpackt. Als ich sie abnahm, bot sich mir ein erschütterndes Bild. Bei einigen kam das Weiß des Knochens hervor und bei anderen fehlte der Nagel. Ich versuchte, der Ursache dieser Verletzungen auf den Grund zu kommen. „Ja", meinte Mr. Stewart, „die Ratten nagen sie an, während ich schlafe. Da sie zur Kühlung Luft auf die Zehen blasen, merke ich es nicht. Erst hinterher tut es furchtbar weh!" Von dem Märchen, daß die Ratten Kühlung auf das Fleisch pusteten, bevor sie sich an den Zehen gütlich taten, ließ er sich nicht abbringen. Der Grund für seine Unempfindlichkeit war natürlich eine miserable Durchblutung in seinen Füßen. Wir mußten ihn mehrere Wochen bei uns behalten, bis die üblen Wunden endlich geheilt waren und es mir gelungen war, eine Riesenportion Rattengift von Nassau zu organisieren, die ich ihm mit auf den Weg gab. Der Erfolg war verblüffend.

Im Hause walteten jetzt zwei schwarze Mädchen, da ich mittlerweile voll in der Klinik arbeitete. Sie kochten, wuschen und sorgten für Cay, während ich Handschuhe, Instrumente und Spritzen sterilisierte oder Hebammendienste verrichtete. Ejnar hatte mir gezeigt, wie man Verbände anlegt und intramuskuläre und intravenöse Spritzen gibt. Da er fast täglich Zähne ziehen mußte, wir aber keinen Zahnarztstuhl hatten, stand ich bei dieser Prozedur hinter dem Patienten und ersetzte den Stuhl, indem ich den Kopf des Patienten fest an meinen Busen drückte und ihn mit beiden Händen in einer Art Zange hielt, so daß er bei den oft heftigen Extraktionsversuchen von Ejnar nicht wackeln konnte. Zahnweh schien den meisten Schwarzen das schlimmste Übel zu sein. Plombieren konnten wir die Zähne nicht. Es tat uns oft leid, sie ziehen zu müssen, wenn sie leicht hätten erhalten werden können.

Es hatte sich schnell herumgesprochen, daß der Doktor nach einer Spritze die Übeltäter schmerzlos entfernen konnte. So kamen Patienten von der ganzen Insel mit weißem Leinenverband um den Kopf gebunden, als Kennzeichen für Zahnweh. Nathaniel Mather aus dem südlich gelegenen Mathertown wollte sämtliche Zähne gezogen haben, obwohl nur zwei auf jeder Seite ihm

Schmerzen verursachten. Ejnar erklärte ihm, daß er erst die Zähne der einen Seite ziehen wolle und in der nächsten Woche die der anderen, damit er seine Nahrung wenigstens auf einer Seite kauen könne. Nathaniel war einverstanden und wartete draußen, bis die Lokalanästhesie wirkte. Als er wieder hereinkam, verwechselte Ejnar die Seiten und zog die unbetäubten Zähne, ohne daß der Patient auch nur das geringste Unbehagen zeigte. ,,Hat es denn nicht wehgetan?" fragte Ejnar besorgt, als er seinen Fehler bemerkte. ,,Nein, Doc, überhaupt nicht. Sie haben doch die Zähne eingeschläfert." Daraufhin zog Ejnar auch noch die der anderen Seite. Glückselig zog Nathaniel davon.

Die Schikanen der Brads gingen indessen unverdrossen weiter. Je mehr Erfolg wir hatten, desto mehr ließen sie uns ihren Haß spüren. Viele Neuanschaffungen an Instrumenten bezahlten wir aus unserer eigenen Tasche. Die größte davon war ein Röntgenapparat. Bei den vielen Unfällen und Frakturen aller Art war er wirklich unerläßlich genauso wie ein Labor, das wir uns für Blutuntersuchungen und andere Tests einrichteten. Wir stellten fest, daß 38 Prozent der Bevölkerung geschlechtskrank war. Viele Frauen hatten Gonorrhoe, welche gewöhnlich durch Entzündung die Eileiter verklebte und so vor weiteren Schwangerschaften schützte. Vielleicht war das von der Natur gar nicht so schlecht eingerichtet. Nun kamen wir daher, spritzten beiden Partnern Penicillin, und schon gab es einen neuen Kindersegen. Die Schwarzen hatten das auch sehr bald gemerkt. Die Frauen sagten oft: ,,Doc, ich will aber keine Fruchtbarkeits-Spritzen." Auch einige Leprafälle hatte Ejnar schon diagnostiziert.

An die Klinik waren zwei Räume angebaut worden. Oft saß Mr. Brad draußen im Freilichtkino, unserem Warteraum, unter den Patienten. Er horchte sie aus, was ihnen fehle und was Dr. Gottlieb ihnen verordnet habe. Zwei Arbeiter kamen aus der Klinik mit Verbänden an den Fingern. Brad klopfte sie zu sich heran. Als er erfuhr, daß Ejnar sie zwei Wochen krankgeschrieben hatte wegen ,,dieser kleinen Fingerverbände", platzte die Bombe. Ejnar wurde ins Büro zitiert und fristlos entlassen. ,,Gefeuert", wie Mr. Brad

ihm mitteilte. Die Erklärung, daß beide Arbeiter zehn und zwölf Nähte in den Fingern hatten und bis zum Ziehen der Fäden krankgeschrieben seien, änderte nichts an Mr. Brads Entschluß.
Wir hatten uns trotz aller Intrigen des unseligen Mr. Brad gerade etwas eingelebt. Die Arbeit mit den Patienten war hochinteressant und befriedigend. Nun sollte alles mit einem Schlag zu Ende sein. Große Sorge machten uns die ansehnlichen Summen Geldes, die wir in die Praxis gesteckt hatten. Einen Röntgenapparat konnten wir ja nicht ins Ungewisse mitnehmen. Die An- und Umbauten im Haus, die wir aus eigener Tasche finanziert hatten, waren also auch verloren. Für den Jeep ließe sich vielleicht ein Käufer finden, aber auf die Rückerstattung des ausgelegten Reisegeldes war nicht mehr zu hoffen.
Abgesehen von der fatalen Finanzbilanz fiel es uns besonders schwer, die Patienten im Stich zu lassen. Sie brauchten uns wirklich, schon in dieser kurzen Zeit waren sie uns ans Herz gewachsen, es wurden täglich mehr. Auch von der nächsten großen Insel, Abaco, kamen sie bereits per Boot angefahren. Ihre Dankbarkeit zeigten sie in mannigfaltiger Weise. Sprache und Umgang mit ihnen bereiteten uns überhaupt keine Schwierigkeiten mehr.
Wir besprachen unsere Lage und faßten den Entschluß, unserem eigentlichen Arbeitgeber, Mr. Butler, ein Telegramm zu senden und ihn über die Lage zu informieren. Sein Rückantwort-Telegramm ließ nicht lange auf sich warten. Es war allerdings nicht an uns gerichtet, sondern an Mr. Brad. Aber wir erfuhren den Inhalt aus erster Hand vom Telefonisten, der uns wohlgesonnen war. Mr. Butler kabelte: ,,Refire Dr. Gottlieb immediately.'' Es hatte wohl heißen sollen: ,,Rehire Dr. Gottlieb immediately.'' Mr. Brad setzte uns zähneknirschend von dieser Wendung der Dinge in Kenntnis. Nach einigen Tagen erschien Mr. Butler höchstpersönlich und feuerte Mr. Brad.
An diesem denkwürdigen Abend feierten wir mit Mr. Butler und einigen Freunden meinen 29. Geburtstag und Mr. Brads Entlassung. Dabei erfuhren wir Näheres über unsere Einstellung in Pine Ridge. Butler erzählte, daß Dr. Feiler seinerzeit in Europa außer

uns noch acht andere Ärzte für den Job in Pine Ridge interviewt hatte. An die Bewerbungen hatte er seinen persönlichen Kommentar geheftet. Es waren diese Anmerkungen, die Butler bewogen hatten, uns zu wählen. Da hatte nämlich gestanden: „Alle Bewerber haben eine gute Ausbildung. Jedoch haben einige schulpflichtige Kinder, für deren Alter die Schule in Pine Ridge nicht ausreichend sein dürfte. Den unverheirateten Ärzten mag es zu einsam sein. Andere haben Stadtfrauen, die sich wohl schwer in die Primitivität Ihres Holzfällercamps einleben würden. Dr. Gottlieb hat einen noch nicht schulpflichtigen Sohn und eine Frau, die auf dem Lande unter ähnlichen Bedingungen aufgewachsen ist. Ich könnte mir denken, daß gerade sie sich leichter in der Umgebung zurechtfinden wird." Wie falsch hatte ich Dr. Feilers Bemerkungen bezüglich meiner Herkunft gedeutet.

Das Leben wird leichter

Einstweilen übernahm ein ruhiger freundlicher Bahamer mit Namen Gray Russel zusammen mit dem Buchhalter Theo Lowe die Leitung des Camps. Theo Lowe erschien, o Zeichen und Wunder, mit dem Reisegeld. Allerdings verloren wir 30 Prozent daran, weil das Pfund inzwischen gefallen war. Doch was waren schon die Geldsorgen, verglichen mit dem plötzlich von uns genommenen Druck, mit dem Leben ohne die Gemeinheiten und Hinterhältigkeiten von Mr. Brad. Wir drei konnten uns unbeschwert auf die Ankunft unseres zweiten Kindes freuen, das im April 1950 zu erwarten war.

Endlich war es auch möglich, öfter nach Nassau zu fliegen, um die vielen notwendigen Einkäufe zu machen. Einer der Piloten des Verkehrsflugzeuges zwischen Grand Bahama und Nassau war Johnny Whitehead, der trotz seines englischen Namens in Salzburg aufgewachsen war. Lori, seine Frau, war Salzburgerin. Wir freundeten uns schnell an; ebenso mit zwei anderen Österrei-

chern, Dr. Walter und Hilde Lorenz, die in Nassau lebten. Wir drei Ehepaare schienen die einzigen deutschsprechenden Europäer in Nassau zu sein. An Engländern fehlte es nicht.
Wenn Johnny uns nach Nassau flog, fragte er schon aus seinem Cockpit im dortigen Flugturm an, wo es an diesem Wochenende die besten Parties gäbe. Am Abend trafen wir sechs uns dort. Wenn sie uns zu steif und englisch schienen, zogen wir bald weiter von Nachtclub zu Nachtclub. Da gab es köstliche Shows „over the hill" bei den Eingeborenen. In Rhythmus und Musik schienen sich ihre Seelen zu befreien. Ich konnte mich nicht sattsehen an den kraftvollen Körpern, den katzenhaften Bewegungen. Ihre Gesichter trugen oft noch den verhaltenen Ausdruck stummen Leides aus der Sklavenzeit, gemischt mit der selbstvergessenen kindlichen Freude an Tanz und Tönen. George Symonette, ein Virtuose auf dem Klavier, komponierte und dichtete seine eigenen Songs, die mit politischer Satire und einheimischem Humor gewürzt waren. George sah einen mit schwermütigen Bernhardineraugen an, zwei Vorderzähne fehlten ihm, und er trug seine Lieder derart hinreißend vor, daß Blackbeard's Taverne immer der Endpunkt unserer nächtlichen Exkursionen wurde. Hier gab es ein erlesenes kaltes Buffet. Als wir das erste Mal dort waren, unterhielten wir sechs uns auf deutsch über die ebenso erlesenen Preise und klauten aus Jux ein Dutzend russische Eier. Als die Rechnung kam, waren die Eier fein säuberlich aufgeführt. Wir protestierten pro forma, aber der Kellner gab uns lachend in fließendem Deutsch zur Antwort: „Ja, meine Herrschaften, es tut mir leid, aber ich konnte nicht umhin, Ihr Gespräch bezüglich der russischen Eier mitanzuhören." In Europa wäre wahrscheinlich die Polizei gekommen. Hier hingegen grinste der Kellner nur und war stolz, daß er seine Sprachkenntnisse so erfolgreich unter Beweis gestellt hatte. Er hatte sie übrigens als Liftboy in München erworben.
Auf den Cocktailparties in den Patrizierhäusern der weißen Bahamer trafen wir vorwiegend Engländer und Kanadier. Auch in den zwei Kinos saßen die Weißen auf den Emporen und die Schwarzen unten im Parkett. Es war undenkbar, daß der gemütliche schwar-

ze Dr. Rodgers mit Lady Sowieso am selben Tisch speiste, obwohl sie seine Patientin war. Der englische Gouverneur regierte vom „top of the hill", Mount Fitzwilliam, in einem wuchtigen, mit schlanken weißen Säulen verzierten Kolonialgebäude, von gepflegten Gärten umgeben. Hibiscus und Bougainvilleablüten überwucherten das Gemäuer der breiten Freitreppe und rankten sich um eine eiserne Kanone aus der Piratenzeit. Hier hatte auch der Herzog von Windsor mit seiner Frau Wally Simpson von 1940 bis 1945 residiert. Von hier aus sah man über hohe Palmen und Pointianawipfel hinunter auf das Treiben im Hafen und nach „Hog Island", der Schweineinsel, hinüber. Diese Insel hatte der Schwede Dr. Axel Wennergren erworben, den wir bei Butlers kennengelernt hatten. Nach französischem Vorbild erbaute er dort seinen Wohnsitz „Shangri La" mit terrassenförmigen Gärten. Nach seinem Tode wechselte die Insel den Besitzer und den Namen. Heute heißt sie Paradise Island und ist der internationale Tummelplatz reicher Touristen mit Hotels, Spielcasinos, Kabaretts, Golf- und Tennisplätzen nebst einem Reitstall, den unsere Freundin Lori Whitehead lange Zeit leitete, und dem Club Méditerranée.

Ich entsinne mich noch unseres ersten Lunches im Hause des Gouverneurs, zu dem wir von Sir Neville und seiner Frau eingeladen waren. Wir erschienen in einem Taxi, ich mit Handschuhen und Hut bewaffnet, etwas erhitzt, da ich zuvor 20 lebende Hühner gekauft und mich durch diesen Handel verspätet hatte. Nach einem formellen, aber guten Essen bot der Gouverneur uns seinen mit rotem Teppich ausgeschlagenen Rolls Royce mit Chauffeur an, um zum Flughafen zu fahren. Das freundliche Angebot abzulehnen, wäre undiplomatisch gewesen. Auch konnte ich seiner Exzellenz nicht so schnell erklären, daß wir die Hühner abholen mußten, die, in luftigen Orangenkisten verpackt, auf uns warteten. Wir nahmen also dankend an und ließen uns im Rolls Royce zu dem Hühnerhändler fahren. Dort bestellten wir ein Taxi, das uns mit den Orangenkisten zum Flugplatz folgen mußte, da wir nicht den Mut hatten, das Federvieh im Rolls Royce zu transportieren.

Gewöhnlich wohnten wir im Royal Victoria Hotel, das aus den sechziger Jahren des vorigen Jahrhunderts stammte. Dieses Hotel verkörperte für uns die bezaubernde, anmutige Atmosphäre des damaligen Nassau. Wenn wir von der lauten Straße durch das schmiedeeiserne Tor in den Garten schritten, befanden wir uns augenblicklich in einer Märchenwelt. Von den schlanken schattenspendenden Palmen hingen grüngelbe Rankengewächse mit bizarren Blättern herab. Kolibris schwirrten, grünen Edelsteinen gleich, von Blüte zu Blüte, und in den dornigen Bougainvilleas sangen die Mockingbirds ihre melodischen Lieder. Bunte kleine Pferdedroschken klapperten gemütlich die Auffahrt entlang und brachten die ermüdeten Touristen mit ihren eben erstandenen farbenreichen Strohhüten und Taschen zum Hotel. Dort wurden sie dezent von Mr. Taylor, dem würdevollen Butler, in Empfang genommen. Ein anderer servierte sofort einen Planters Punch als Willkommenstrunk.
Auf dem Mäuerchen, das die weißen Patiomöbel einrahmte, saß ein blinder Schwarzer, ,,Blind Blake" genannt, und sang schwermütige bis heitere Native-Songs zu seiner Gitarre. Am Abend tanzte man Marengey auf der Terrasse, der Duft des nachtblühenden Jasmins und die aromatischen Rumgetränke ließen das Leben wundervoll erscheinen. Es wurde geflirtet und gelacht, aber auch große Geschäftsabschlüsse kamen hier zustande. Wir schlossen viele Freundschaften mit alteingesessenen bahamischen Familien. Eine der fruchtbarsten war die mit Sir George und Lady Freda Roberts. Sir George war Präsident des Executive Council, später Senatspräsident. Lady Freda besaß ein exklusives Geschäft für Porzellan und Antiquitäten an der Bay Street, der Hauptschlagader von Nassau.
In all den Jahren unserer freundschaftlichen Beziehung hielten sie oft schützend ihre Hand über uns. Wir genossen die unbeschwerte internationale Atmosphäre, die heitere Gelassenheit, mit der wir die tropischen Mondnächte durchtanzten, und flogen, gestärkt durch die Abwechslung, gerne zu unserem primitiven Pine Ridge zurück.

Seit Mr. Brad die Insel verlassen hatte, erschienen die Butlers häufiger auf Grand Bahama und luden uns öfter auf ihre Märcheninsel ein. Mr. Butler schien uns nach der harten Feuerprobe mit Brad voll zu akzeptieren. Er erzählte viel von seinen Plänen, auf Grand Bahama einen Freihafen zu eröffnen und eine ganze Stadt nebst Tourismus und Industrie entstehen zu lassen. Diese Pläne nahmen ihn völlig gefangen, so daß, wie uns schien, seine Frau wohl etwas zu kurz kam. Sie sehnte sich mehr und mehr nach einem Kind und fragte uns eines Tages geradeheraus, ob wir ihr Cay überlassen würden. Als wir ihren Wunsch schonend, aber bestimmt ablehnten, bat sie, ihn drei Monate nach Europa mitnehmen zu dürfen. Dort wollte sie mit ihm von Waisenhaus zu Waisenhaus gehen und nach einem solchen Kind suchen. Da ich Cay bei ihr in besten Händen wußte und gerade unser zweites Kind erwartete, sagte ich zu. Cay liebte Mrs. Butler und flog gerne mit ihr nach Connecticut. Von New York aus reiste er mit beiden Butlers auf der „Queen Mary“ nach London, und von dort aus via Frankreich, Deutschland, Österreich, die Schweiz und die USA zu uns zurück. Wie viele Waisenhäuser er dabei mitbesichtigte, weiß ich nicht. Er hatte jedenfalls eine herrliche Zeit in Zoos, Hotels, Theatern, Schlafwagen etc. und kam ziemlich verwöhnt wieder. Mrs. Butler hatte bei allem Suchen nichts gefunden. Sie war verzweifelt und untröstlich.
Wir versprachen, einige schriftliche Vorarbeiten zu leisten, denn in Deutschland mangelte es nicht an Kindern, die durch den Krieg elternlos geworden waren, oder solchen, die zur Adoption freigegeben wurden. Durch unseren alten Bekanntenkreis hatten wir gute Verbindungen und hofften, Mrs. Butler helfen zu können.

Ein eigenes Stück Land

In Pine Ridge sehnten wir uns oft danach, wenigstens am Wochenende dem unbeschreiblichen Lärm um uns herum und der Häßlichkeit der Umgebung zu entfliehen. Wir fuhren schon frühmorgens in unserem treuen Jeep mit Cay und Hund nach Smith Point an der Südküste. Ein endloser Sandstrand säumte das türkisgrüne Meer. Zwischen ihm und dem Kiefernwald gab es einen ausgedehnten Landstreifen, der sehr fruchtbar zu sein schien. Die Eingeborenen bauten auf ihm allerlei an. Der Boden war zwar sandig, mußte aber durch den Seetang, der bei Sturm angeschwemmt und von den Hurricans tief ins Land hineingetragen wird, reich an Humus und Mineralien geworden sein. Die Hütten trugen Dächer aus Palmblättern. Das Leben schien hier irgendwann stehengeblieben zu sein. Unter den schattenspendenden Mandelbäumen spielten Kinder. Die Alten saßen vor den Hütten und pulten Mais aus oder machten Sirup aus selbst angebautem Zuckerrohr. Wenn die schweren Dinghi-Boote vom Fischfang zurückkehrten, versammelten sich die Dorfbewohner um sie, und im Handumdrehen war die Beute verteilt.

Angesichts dieser friedvollen ländlichen Idylle regte sich meine mir angeborene oder vererbte Liebe zu eigenem Boden unter den Füßen. Hier wollte ich ein schönes Stück Land erwerben, Gemüse und Fruchtbäume anbauen und — so träumte ich — ein Haus erstehen lassen, in dem wir die Wochenenden verbringen konnten. Unser zweites Kind würde durch seine Geburt die bahamische Staatsangehörigkeit besitzen, und es sollte ein Stück Erde sein eigen nennen können. Ejnar ließ mich gewähren, als ich meine Fühler ausstreckte, obwohl es ihm nicht so wichtig erschien wie mir.

Wir kannten natürlich alle Bewohner des Dorfes. Aber am intensivsten hatten wir uns mit dem fast blinden Michael Edden angefreundet. Er besaß eine Frau, ein Maultier und eine Ziehharmonika. In seiner Liebe zu den dreien rangierte die Frau zweifellos an dritter Stelle. Mit einer Tonpfeife im Mund saß er vor der Tür und spielte dem Maultier vor. Die Frau wurde lediglich angewiesen, Tabak und Getränke zu bringen und sich still zu verhalten. Die Arme hatte dauerndes Redeverbot. Ich hatte sofort die Zuneigung des Alten errungen, weil ich auf seinem Instrument spielen konnte

und dazu noch das Lied „God save the Queen“. Er verkörperte den Rang eines Häuptlings von Smith Point, der bei allerlei wichtigen Entscheidungen um Rat gefragt wurde. So unterbreitete ich ihm auch mein Anliegen. Es leuchtete ihm sofort ein, daß unser zweites Kind ein Stück bahamisches Land besitzen müsse, und er war gewillt, uns etwas von seinem zu verkaufen.
Bei der Besichtigung nahm er das Maultier am Strick mit, das ihn wie ein dressierter Blindenhund sanft hinter sich herzog, wobei es geschickt die bestmöglichen Pfade aussuchte. Wir wurden schnell handelseinig. Michael wollte 80 Pfund für neun Acres, das war wirklich sehr billig.
Als wir die Papiere mit dem roten Siegel der englischen Königin in Händen hielten, hatte ich zum erstenmal das Gefühl, hier Fuß gefaßt zu haben. Jede freie Minute benutzte ich dazu, das Land in einen paradiesischen Garten zu verwandeln. Es gab so viele Möglichkeiten. Entlang der Küste pflanzte ich Palmen, landeinwärts wilde Lilien, die vereinzelt zu finden waren. In großen Mengen angepflanzt, gaben sie eine grüne Fläche ab; sie blühten schneeweiß und verströmten einen zarten Duft. An den tiefer gelegenen Stellen gediehen Zitronen-, Lemonen-, Orangen- und Grapefruitbäume. Als Abschluß bauten wir eine Mauer um das gesamte Anwesen. Steine gab es genug im Hinterland. Ich lernte dabei von den Eingeborenen, wie man eine Mauer ohne Zement aufschichtet. Bei all diesen Arbeiten kamen mir meine Erfahrungen des Gujaer Landlebens sehr zugute. So eigenartig es erscheinen mag, es gibt doch überall in der Natur die gleichen Grundregeln. Durch den Umgang mit unserer Landbevölkerung in Ostpreußen fand ich leichten Zugang zu den Eingeborenen. Während sie Ejnar als Arzt akzeptierten und respektierten, war ich für sie eine Art Vertrauensperson, zu der sie mit ihren menschlichen Problemen und Sorgen kamen. Ejnar hatte gar nicht die Zeit dafür. Meine Gutmütigkeit brachte mich zwar oft in Schwierigkeiten, ich gab Versprechungen, die ich dann auf Kosten unserer knappen Freizeit halten mußte. Dafür aber erfuhr ich viele herzerwärmende Liebesdienste von ihnen.

Die Stelle für ein Haus hatte ich bereits ausgewählt. Während Ejnar am Korallenriff speerfischte und Cay am Strand spielte, saß ich oft auf meiner Mauer, und schaute den vielen bunten Schmetterlingen und kleinen Kolibris zu, die sich in so verschiedenartigem Flug an den weißen Lilienblüten zu schaffen machten. Ich war restlos glücklich und war sehr dankbar, daß meine Eltern meinen Sinn für die vielfältige Natur und ihre Lebewesen geweckt und geschärft hatten. Das Leben mochte oft hart sein, aber immer fand ich etwas in der Natur, das mich faszinierte, erfreute oder in Spannung versetzte. Mein Engel hatte es doch sehr gut mit mir gemeint.
Unsere nächste Anschaffung sollte ein kleines Dinghi-Boot mit Außenmotor sein. Wir konnten es an unseren eigenen Strand ziehen, die Woche über dort liegen lassen und an freien Tagen damit zum Fischen aufs Meer fahren oder das nahe Korallenriff tauchend ergründen. Der Langusten- und Fischreichtum war damals noch unvorstellbar. Wir tauchten auch nach den großen rosa Muscheln, Conch genannt. Ich bereitete davon nach Eingeborenenart einen herrlichen rohen Salat. Das Geld für den Motor hatte ich verdient, indem ich Eiscreme in unserem Eisschrank machte und sie an die müden, erhitzten Sägewerkarbeiter verkaufte, die zur Mittagszeit an unserem Haus vorbeikamen. An ruhigen Tagen fuhren wir weit aufs Meer hinaus und angelten. Einmal flog Johnny Whitehead mit seiner Verkehrsmaschine über uns hinweg. Er erkannte uns sofort, und ungeachtet der Passagiere, die an eine Notlandung glaubten, setzte er das Flugzeug neben uns aufs Wasser und bat uns um Fische für seine Frau Lori. Dann stieg er wieder auf und flog davon.
Mr. Butler hatte die Holzverarbeitung von Bauholz zum größten Teil auf Grubenholz umgestellt, das er mit deutschen Frachtern nach Cardiff sandte. Die Schiffe der Horn-Linie aus Hamburg kamen gewöhnlich ohne Ladung von Südamerika herauf. Sie nahmen daher das Grubenholz gerne mit, um nicht leer nach Europa fahren zu müssen, und lieferten es in Wales ab. Die Vermessungsarbeiten wurden von Herrn Lommel überwacht. Er stammte aus Danzig und war wie wir mit seiner Familie in Pine Ridge gelandet.

Seine Frau erlitt sehr bald mehrere Schlaganfälle und starb rasch. Wir saßen bei ihr, bis es gegen zwei Uhr morgens zu Ende war. Eine Stunde später, wir waren bereits in tiefem Schlaf, erschien Herr Lommel: „Herr Doktor, kommen Sie bitte schnell, meine Frau lebt doch noch und atmet tief." — Nach genauesten Untersuchungen konnten wir auch diesmal nur den Tod feststellen. „Sie haben so viel hinter sich", meinte Ejnar tröstend, „ruhen Sie sich jetzt erst mal richtig aus." Mit diesen Worten verließen wir das Haus. Gerade waren wir wieder eingeschlafen, als er zum zweitenmal erschien. „Herr Doktor, meine Frau lebt tatsächlich noch, ich höre ihren Atem ganz deutlich von Zeit zu Zeit." Also sausten wir wieder hin. Die Totenstarre setzte bereits ein, und wir konnten beim besten Willen kein Lebenszeichen feststellen. Mit der Arzttasche in der Hand waren wir im Begriff, das Zimmer zu verlassen, als ein tiefer, herzzerreißender Seufzer vom Bett der Toten an unser Ohr drang. Wie von einer Tarantel gestochen, fuhren wir beide herum und hörten das gleiche noch einmal. Ejnar sah sich im Zimmer um. Dann schauten wir unter das Bett. Da lag des Rätsels Lösung: Es war Heidi, die große Boxerhündin von Frau Lommel.
Wegen der Hitze war die Beerdigung schon um zehn Uhr früh angesetzt. Ich sollte vorher noch Aufnahmen von der Verstorbenen machen. Der Raum war bereits von schwarz gekleideten Menschen überfüllt. Schlaftrunken kletterte ich auf einen auf den Tisch gestellten Stuhl, um genügend Abstand für eine Ganzaufnahme zu bekommen, während Mr. Cash vom Laden bereits mit der Trauerrede begann. Dann kam der Augenblick, in dem der Sarg geschlossen werden sollte. Der schwarze Tischler Leslie hatte ihn jedoch zu niedrig gebaut und mit einem flachen Deckel versehen. Es wurde uns allen schlagartig klar, daß Frau Lommels vorspringende Nase ein großes Hindernis bedeuten, wenn nicht gar das Schließen des Deckels unmöglich machen würde. Mit liebkosenden Worten beugte sich Herr Lommel über Muttchen, wobei er versuchte, ihren Kopf seitwärts zu drehen und ihn dabei etwas tiefer zu drücken. Er ging in die Kniebeuge, um zu peilen, wieviele Zentimeter denn noch fehlten, aber die Nase ragte nach wie vor

über den Rand hinaus. Nach der langen aufregenden Nacht nahm sein Gesicht einen qualvollen Ausdruck an. Sollte er die ganze Feierlichkeit verschieben, um einen neuen Sarg bauen zu lassen? Einige Sekunden später entschied er sich. „Leslie, mach den Sarg zu!" Wir alle schlossen die Augen.
Das einzige passende Gefährt war ein kleiner, kurzer Lastwagen, auf den der Sarg gehoben wurde. Herr Lommel mußte auf dem Kopfende sitzen, damit die weit herausragende Hälfte des Sarges nicht das Übergewicht bekam und hinunterkippte. Auch das tat er mit stiller Würde. Wir alle folgten schweißüberströmt in diversen Vehikeln im staubigen Geleit. Plötzlich erschien der schwarze Vorarbeiter Charlie auf seinem Fahrrad. Er radelte wie um sein Leben an unseren Jeep heran und keuchte: „Doc, komm sofort, meine Tochter ist vor einer halben Stunde gestorben, ich konnte dich nirgends finden." Ejnar, der Beerdigungen haßt, nahm die Gelegenheit wahr. Er mußte ja ohnehin den Tod feststellen und zu Papier bringen. Wir scherten aus dem langsamen Trauerzug aus und fuhren zu Charlies Hütte.
Die Schwarzen hingen wie Trauben an den Fenstern. In dem engen Raum lag die zweijährige Patricia mit ihrem weißen Sonntagskleidchen angetan, die Händchen auf der Brust gefaltet, in einer hölzernen Margarinekiste. Diese war mit Kissen und rosa Stoff ausgeschlagen. Mehrere Klageweiber hielten die hemmungslos schreiende Mutter fest, die Anstalten machte, sich über ihr Kind zu werfen. Mit dem Stethoskop in der Hand, drängte Ejnar sich zu dem kleinen leblosen Körper vor, während ich mit der Arzttasche folgte. Charlie erklärte, sie habe Keuchhusten gehabt, und auf der Suche nach uns sei sie in einem Anfall in seinen Armen erstickt. Während Ejnar das Kleid hochschob und sie abhorchte, waren alle Augen auf ihn gerichtet. Plötzlich verwandelte sich sein Gesichtsausdruck, und schon kamen die Befehle: „Schnell, gib mir den kleinen Katheter her, bereite eine Spritze, etc. etc." In fieberhafter Eile öffnete ich die Tasche und reichte ihm die gewünschten Sachen. Er führte den Katheter durch den Mund des Kindes ein und saugte daran, spuckte zähschleimige Massen aus, gab eine

Spritze direkt ins Herz und pumpte. Dann machte er Mund-zu-Mund-Beatmung und knetete den kleinen Brustkorb. Nach ca. 20 Minuten begann Patricia leise Wimmertöne von sich zu geben und schlug die Augen auf. Das war zuviel. In heller Panik, als sei ein Geist ihnen auf den Fersen, liefen Zuschauer und Eltern davon. Wir waren allein mit Patricia, die nun selbständig atmete und aufrecht in ihrem rosa Sarg saß. Weit und breit war keine Menschenseele zu sehen. Seit dem Tod von Frau Lommel hatten wir nur wenig geschlafen und hätten die Kleine gerne ihren Eltern übergeben. So machte ich mich also auf die Suche nach ihnen und fand sie verängstigt bei Nachbarn. Nur Charlie ließ sich bewegen, seine lebende Tochter zu übernehmen. Dabei waren wir nicht einmal sicher, ob er sich über die Schicksalswende freute. Heute ist die auffallend schöne Patricia 25 Jahre alt und der Stolz der Familie. Eines Abends wurde ich zu einer Geburt gerufen. Gott sei Dank gab es keine Komplikationen. Nach dem achten Kind zeigte die Mutter weniger Enthusiasmus als vielmehr eine dankbare Erleichterung, daß alles glatt verlaufen war. Sie schaute mich mitfühlend an und meinte: „Lange wird's bei Ihnen auch nicht mehr dauern. Ich wünsche Ihnen Glück." Mein Rücken und meine Füße schmerzten. Ich war froh, nach Hause zu kommen. Unter der kühlen Dusche fühlte ich die ersten Wehen. In diesem Moment kehrten die Erinnerungen an die Klinik in Zürich zurück. Wie würde es wohl diesmal gehen?

Ich bereitete mein Bett mit sauberen Leinentüchern vor, legte Handtücher und Babysachen daneben, wie ich es so oft bei den Schwarzen getan hatte, und kroch hinein, ohne Ejnar etwas zu sagen. Um Mitternacht kamen die Wehen alle drei Minuten. Ich weckte ihn, und er sagte verschlafen: „Du brauchst doch so lange. Wecke mich noch einmal, wenn wirklich etwas los ist." Es ließ ihm aber dann doch keine Ruhe. Er stand auf, holte die schon recht abgenutzte Hebammentasche und breitete alle Instrumente aus. Dann mischte er sich einen Whisky und stellte das Radio an. Offensichtlich bereitete er sich auf eine lange Wartezeit vor. Eine Untersuchung ergab aber, daß das Baby jeden Moment kommen konnte. Da hämmerte jemand an die Tür, und wir hörten den alten Asthmatiker Isaak Carter: ,,Doc, Doc", krächzte er, ,,gib mir eine Spritze, ich ersticke!" Er hatte wieder einen seiner schweren Asthmaanfälle. Als Ejnar aber Anstalten machte, zu ihm zu gehen, protestierte ich. ,,Wenn du zu Isaak gehst, entbinde ich mich alleine!" ,,Asthma", sagte Ejnar, ,,ist viel schlimmer als eine Geburt." Da er selber an keinem der beiden Zustände litt, konnte er es auch nicht wissen. Als er schnell noch einmal nach mir schaute, war es soweit. Er konnte gerade noch die Handschuhe anziehen und einen Dammschnitt machen, dann gelang es mir, mit einer weiteren Wehe unseren zweiten Sohn in die Welt zu befördern. Im selben Augenblick ging das Licht aus. Ejnar zündete die Petroleumlampe an, eilte zu Isaak, der zu ersticken drohte, und gab ihm seine Spritze. Dann kehrte er zu mir und Frederik zurück. Alles war so glatt wie bei der Schwarzen gegangen, nur mußte er mich nähen, was bei dem schwachen Licht schwierig war. Er drückte mir eine Taschenlampe in die Hand, die ich bei dieser Tortur ruhig auf dieselbe Stelle gerichtet halten sollte. Ich biß die Zähne zusammen. Es war sehr schmerzhaft, aber nicht zu vergleichen mit den Strapazen bei Cays Geburt.

Frederik wog elf Pfund, hatte im Gegensatz zu Cays Locken einen glatten, üppigen Haarschopf und schlug ganz in Ejnars Familie. Er entwickelte sich völlig normal bis zum ersten Lebensjahr. An seinem einjährigen Geburtstag bekam er Fieber und Atembeschwerden. Ejnar untersuchte ihn genau, konnte ihm aber nicht helfen. Sein Zustand verschlimmerte sich zusehends. Wir brachten ihn nach Miami. Drei Spezialisten für Kinderkrankheiten waren ebenfalls ratlos. Sie gaben ihm kaum eine Überlebenschance. So flogen wir wieder nach Pine Ridge zurück. Untröstlich saßen wir nächtelang abwechselnd an seinem Bettchen und trugen ihn bei seinen schweren Erstickungsanfällen auf den Armen. Das Schlimmste war, daß er keine Nahrung bei sich behalten konnte und infolgedessen zum Skelett abmagerte. Es sah aus, als habe er Rachitis, obwohl wir ihm alle Vitamine in hohen Dosen gaben. Bei der vielen Arbeit konnten wir dieser zusätzlichen schweren

Belastung kaum standhalten. Wir wurden nervös und gereizt. Cay litt besonders. Er liebte Nini, wie er Frederik nannte, und schlüpfte bei jeder Gelegenheit in sein Krankenzimmer. Frederik liebte ihn genauso und wurde dermaßen aufgeregt, wenn er ihn sah, daß er sich sofort übergeben mußte. Dieses wiederum entnervte mich bis zur Verzweiflung, wenn ich die mühsam eingetrichterte Nahrung am Fußboden sah. Die Folge davon war, daß ich meine Gereiztheit an Cay ausließ und ihn aus dem Zimmer scheuchte. Eine Röntgenaufnahme ergab, daß Frederiks linke Lunge zusammengefallen war. Durch die andauernde Atemnot zog sich sein Brustbein ein. Er entwickelte eine Schusterbrust. Nichts ließen wir unversucht, aber wir hatten keine Hoffnung, ihn zu behalten. Auch der Nassauer Kinderarzt war ratlos. Der Zustand des Jungen wurde so schlimm und griff uns dermaßen ans Herz, daß wir beteten, er möge erlöst werden.

Eines Nachmittags ging Ejnar in sein Zimmer, um wie so oft nach Frederik zu schauen, und fand ihn im Koma. Sofort fiel Ejnar der eigenartige Geruch nach frischen Äpfeln auf. Ich sah ihn fieberhaft in einem medizinischen Fachbuch lesen, dann sprang er auf mit den Worten: „Jetzt weiß ich, was Frederik hat! Es ist eine Acidose, eine Übersäuerung des Blutes." Er raste zur Klinik und holte das nötige Medikament. Frederik erwachte aus dem Koma. Mit der richtigen Medizin und einer bestimmten Diät besserte sich sein Zustand ganz langsam. Wir wagten wieder zu hoffen.

Nach zwei Wochen lächelte er zum erstenmal, als Cay eintrat, ohne sich übergeben zu müssen. Besonders schwere Sorgen hatten wir uns auch um seinen Geisteszustand gemacht, denn Frederik war völlig apathisch geworden. Nun begann er wieder, normale Reaktionen zu zeigen. Erst mit acht Jahren hat er diese merkwürdige Krankheit vollständig überwunden.

1952, als Frederik nicht mehr in unmittelbarer Gefahr schwebte, wurde ich krank. Es waren die Spätfolgen von Cays Geburt in Zürich. Ejnar schickte mich zu einer Operation nach New York. Mit Dr. Avrack, der uns seinerzeit in New York empfangen hatte, waren wir in Verbindung geblieben. Wir hatten ihn und seine Frau auch einige Male bei den Butlers in Little Whale Cay wiedergetroffen. Er hatte die besten Beziehungen zu Spezialisten und dirigierte mich zu Dr. McLane, einem Gynäkologen, der am Cornell University Hospital New York arbeitete. Doktor McLane operierte mich und warnte vor weiteren Geburten. Andernfalls würden neue Operationen nötig werden.

Nach Grand Bahama zurückgekehrt, stellte ich fest, daß ich noch keineswegs wieder im Besitz meiner alten Kräfte war. Allmählich wuchs uns die Arbeit über den Kopf. Auf den Holzfällerstraßen konnten auch Patienten aus den entlegensten Siedlungen zu uns gelangen. Wir brauchten Hilfe und suchten nach der von Mr. Brad davongejagten Krankenschwester. Sie hatte einen guten Ruf unter den Leuten. Als wir sie in Nassau ausfindig machten, beruhte unsere sofortige Sympathie füreinander auf Gegenseitigkeit. Rosie Major kam gerne zurück. Sie war eine einmalige Persönlichkeit, die ihre sechs unehelichen Kinder mit bewundernswerter Autorität, mit Liebe und Humor erzog. Ein Schulproblem gab es für ihre Kinder und auch für Cay noch nicht, da wir schon 360 Schüler hatten, die von einem hervorragenden Lehrerehepaar betreut wurden. Man stelle sich vor: 360 Kinder aller Altersstufen und zwei Lehrer. Ich setzte mich manchmal unter sie und war tief beeindruckt, mit welcher Ruhe und Liebe Mr. und Mrs. Campbell Disziplin und Lerneifer schufen. Sie zogen sich genügend Hilfskräfte aus den älteren Schülern heran, die die kleineren Kinder unter ihrer Aufsicht betreuten. Cay saß mittendrin. Sein Krauskopf unterschied sich nur durch seine blonde Farbe von denen seiner Mitschüler. Für uns war Rosie eine enorme Hilfe, und wir arbeiteten glänzend zusammen.

Nach Europa und zurück

Nach vier Jahren waren wir ferienreif, wir wollten Urlaub in Europa machen. Wir versuchten, einen Arzt in Nassau für unsere Vertre-

tung zu begeistern, aber niemand wollte „im Busch" praktizieren. Die Rettung stand eines Tages unerwartet vor der Tür. Dr. Evans Cottman war in seinem Segelboot „Green Cross" von Abaco nach Grand Bahama gekommen. Wir hatten schon durch viele Patienten der Nachbarinseln von ihm und seiner Tätigkeit gehört. Er war ein Original. In Indianapolis aufgewachsen, hatte er in der Mittelschule von Madison als Chemielehrer gewirkt, war irgendwann einmal gegen Ende der dreißiger Jahre auf die Bahamas gekommen und hatte sich in diese Inselwelt verliebt. Medizinisch völlig unvorbereitet, hatte er anfangs eine Art Erste Hilfe geleistet. Da es auf den meisten Inseln keinen Arzt gab, sah die Bevölkerung ihn als einen weisen Mann an und kam mit ihren Krankheitsproblemen zu ihm. Er verschaffte sich Bücher, nahm Kurse und zeigte ihnen Liebe, Verständnis und Einsatzbereitschaft. Vor unserem Erscheinen hatte er auch an Grand Bahamas Küsten auf seinem Boot von Zeit zu Zeit Sprechstunden gehalten.
Als er nun plötzlich vor uns stand, führten wir ihn in unsere Klinik und hatten viele interessante Gespräche. Durch langjährige Erfahrung wußte er eine Menge, war sehr gründlich und verantwortungsbewußt. Fälle, die über das Maß seines Könnens hinausgingen, schickte er nach Nassau ins Krankenhaus. Dadurch hatten die Leute Vertrauen zu ihm. Er fragte auch Ejnar unbefangen über Dinge, die ihm medizinisch nicht klar waren. Ejnar wieder übermittelte ihm gerne, was er wußte. Wir machten Dr. Cottman den Vorschlag, uns zu vertreten. Dabei konnte er mit seiner Familie in unserer Hütte wohnen und würde sich finanziell gut stehen. Außerdem hatte er Rosie Major zur Seite, die die Routine unserer Arbeit kannte. Er willigte ein. In jedem Jahr standen uns sechs Wochen Urlaub zu, davon hatten wir zwei gewöhnlich in Little Whale Cay bei den Butlers oder in Nassau verbracht. Die restlichen vier Wochen hatten wir jeweils für einen ausgedehnten Europaurlaub aufgespart. Nach vier Jahren lohnte sich für uns die Reise und für Dr. Cottman ein Übersiedeln nach Pine Ridge.
Im Jahre 1953, als wir endlich nach Europa flogen, dauerte der Flug 16 Stunden mit Unterbrechung in Gander oder Goose Bay.

Wir besuchten zuerst meine Eltern, die sich am Dümmersee in Niedersachsen ein kleines Haus gebaut hatten. Beide arbeiteten wieder künstlerisch, was ihnen half, den großen Verlust der Heimat zu überwinden. Aber so richtig Fuß fassen konnten sie nicht, obwohl sie nie klagten. Auch spürten wir oft eine leise Enttäuschung, daß wir ins Ausland gegangen waren. Mein Bruder war in die Schweiz ausgewandert und hatte dort eine Schweizerin geheiratet. Mutter litt in der regnerischen, grauen Dümmerlandschaft sehr; ihre Schwermutsanfälle traten immer häufiger auf. Es machte mich unendlich traurig, aber ich konnte dieses Problem für sie nicht lösen. Cay war ihnen besonders seelenverwandt. Sie konnten mit ihm schon vieles unternehmen. Er schwamm wie ein Fisch und pirschte mit ihnen im Walde auf Fuchs und Reh. Frederik war noch ein wenig zu jung und zart. Obwohl es ihm unvergleichlich besser ging, blieb er doch unser Sorgenkind. Ich war recht bedrückt, als wir meine Eltern wieder verlassen mußten.

Vom Dümmersee fuhren wir zu Ejnars Eltern in den Tessin. Ejnars Mutter war selig, sie übernahm sofort beide Enkel, so daß wir jede Nacht ausgehen konnten. Wir genossen diese Zeit unbeschwert und kümmerten uns nicht um den Alltag. Wir schliefen bis in den späten Vormittag hinein, was meine Schwiegermutter herrlich fand. Dadurch hatte sie ihre zwei Enkel uneingeschränkt für sich. Sie lebte auf, es ermüdete sie überhaupt nicht, mit ihnen den ganzen Tag zu spielen und sie zu verwöhnen. Ejnars Vater saß wie vor Jahren im selben Ohrensessel, Freundlichkeit und Liebe ausstrahlend. Europa zeigte sich uns von einer freundlichen Seite.

Kurz vor unserer Abreise am Ende der Ferien riefen die Butlers uns aus USA an mit der Bitte, sie in Bremen zu treffen. Wir sollten ihnen bei der Adoption eines oder mehrerer Kinder helfen. Ein befreundeter Arzt, den wir zuvor schon um Informationen gebeten, hatte gute Arbeit geleistet. Wir besaßen eine genaue Liste von Heimen und Waisenhäusern, in denen Kinder zur Adoption freigegeben wurden.

Von Bremen aus starteten wir in einem gemieteten Volkswagen-Käfer und fuhren von Heim zu Heim. Wir hatten kein größeres

Fahrzeug auftreiben können und saßen eingequetscht zu viert nebst Cay und Frederik in dem kleinen Auto. Das Gepäck, das wir nicht im Auto verstauen konnten, war auf dem Dach unzulänglich angeschnallt. Mr. Butlers Aufgabe war es, mit einem durchs offene Fenster ausgestreckten Arm in dauernder ,,Tuchfühlung" mit den Koffern zu bleiben. So fuhren wir täglich stundenlang über Autobahnen und Landstraßen von einem Ort zum anderen. Es griff einem ans Herz, so viele Kinder aller Altersstufen in überfüllten Räumen mit überlastetem Personal und unzulänglichen Mitteln versorgt zu sehen. Schließlich aber fand Mrs. Butler ,,ihr" Kind. Sie verliebte sich auf Anhieb in ein kleines Mädchen, das mit ausgebreiteten Ärmchen auf sie zustürzte und ,,Mami, Mami!" rief. Sie schloß es in die Arme, und die Entscheidung war gefallen.

Die Abwicklung der Formalitäten dauerte lange. Mr. Butler hatte geschäftlich in London zu tun, und so quartierten wir drei uns in Schloß Auel bei Köln ein. Hier schlugen wir die endlose Wartezeit tot, indem wir täglich lange Ritte unternahmen und abends in der Halle ,,Erdener Treppchen" tranken und Canasta spielten. Eines Abends erschien der Hoteldirektor und fragte höflich, was wir denn da spielten. ,,Strip-Poker heißt das Spiel", sagte Mrs. Butler nur mit unbewegtem Gesicht. ,,Erst wenn einer alle Kleidungsstücke verspielt hat und nackend dasitzt, ist es zu Ende", und damit stellte sie ihren rechten Schuh auf den Tisch. Der Manager war verzweifelt. Er erwartete Herrn Adenauer! ,,Es ist Ihnen doch recht, wenn ich Sie bitte, in ein Chambre séparée überzusiedeln", sagte er, innerlich die Hände ringend. ,,Ich werde alles zu Ihrer Zufriedenheit regeln." ,,O nein", entgegnete Mrs. Butler bestimmt. ,,Uns gefällt es hier besonders gut, wir denken gar nicht daran, umzuziehen, wir freuen uns ganz besonders, Herrn Adenauer kennenzulernen."

Sie hatte sich und mir ein kitschiges Dirndl gekauft, das ich aus Pietät und Höflichkeit anziehen mußte. Als Adenauer in den Speisesaal schritt, folgten wir ihm, Mrs. Butler rechts, ich links bei Ejnar eingehängt, in unseren unmöglichen Dirndln, während Ejnar sich die Smoking-Hose bis zu den Knien hochgekrempelt hatte, um

sich unserem Dreß anzupassen. Adenauer und sein Gefolge schauten uns verständnislos an, während der Direktor nervös um uns herumtänzelte. Es war ein köstliches Erlebnis.
Endlich wurde die kleine Gene Owanta, wie Mrs. Butler das Mädchen nannte, der glücklichen Mutter übergeben. Wir wollten sofort nach London fliegen. Aber als Mrs. Butler die Rechnung erhielt, stellte sie fest, daß sie nicht annähernd genug Geld bei sich hatte, um die Ausgabe für unser süßes Leben auf Schloß Auel zu bezahlen. So blieben wir, bis ihr Mann uns abholte und die Rechnung beglich. Später adoptierten die Butlers noch zwei weitere Kinder aus Deutschland und zwei aus den USA.
Nach mehr als vier Monaten Ferien flogen wir gern wieder nach Pine Ridge zurück. Das Leben war doch wesentlich freier auf den Bahamas, und wir hatten uns an diese Ungezwungenheit gewöhnt. In Europa war alles verboten, was nicht ausdrücklich erlaubt war, und bei uns war alles erlaubt, was nicht ausdrücklich verboten war. In Deutschland lebte man, um zu arbeiten, bei uns arbeitete man, um zu leben. Wenn die Schwarzen mit Akkordarbeit besonders gut verdient hatten, so erschienen sie einfach nicht mehr zur Arbeit, bis das Geld aufgebraucht war. Es fiel damals niemandem ein, einen Sparpfennig auf die Bank zu tun. Auch unbeschwerte Fröhlichkeit konnte es in Europa nach dem schrecklichen Kriege noch nicht wieder geben. Alles war mit einem Zweck verbunden. Während bei uns der Hauptzweck Freude, Lustigkeit, Musik und Lachen zu sein schien, waren es in Deutschland die Arbeit und der Erfolg. Dabei gab es bei uns oft gar nicht viel zum Lachen. Ich hatte aber von den Schwarzen gelernt, die irgendeine komische Kleinigkeit zum Anlaß nahmen, um sich auszuschütten vor Lachen. Ihr Lachen war so ansteckend, daß man mitgerissen wurde.
Die komische Seite einer Angelegenheit zu erfassen, einem lustigen Augenblick zu leben, war nicht ihre einzige Stärke, die beeindruckte. Es erstaunte uns immer wieder, mit welcher kindlichen Ergebenheit sie den Tod hinnahmen. Wie oft hörten wir die Worte: „Doc, du hast getan, was du konntest. Ich weiß, daß ich sterbe."

Danach war ihnen nicht mehr zu helfen. Sie rollten sich wie ein Tier zusammen und starben ganz leise, ohne Angst und Aufregung. Die Hinterbliebenen wiederum gaben ihren Gefühlen durch lautes, hemmungsloses Geschrei Ausdruck. Ihre Trauer schien sich in diesen Gefühlsausbrüchen zu erschöpfen und war danach beendet. Einen Toten- und Gräberkult gibt es nicht.
Die alten Menschen wurden jedoch allgemein von der jüngeren Generation hoch geachtet. Man integrierte sie völlig in das Familienleben, ließ ihnen ihre Eigenarten und respektierte sie. Nie hörte ich lieblose Bemerkungen oder Kritik. Diese Haltung entsprang sicherlich ihrer tiefen Religiosität! Die Alten wiederum traten bescheiden in den Hintergrund und machten sich nützlich in Haus und Garten und bei der Aufzucht der Kinder. Wenn sie dann im Sterben lagen, kamen sämtliche Nachbarn und hielten mit frommem Gesang eine Wache für die letzten schweren Stunden oder Tage. Der Sterbende durfte in seiner ihm vertrauten Umgebung hinüberdämmern und wurde nicht allein gelassen.
Dr. Cottmann hatte zuverlässig gearbeitet. Er war froh, uns wiederzusehen. Sensibel und verantwortungsbewußt, hatte er sich das Leben nicht einfach gemacht, sondern versucht, allen Anforderungen bis ins kleinste zu genügen. Er blieb noch einige Tage. Der Grundstein zu einer langjährigen Freundschaft war gelegt.
Während wir in Pine Ridge die Arbeit wieder aufnahmen, begann Mr. Butler Pläne für einen Freihafen zu entwickeln und in die Tat umzusetzen. Zuerst verkaufte er die Abaco Lumber Company an eine amerikanische Firma. Der Erlös brachte ihm vier Millionen Dollar, die er als Anfangskapital in den Freihafen steckte. Dann versuchte er, die amerikanische und europäische Finanzwelt für seine Zukunftsideen zu begeistern und sie zu animieren, ihr Geld in den Freihafen, den er „Freeport" nannte, zu investieren. Die neuen Besitzer der Abaco Lumber Company verlegten ihren Sitz etwa 40 Meilen entfernt von Pine Ridge an das Ende von Grand Bahama nach Riding Point. Die alten Holzhütten der Arbeiter wurden nach und nach auf riesigen flachen Tischwagen an diesen neuen Ort transportiert. Als Verwaltungsgebäude und Lebensmit-

telladen diente das historische Hudson River Boat „Robert Fulton“, das in Amerika gekauft und auf dem Wasserweg nach Riding Point geschleppt worden war. Auf dem Boot befand sich auch eine moderne Klinik, in der wir zweimal wöchentlich Sprechstunde hielten. Nur die Röntgenpatienten mußten nach Pine Ridge gebracht werden. Hier hatten wir inzwischen die Bauarbeiter des Freeports zu verarzten. Sie kamen von den USA und waren eine rauhe Bande. So stellte ich mir die Goldgräbertypen im Wilden Westen vor. Viele Schwarze, die bei der neuen Company keine Arbeit gefunden hatten, siedelten sich westlich von Pine Ridge in dem kleinen Dorf Eight Mile Rock an und suchten Arbeit im beginnenden Freeport. Es fand eine ziemlich ausgedehnte Umsiedlung und Umschichtung der arbeitenden Bevölkerung statt.
1955 wurde ein wichtiges Dokument, der sogenannte Hawks Bill Creek Act, von Mr. Butler, nun Präsident der Grand Bahama Port Authority, und dem Vertreter des Gouvernements, Honorable A.G.H., Gardener Brown, unterzeichnet. Dieses Dokument, das mit Hilfe des damaligen Finanz- und Touristministers Sir Stafford Sands, einem äußerst fähigen Rechtsanwalt, aufgesetzt worden war, räumte der Port Authority gewisse Rechte und Privilegien ein, die 99 Jahre Gültigkeit haben sollten. So durften die Port Authority und ihre Lizenzträger viele Produkte zollfrei einführen. Die Zölle waren auf den Bahamas sehr hoch, weil es keine Einkommenssteuer gab. Auch wurde für die gleiche Zeitspanne eine Steuerfreiheit für Land, persönlichen Besitz und auch für die Einnahmen der Lizenzträger garantiert. Unerwünschte Personen durften von der Port Authority ausgewiesen werden und vieles mehr. Durch diese langfristigen Konzessionen und Vergünstigungen hoffte Butler, Industrie und Handel und auch Tourismus heranzuziehen und die Entwicklung des Freeports anzukurbeln und zu beschleunigen. Doch anfänglich passierte nicht viel.
Fast sechs Jahre lebten wir nun schon in unserem primitiven Bungalow, wenn man das armselige Häuschen überhaupt so nennen durfte. Mr. Butler hatte nie Anstalten gemacht, uns ein angemessenes Haus bauen zu lassen. Aus eigener Tasche hatten wir noch

einige Räume angebaut, die wir hufeisenförmig angelegt hatten. Das hatte wenigstens einen wohnlichen kleinen Innenhof ergeben, in dessen Mitte eine Palme stand. Der eigenartige Reiz des Hauses war meinem üppigen Garten zu verdanken, der einem kleinen Paradies glich. Im Hinterhof gab es eine ganze Menge von Tieren. Hühner, Gänse, Enten, Pfauen und Tauben bevölkerten unser Anwesen.

Eines Tages zockelte Molly in unseren Garten. Sie war eine hübsche Eselin, die uns Kapitän Wolters, von der deutschen Frachtlinie aus Cartagena mitgebracht hatte. Die Jungens waren selig, und auch wir fanden es äußerst wichtig, daß die Kinder mit vielen Tieren zusammen aufwuchsen, damit sie früh lernten, Verantwortung für ihr Wohlergehen zu übernehmen. Allerdings ahnten wir nicht, daß Molly trächtig war; als eines Morgens ein langbeiniges silbergraues Eselfohlen im Garten stand, waren wir so entzückt, daß wir ein Telegramm an Kapitän Wolters sandten mit folgendem Inhalt: „Ihre Freundin Molly von einem gesunden Knaben entbunden, Alimente können bei Ihrem nächsten Besuch vereinbart werden.“ Wir meinten, uns diesen Scherz erlauben zu können, in Erinnerung an die vielen fröhlichen Stunden bei Schwarzbrot, Bier und Schinken in seiner Kapitänskajüte, ahnten jedoch nicht, daß er in Cartagena tatsächlich eine Freundin mit Namen Molly hatte, nach der er die Eselin benannt hatte. Unser Telegramm folgte ihm von Hafen zu Hafen und landete schließlich bei seiner Frau in Hamburg, deren Humor sich angesichts dieser Mitteilung in Grenzen hielt. Eine Ehekatastrophe stand ins Haus, die wir gerade noch mit einem erklärenden Brief verhindern konnten.

Silver, Mollys hübscher und neugieriger Sohn, machte allmorgendlich eine Runde durch das Haus, und neben viel Spaß gab es auch ab und zu Tränen, wenn Silver zum Beispiel die Hefte der Kinder mit den Schularbeiten zum Frühstück verspeist hatte.

Da es nicht aussah, als würden wir in Freeport je ein besseres Haus beziehen, begannen wir, in Smith Point auf unserem Grundstück zu bauen. Die Pläne hatten wir selber entworfen. Unser Baumeister war Leslie, der Konstrukteur von Frau Lommels Sarg. Er

war ruhig und zuverlässig und arbeitete mit einigen Helfern auch ohne ständige Überwachung. Nur das Baumaterial mußten wir in mühsamen Fahrten über die schlechte Straße nach Smith Point bringen. Den Kalk stellten wir aus unzähligen selbstgesammelten großen Conch-Muscheln her. Sie wurden auf einem meterhohen Holzscheiterhaufen aufgetürmt, der dann angezündet wurde. Die Muscheln verwandelten sich durch die große Hitze in ein weißes Pulver. Es war ungelöschter feiner Kalk, der erst nach einigen tüchtigen Regengüssen brauchbar wurde. Mit ihm konnte man den Zement wesentlich strecken.
Aber ehe der Bau vollendet war, mußten wir das Problem „Black Maira" lösen. „Black Maira", so hieß sie allgemein, siedelte sich hinter unserer Grundstücksmauer an. Wir kannten sie schon lange, denn sie lebte bis zu ihrer Übersiedlung mit ihrem Mann Alex an der Kirchhofsecke in Pine Ridge. Alex mußte ihr jeden Samstag die Lohntüte bis auf den Pfennig genau abliefern. Sie gab ihm dann manchmal etwas Geld für Zigaretten. Er schlief in der Küche, und sie machte es sich auf dem breiten Ehebett bequem. Wenn er aufbegehrte, schlug sie ihn erbarmungslos mit einem Knüppel. Ejnar wurde an einem Samstag zu Alex gerufen, nachdem sie ihm das Schlüsselbein zerschmettert hatte. Einige Wochen darauf biß sie ihm ein Stück seiner Unterlippe ab, und wieder an einem Samstag brach sie ihm das Handgelenk.
Ejnar, dem die ständigen Unfälle von Alex an den Wochenenden auf die Nerven gingen, fragte Alex beim Anlegen des Gipsverbandes, warum er sich das alles gefallen ließe. „Alex", sagte er, „du bist doch ein richtiger Feigling, so groß und stark wie du gewachsen bist, sollte es doch ein Leichtes für dich sein, Maira einmal ordentlich zu verdreschen. Wenn ich den Verband abgenommen habe, dann nimm das nächste Mal einen Besen und zeig ihr, wer der Herr im Hause ist."
An einem der darauffolgenden Samstage wurden wir dringend zu Maira gerufen. Sie saß laut schreiend auf der Treppe und hielt sich den rechten Arm, der an zwei Stellen gebrochen war. Alex stand in lässiger Haltung auf eine lange dicke Latte gestützt im Tür-

rahmen und sagte stolz: „Doc, ich habe deinen Rat befolgt, nur statt des Besens habe ich diese Latte benutzt. Bitte, nimm dich ihrer an und gib mir die Rechnung. Von nun an verwalte ich das Geld. Maira schläft jetzt in der Küche."

Lange jedoch hielt die Ehe nicht mehr, nachdem Alex der Herr im Hause geworden war. Black Maira verließ ihn und siedelte sich nun hinter unserem Grundstück an. Ganz sicher wollte sie uns für Ejnars Rat, den er Alex gegeben hatte, danken, denn sie stahl unseren Zement und verführte die Helfer nicht nur zum Rumtrinken. Leslie hatte seine liebe Not. Jeden Tag fehlten entweder Holz, Nägel, teures Handwerkszeug, oder die Helfer waren nicht aufzufinden. Auch im Guten kamen wir nicht weiter mit ihr. Es blieb uns nicht erspart, das Land, auf dem ihre Hütte stand, ebenfalls zu kaufen. Bei einer Gerichtsverhandlung wies der Commissioner sie an, das Land zu räumen. Auch das hatte überhaupt keinen Erfolg. Wir waren verzweifelt. Die Freizeit und das Bauen wurde uns gründlich verleidet. Maira stahl alles, was sie nur erwischen konnte. Auch vor meinen ersten Orangen machte sie nicht halt.

Eines Tages besuchte uns der Immigrationsbeamte, Mr. Maurice Thompson, den wir in Nassau bei unserer ersten Landung kennengelernt hatten. Als wir ihm unser Leid klagten, meinte er: „Da hilft nur Woodoo. Ihr müßt eine Flasche mit brauner Flüssigkeit und zwei toten Küchenschaben darin bereiten. Aus der Öffnung müssen zwei Lilienblätter wie Fühler herausragen. Dann hängt ihr sie an der Stelle auf, an der Maira über eure Mauer klettert. Alles weitere geht von selber."

Wir konnten uns nicht vorstellen, was da von selber gehen würde, führten aber seine Anweisungen in letzter Verzweiflung genau aus. Die Stelle war leicht zu finden, denn Maira hatte einen richtigen Pfad ausgetreten. Es war wie ein Wunder. Binnen zwei Tagen verschwand sie mit ihrem Haus und stellte es zweieinhalb Meilen weiter westlich wieder auf. Sie betrat nie wieder unser Land. Was Landkauf und Commissioner nicht fertiggebracht hatten, schafften zwei tote Küchenschaben in einer Flasche.

Von da an ging der Hausbau flott voran und machte wieder Spaß. Weniger begeistert war Mr. Butler von unserem Haus. Der Freeport hatte sich so entwickelt, daß wir mit unseren neun Acres Land und 120 Meter Sandstrand an einem der wichtigsten strategischen Punkte lagen. Wenn wir erst ein Haus darauf stehen hätten, so folgerte er, würden wir natürlich nicht mehr gewillt sein, das Ganze an ihn zu verkaufen, zumal er uns nur die Summe anbot, die wir dafür an Michael Edden bezahlt hatten. Für einen fairen Preis hätten wir ihm das Land selbstverständlich verkauft. Auch machten wir kein Hehl daraus, daß wir es müde waren, immer noch in so primitiven Verhältnissen mit unseren Kindern leben zu müssen. Wir arbeiteten für ein keineswegs üppiges Gehalt praktisch Tag und Nacht, 24 Stunden auf Abruf, auch an den Samstagen, und verdienten eine Menge Geld für ihn, während er uns keinerlei Erleichterungen verschaffte und sich zusätzlich über unser Haus in Smith Point ärgerte. Der erste Rauhreif fiel auf unsere Beziehung.
Trotz der Operation in New York und dem Rat der Ärzte wünschte ich mir im geheimen eine Tochter. Ejnar wollte davon nichts wissen. Er schloß ebenfalls die Möglichkeit nicht aus, daß eine dritte Geburt gefährlich für mich sein könnte, und wollte kein Risiko eingehen. Außerdem konnte es ja wieder ein Junge sein. Ich hingegen fand, daß unsere Familie erst vollständig sein werde, wenn wir noch ein Mädchen hätten. Frederik ging es langsam besser, Cay wurde bereits zu Tanzabenden als Trommler geholt, was bei den Schwarzen, die selber Naturtalente in dieser Kunst waren, schon etwas hieß. Eine Tochter würde, so meinte ich, unser Glück abrunden. Im übrigen entwickelte sich sozusagen mein zweiter „Beruf". Immer häufiger wurde ich gebeten, bei feierlichen Anlässen wie Taufe, Hochzeit oder Begräbnis Fotos zu machen. Ich besaß eine Exakta mit Teleobjektiven. Für den Röntgenapparat hatten wir eine Dunkelkammer angebaut. Also mußte ich nur noch einen Vergrößerungsapparat nebst Schalen und Chemikalien zum Entwickeln anschaffen. Mrs. Butler stellte mir einen alten Holzbau zur Verfügung, der früher einmal als Kirche gedient hatte. Hier instal-

lierte ich ein Fotoatelier. In diesem Fotostudio unterhielt ich an jedem Samstagnachmittag eine Art Geschäftsbetrieb. Ich machte Paß und Porträtaufnahmen, fotografierte Kinder einzeln und in Gruppen. Zu der Zeit wollten die Schwarzen noch möglichst hellhäutig erscheinen. Heute hingegen ist Schwarz schön. „Black is beautiful." Sie zogen sich zu diesem Zweck meist weiße Hemden und Kleider an. Der Kontrast war so groß, daß auch bei starkem Ausleuchten der Gesichter kein Ruhm dabei zu erzielen war. Daher kaufte ich buntbedruckte hawaiianische Kleidungsstücke in verschiedenen Größen, die ich ihnen für die Aufnahmen zur Verfügung stellte. Es galt als Wohlstand bei den Männern, eine dicke Zigarre im Gesicht zu haben. Auch diese lieferte ich frei, einmal im Monat neu, nachdem sie von einem Ende gekaut und vom anderen aufgeraucht worden war.

Frederik war mein treuer Helfer. Er schob die Scheinwerfer und Reflektoren genau an den richtigen Ort und erfaßte sofort, daß er alle Fenster dicht machen mußte, wenn eine hübsche Negerin Nacktaufnahmen verlangte. Ich setzte sie dann auf ein Podest, ließ sie die Beine hochziehen und die Arme im Nacken verschränken. Es war ein glänzendes Geschäft. Einige Meilen entfernt von uns gab es eine amerikanische Raketenbasis mit vielen US-Soldaten. Sie kauften unzählige Postkarten von meinen hübschen schwarzen Modellen. Ein weiterer Schlager war: Fotos in Plastikherzen eingelassen, an Gold- oder Silberketten um den Hals zu tragen. Ich hatte angenommen, meine Kunden würden sie für ihre Sweethearts kaufen, aber weit gefehlt. Jeder trug sein eigenes Foto im Plastikherz um den Hals.

Es war 1954. Cay war inzwischen acht und Frederik vier Jahre. Ich hatte meinen Kopf durchgesetzt bezüglich einer Tochter. Bis zum Anfang des neunten Monats lief ich noch Wasserski, aber als die Skileine riß, weigerte Ejnar sich, mich weiterhin mit dem Boot zu ziehen. Vielmehr flogen wir beide nach New York zu Dr. McLane, der mich seinerzeit operiert hatte. Ich war froh, daß Ejnar mitkam, denn Dr. McLane war ernstlich besorgt darüber, daß ich gegen seinen Rat nun doch noch eine dritte Geburt wagte. Er ließ mir keine

andere Wahl als einen Kaiserschnitt bei Lokalanästhesie, da ich bei der Operation vor zweieinhalb Jahren die Narkose anscheinend nicht vertragen und ihm einige Aufregung bereitet hatte. Ich fügte mich natürlich und wartete gefaßt auf meine Stunde. Die Spritzen in die Bauchdecke waren sehr schmerzhaft, aber ich wagte nicht zu meutern, weil es einzig und allein meine Entscheidung gewesen war, mich nochmals einer Geburt zu unterziehen. Dr. McLane bot mir an, in einem Spiegel dem Verlauf des Kaiserschnitts zuzusehen. Anfangs schloß ich mehrere Male die Augen. Aber als ein kleines bläulich-rosafarbenes Wesen aus meinem Bauch gehoben wurde, war ich überzeugt, mein Wunsch sei in Erfüllung gegangen, obwohl ich nur den Kopf und den Rücken sah. Zur Beendigung der Operation erhielt ich dann doch eine leichte Narkose. Nie aber werde ich das Glücksgefühl vergessen, als ich am 19. Mai 1954 Marina eingekuschelt an meiner Seite im Arm hielt. Sie sah so niedlich aus, mit einem winzigen Näschen und seidig langen Wimpern. In dem überdimensionalen Krankenhaus am East River waren zur gleichen Zeit auf meiner Station acht Buben zur Welt gekommen. Marina lag in einem rosa Jäckchen in der Mitte, je vier blaugekleidete Jungen zu ihrer Rechten und Linken. Ich sah das als ein gutes Omen an.
Mrs. Butler holte uns zu sich auf ihren großen Besitz Round Hill in Connecticut und verwöhnte uns beide. Nach vierzehn Tagen durften wir schon nach Hause fliegen. Ejnar hatte so lange nicht wegbleiben können und war zurückgekehrt, nachdem er seine Tochter begrüßt hatte. Wir starteten vom Idlewild-Airport in einer viermotorigen Maschine. Beim Aufstieg fing der zweite Motor an meiner Seite an zu brennen. Die Flammen wurden durch den starken Luftzug größer und größer. Die Stimme des Flugkommandanten redete uns über das Mikrophon zu, Ruhe zu bewahren, Schuhe auszuziehen und den Kopf zwischen die Knie zu nehmen. Das Flugzeug müsse weiter aufsteigen, bevor es zur Landung ansetzen könne. Ambulanzen würden bereitstehen, nebst Schaum auf der Piste. Wir taten alle, wie uns befohlen. Ich wußte nicht, wie ich Marina am besten halten sollte. Eine Stewardeß kam und wollte

sie mir aus den Armen nehmen, aber das lehnte ich ab. Der Kapitän sprach beruhigende Worte über das Mikrophon. Ehe Panik ausbrechen konnte, sahen wir nach einer weiten Linkskurve die roten Ambulanzen unter uns und landeten ohne jeden Zwischenfall. Wir mußten geordnet eine Rutsche hinuntergleiten und wurden schnellstens vom Flugzeug weggeschafft. Nach vier Stunden starteten wir von neuem in einer anderen Maschine. Marina hatte die ganze Aufregung verschlafen.

Ejnar holte uns von dem entlegenen Westend, der westlichsten Ansiedlung auf Grand Bahama ab. Dort gab es inzwischen einen Flugplatz, so daß man nicht mehr auf dem Wasser landen mußte. In Pine Ridge hingen überall Girlanden und Willkommensplakate. Die englische Fahne wehte vom Verwaltungsgebäude, der ganze Ort schien aufgeräumt und geschmückt. Aber dieser festliche Empfang galt nicht etwa unserer Rückkehr und der jüngsten Bürgerin von Pine Ridge, sondern dem Besuch des Gouverneurs und seiner Frau, Lord und Lady Ranfurly. Während wir ausstiegen, wurden wir von unserem Freund, dem Buchhalter Theo Lowe, informiert, daß seine Exzellenz nebst Gefolge in einer halben Stunde in unserem Haus einen Cocktail einzunehmen wünschten.

Keine Zeit zum Ausruhen. Mitchel, unser junger Butler, und ich arbeiteten fieberhaft, um wenigstens genügend Gläser, Eis, Getränke und einige Hors d'oeuvres parat zu haben. Marina lag satt und rosig im Schlafzimmer auf unserem Bett, umringt von Cay, Frederik und Spot, unserem Hund. Fünf Minuten blieben uns noch zum Umziehen, ehe der Adjutant würdevoll durch die Tür schritt und uns dem Gouverneur und seiner übrigens sehr charmanten Frau vorstellte. Als Lady Ranfurly erfuhr, daß ich eben erst mit Marina aus New York zurückgekehrt war, ging sie schnurstracks in unser Schlafzimmer, stieg über halb ausgepackte Koffer, Windeln und Jungen hinweg und nahm Marina in den Arm. Inzwischen steuerte Mitchel in einer schwarz-weißen Livree, barfuß, einen unmöglichen Hut auf dem Kopf, mit einem Tablett auf den Adjutanten zu, der mit seinen vielen Orden auf der Brust wesentlich eindrucksvoller aussah als der Gouverneur. Ejnars verzweifelte Zeichen, ihn umzudirigieren, schlugen fehl. Da zupfte Lord Ranfurly Mitchel am Ärmel und sagte freundlich: „Ich bin der Gouverneur, obwohl ich nicht so aussehe. Du hast aber eine herrliche Willkommensgirlande für uns an Dr. Gottliebs Tür angebracht." Mitchel nahm seinen Hut vom Kopf und verbeugte sich mit den Worten: „Sir, das habe ich nicht für Sie, sondern für Mrs. Gottlieb und das Baby gemacht." Großes Gelächter, die Situation war gerettet. Irgendwie war diese Szene ganz typisch für die schwarzen Bahamer. Sie sind in keiner Weise servil und auch nicht auf den Mund gefallen.

Die Monate und Jahre zogen ins Land. Weihnachten 1956 schenkten wir den Kindern einen kleinen roten Wagen für die Esel. Es war schwierig gewesen, ihn zu beschaffen. Er lief auf Autoreifen. Auch das Geschirr hatten wir in Nassau nach den Maßen der Eselin Molly anfertigen lassen. Nun galt es, Molly an den Wagen zu gewöhnen und sie einzufahren. Enoch Missek, einer der Arbeiter, der in Turks Island viel mit Eseln umgegangen war, versprach, es liebevoll und sanft zu tun. Wir trafen uns dazu an einem Sonntagnachmittag.

Die sonst so geduldige Molly, auf der die Buben ohne Sattel wie die Wilden über die felsigen Straßen galoppierten, mochte das Geschirr überhaupt nicht. Vor allem störte sie der festgeschnallte Gurt unter dem Bauch. Wir lockerten ihn und redeten Molly gut zu. Endlich war sie fertig angespannt. Zwei kräftige Schwarze hielten sie am Kopf, während Enoch auf den Wagen kletterte. Molly spürte wohl durch Enochs Gewicht den Druck der Deichsel, jedenfalls schnellte sie aus dem Stand empor und raste in gestrecktem Galopp davon, die erstaunten Schwarzen hinter sich lassend. Enoch aber hatte nicht genügend Zeit gehabt, sich rechtzeitig fest auf das Gefährt zu setzen, er fand sich bei dem plötzlichen Start hinter Mollys Beinen wieder, innerhalb der Deichsel. Durch den kräftigen Ruck des Anfahrens hatte er mit seinem Hinterteil auf der äußersten Kante des Wagens „Platz genommen". Er versuchte nun, durch rasendes Mitlaufen einen Moment zu erwischen, bei dem er sich vom Boden genügend abstoßen konnte, um seinen Sitz zu verbessern. Weder Mollys noch Enochs Beinen hatten wir eine derartige Geschwindigkeit zugetraut. — Endlich gelang es ihm, seine Beine hochzuziehen. Als das Gefährt, auf dem großen Platz einen Kreis beschreibend, wieder an uns vorbeisauste, wurden wir an einen römischen Rennfahrer im Circus Maximus erinnert. Obwohl die ganze Geschichte recht gefährlich aussah, konnten wir uns nicht halten vor Lachen.

Erstaunlicherweise wurde Molly recht bald zahm, so daß die Kinder es wagen konnten, eine kleine Spazierfahrt zu machen. Aber Unglück schläft nie. Es erschien in der Person eines Jungen, der zu Weihnachten Knallfrösche geschenkt bekommen hatte und einige von diesen Dingern beim Vorbeifahren Molly unter den Bauch warf. Daraufhin raste sie in Richtung Heimat und hakte mit dem Wagen an einem Pfosten an. Die Kinder wurden hinausgeschleudert. Marina landete weich auf einem Sägemehlhaufen, während die Jungen beträchtliche Schürfwunden und Prellungen davontrugen. Das war das Ende des hübschen roten Wagens.

Ejnars Mutter besuchte uns 1957 in Pine Ridge. Das einfache Leben gefiel ihr ausnehmend gut, dauernd passierte etwas Aufregendes. Die Fahrten zu den entlegenen Siedlungen per Jeep oder Boot waren für sie Entdeckungsreisen in eine völlig neue Welt. Mit den Enkeln konnte sie nach Herzenslust am Strand und im Wasser spielen, da ich ja den ganzen Tag über in der Klinik beschäftigt war. Ihre Großmuttergefühle gingen jedoch häufig mit ihr durch. Wenn wir die Kinder ermahnten, zuerst die Schulaufgaben oder gewissen Pflichten im Haus und den Tieren gegenüber zu erledigen, protestierte sie gemeinsam mit ihren Enkeln dagegen. Die Kinder hatten das schnell heraus und spielten die Großmutter gegen uns aus, wenn wir müde und abgespannt aus der Klinik kamen. Zu einer Auseinandersetzung wollte ich es nicht kommen lassen, das Problem mußte anders gelöst werden. Nach einer solchen Kraftprobensituation, in der sie alle gesiegt hatten, war ich gerade in der richtigen Laune, das Problem zu lösen. Ich nahm die Kinder in den Hühnerstall und versohlte alle drei. Dann erklärte ich ihnen, daß, wenn immer es zu einer Diskussion zwischen ihnen, der Großmutter und uns käme, ich das Stichwort „Chicken coup",

Hühnerstall auf Englisch, fallen lassen würde. Dann sollten sie sich an die verabfolgte Tracht Prügel erinnern und ohne Widerrede das tun, was wir von ihnen verlangten. Die Therapie wirkte Wunder.

Es erwies sich allmählich als unpraktisch, die Unfälle, die es bei den Bauarbeiten im Freeport häufig gab, nach Pine Ridge in unsere kleine Clinic zu bringen. Mr. Butler entschloß sich daher, Ejnar ein angemessenes Krankenhaus bauen zu lassen mit einer Planung, die eine Vergrößerung jederzeit möglich machte. Dies wiederum hatte zur Folge, daß auch wir in den Freeport übersiedeln mußten. Nach sieben Jahren ließ Butler endlich ein geräumiges, modernes Haus mit Glasschiebetüren und vielen Fenstern für uns bauen. Wir nannten es unser Aquarium und genossen die komfortablen Badezimmer und großen Räume.

Leider durften wir unsere Esel und das Geflügel nicht nach Freeport mitbringen. Die Esel brachten wir nach Smith Point auf unser Land, nur unsere Tauben durften mit uns nach Freeport übersiedeln, das Geflügel mußte geschlachtet werden. Mitchel weigerte sich, das zu tun. Er hatte so etwas noch nie gemacht. Ich wollte ihm meine armen Hühner nicht als Versuchskaninchen überlassen und mußte es also selber tun. Nach langem Zögern kam mir eine gute Idee. Ich stülpte einen leeren Eimer um, band die Beine des Huhnes zusammen und schob es sanft unter den Eimer, so daß nur der Kopf herauslugte. Dann hackte ich mit einer scharfen Machete unter Todesverachtung den Kopf ab und setzte mich schnell auf den Eimer, so lange wartend, bis sich nichts mehr darunter rührte. Das Rupfen überließ ich Mitchel.

Mittlerweile war ein Problem aufgetaucht, das uns Kopfzerbrechen bereitete, Cays schulische Ausbildung. Die Schule in Pine Ridge existierte nicht mehr, und die in der jungen Freeport-Gemeinde war nur für die untersten Klassen ausreichend und lehrte nach amerikanischem System. Einem Vergleich mit Mr. Campbells Schule konnte sie nicht standhalten. Also trennten wir uns schweren Herzens von Cay und schickten ihn zu einer uns befreundeten Familie nach Nassau. Wir ahnten nicht, daß die Ehepartner heftige Zwistigkeiten untereinander ausfochten. Cay fühlte sich dort unglücklich und fehl am Platze. Ihn nach Europa zu schicken, war zu teuer. Da hätte er allenfalls in den großen Ferien heimkommen können. In Jamaica aber gab es eine integrierte Schule mit 500 Schülern, das Monroe College. Sie hatte einen sehr guten Ruf. Cay war bisher ja auch in eine vorwiegend schwarze Schule gegangen und nach englischem System unterrichtet worden. Die Bahamas waren schließlich seine Heimat. Wir fanden es nur richtig, wenn er dabei blieb. Wegen dieses Entschlusses wurden wir zwar heftig kritisiert, doch störte uns das nicht sonderlich. Der Vorteil des Monroe College war, daß Cay auch in den kurzen Ferien nach Hause kommen konnte. Der Nachteil hingegen, von dem wir leider keine Ahnung hatten, war ein geradezu vorsintflutliches Erziehungssystem mit Prügelstrafen und anderen Quälereien. Cay, der nie klagte, ließ uns die internen Grausamkeiten gar nicht wissen, zweifellos aber litt er sehr in den ersten Jahren. Für diese Schule traf wohl das Sprichwort zu, das bei uns in Ostpreußen galt: „Was dich nicht umbringt, macht dich stark."

An einem sonnigen Wochenende fuhren wir wie so oft mit unserem Jeep, an dem wir einen Anhänger mit unserem Boot befestigten, zu der Hawks Bill Bucht. Dort konnte man das Boot ins Wasser gleiten lassen und in kurzer Zeit die schönsten Speerfischgründe erreichen. Weiter draußen lag eine schneeweiße Riesenjacht vor Anker, die wir neugierig von ferne bewunderten. Kurz vor Dunkelheit kehrten wir mit Conch-Muscheln und Fischen zurück. Das Boot mußte nun wieder auf dem Anhänger befestigt und aus dem Wasser gezogen werden. Aber da versagte unser treuer, alter Jeep. So sehr Ejnar auch schob, wir konnten das Boot nicht aus dem Wasser ziehen. Glücklicherweise sahen wir eine mit sechs Matrosen besetzte kleine Barkasse sich von der Jacht lösen und direkt auf unsere Anlegestelle zusteuern. Wir baten den ältesten der Gruppe, uns mit seinen Männern zu helfen. Er tat es mit freundlicher Selbstverständlichkeit und bat uns dann, ihm den Weg zu Butlers Haus zu zeigen.

Am nächsten Tag waren wir zu einem der üblichen Cocktails in Butlers Haus geladen, und dort wurden wir mit unserem Helfer vom Abend zuvor bekanntgemacht. Es war D. K. Ludwig, der drittgrößte Reeder der Welt, Besitzer der National Bulk Carrier Ltd. Damals erklärte er sich bereit, einen Tiefwasserhafen im Freeport zu bauen. Erst als dieser Hafen fertiggestellt war, schien Butlers Freeport-Baby aus den Windeln gehoben zu sein. Denn nun investierten auch andere Unternehmer einige Millionen in das immer noch riskante Projekt und erwarben Lizenzen.

Die Gemeinde Freeport bestand zu der Zeit aus höchstens 150 weißen Einwohnern, die fast ausschließlich Amerikaner und Engländer waren. Für uns änderte sich von heute auf morgen der ganze Lebenszuschnitt. Wir wohnten nun nicht mehr unter Schwarzen. Oberflächliche Cocktailparties fanden statt. Die Frauen, die in England und USA ihre Hausarbeiten selber zu verrichten hatten, konnten sich hier schwarze Hausmädchen leisten, was zur Folge hatte, daß sie sich langweilten, klatschten und tranken. Uns gefiel dieses neue, unechte Leben gar nicht. Wir fuhren, so oft es ging, zu unserem eigenen Haus nach Smith Point.

Freeport entwickelte sich zu einer Miniaturdiktatur. Entweder man war „in" oder man war „out". Menschen, die wir wirklich mochten, trafen wir nur sehr selten.

Um das Leben hier ertragen zu können, war es am besten, vollauf beschäftigt zu sein. So akzeptierte ich auch das Angebot, die Agentur für die Air Bahamas Luftlinie im neu gebauten Flughafen zu übernehmen. Dies bedeutete, daß ich täglich mehrere Stunden dort zubringen mußte. Ich war verantwortlich für die Reservierungen, Flugkarten, für die Paßkontrolle, für das Gepäck und die Luftfracht. Es war eine interessante Tätigkeit. Ich lernte ständig neue Leute kennen und verabschiedete diejenigen, die Freeport verließen. Die Fluktuation war enorm zu der Zeit. Frederik war mein treuer Helfer. Sobald er nur eine freie Minute hatte, schleppte er Koffer hin und her und band die Gepäckschilder daran.

Johnny Whitehead flog nun ein Flugzeug mit 30 Sitzen. Noch immer war er der charmante, etwas abwesend erscheinende Captain, der neuerdings in einer schicken Uniform steckte, zu der er entweder eine falsche Krawatte oder ein buntes Hemd trug, weil er das richtige nicht hatte finden können. Ich machte ihn darauf aufmerksam, daß die Gepäcktür seiner Maschine nicht richtig funktioniere. „Ach", sagte er, „mach dir darüber keine Sorgen, die schließt schon seit vier Wochen nicht mehr recht." Als er am Ende der Piste umdrehte, um gegen den Wind zu starten, mußte wohl ein rutschender Koffer die Tür von innen aufgestoßen haben. Denn als Johnnys Maschine sich im aufsteigenden Steilflug von der Piste löste, fielen fünf Gepäckstücke und ein Kasten Whisky auf die Rollbahn. Ich versuchte, ihn durch das Intercom-System zu erreichen, doch ich hatte oft genug im Copilotensitz neben ihm gesessen, um zu wissen, daß er sofort die Hörer abnahm und auf automatischen Piloten einstellte, um seinen Krimi zu lesen.

Bei schlechtem Wetter wartete ich oft stundenlang auf das Erscheinen der Maschine, manchmal auch vergebens. Einmal war es bereits stockfinster, als Johnny trotz mangelhafter Beleuchtung und heftigem Seitenwind das Flugzeug sicher zur Landung brachte, gefolgt von vier kleinen Cessna-Maschinen. Als ich die Verkehrsmaschine abgefertigt hatte, ging ich zu ihnen. Die Insassen stellten sich als „die fliegenden Farmer" von USA vor, die einen Kongreß in Westend besuchen wollten, jedoch bei Sturm und Regen die Orientierung völlig verloren hatten. Sie waren glücklich gewesen, das große Flugzeug entdeckt zu haben, und waren ihm bis zur Landung gefolgt. Ich half ihnen, die Flugzeuge zu vertäuen und bot ihnen an, sie zu der einzigen Bar in Freeport zu fahren. Darüber waren sie so erfreut, daß jeder von ihnen mir ein fürstliches Trinkgeld überreichte. Dankend steckte ich es gerade in die Tasche, als Ejnar erschien und uns beide als Dr. und Mrs. Gottlieb vorstellte. Ich zog das Trinkgeld wieder hervor und fragte: „Wollen Sie es wiederhaben?" Großes Gelächter. Den Rest des Abends verbrachten wir mit den Farmern in der Bar. Zwei Monate später schickten sie mir drei große Säcke voll Popcorn, von denen einer im Post-Büro zerplatzt war, sehr zur Freude des Postfräuleins, das dauernd darauf ausrutschte.

Mein Job am Flughafen für die Air-Bahamas bot im übrigen noch einen großen Vorteil. Unsere ganze Familie konnte mit 90 Prozent Ermäßigung auf fast allen internationalen Verkehrsmaschinen fliegen. Wir nützten das weidlich aus. Von nun an flogen wir alljährlich nach Europa und auch öfters zu Cay nach Jamaica.

Die Port Authority hatte es verstanden, genau wie Mr. Brad seinerzeit, den Schwarzen an der schönen Südküste ihr Land für Spottpreise abzukaufen. Dafür versprach sie ihnen verlockende langfristige Anstellungen im Freeport. Nur ganz wenige fielen auf diesen Kuhhandel nicht herein oder waren intelligent genug, genügend Land um ihre Hütten herum zu behalten. Besonders um unser Haus und Land in Smith Point herum ließen sich die Nachbarn nicht zum Verkauf bewegen, vielleicht ein wenig durch uns beeinflußt. Diese Tatsache erwies sich später als besonders günstig für uns, denn die Nachbarn bildeten eine Art Schutzwall um uns, als Butler uns mit Drohungen zum Landverkauf zwingen wollte. Er beabsichtigte, die Straße von Smith Point nach Freeport zu sperren, so daß wir unser Grundstück nicht mehr erreichen konnten. Da aber die Einwohner von Smith Point Bahamer waren, die seit Generationen dort lebten, legte die bahamische Regierung ein Veto ein, und es kam nie zu einer Absperrung der Straße oder zur Ausführung anderer unfreundlicher Maßnahmen.
Bei der großen Zahl der heranwachsenden Kinder gab es nun viele Probleme für die Bevölkerung der Siedlungen entlang der Küste. Ihr Land waren sie los, der Freeport jedoch konnte so viele Menschen zu der Zeit gar nicht beschäftigen. Die Löhne waren niedrig. Bisher hatten sich die Küstenbewohner immer noch mit Fischfang, Frucht- und Gemüsebau auf ihrem Land so dicht am Meer erhalten können. Durch Radio und Fernsehen erwachten sie nicht nur in Nassau zu neuen Erkenntnissen. Der Satz: „Keep a nigger dumb and working“ (Halte einen Schwarzen dumm, aber gib ihm Arbeit), den ich verschiedentlich gehört hatte, war nicht mehr so leicht in die Tat umzusetzen. Viele von Cays Mitschülern in Jamaica waren Söhne von emporstrebenden schwarzen Nas-

sauer Familien, die sich aus eigenem Antrieb hochgearbeitet hatten. Für sie war das Monroe College ebenfalls erschwinglich und erreichbar. Überall begann es politisch zu brodeln. Bisher wurden bei Regierungswahlen viele Stimmen von den weißen Kandidaten aus Nassau einfach gekauft und dadurch die Wahlen gewonnen. Bei den großen Zahlen von heranwachsenden Wählern war das Wahlergebnis indessen nicht mehr hundertprozentig zu dirigieren. Die Schwarzen wurden selbstbewußter. Schwarz galt von nun an als schön. Jetzt hätte ich es in meinem Fotostudio viel leichter gehabt, sie zu fotografieren. Der Umzug nach Freeport aber hatte meine Karriere als Fotografin leider beendet.
Im Freeport schlossen sich die Arbeiter zu einer Gewerkschaft zusammen und führten den ersten Streik durch. Der Autoverkehr wurde stillgelegt, die Arbeit eingestellt. Ein oder zwei Autofahrer, die sich diesen Befehlen nicht unterworfen hatten, wurden unsanft behandelt. Nur Ejnar und unserem seit 1954 in Westend arbeitenden Kollegen Dr. Richter war es gestattet, ihre Autos zu benutzen. Mr. Butler, der in Little Whale Cay war, wußte nichts von diesem Streik und seinen Auswirkungen. Es schien jedoch, als könne er ernste Formen annehmen. Private Telefone gab es nicht, vom Telefon-Office zu telefonieren war sinnlos, da die Gespräche durch einen Operator vermittelt wurden, der sie abhören konnte. So entschloß Ejnar sich, von Westend nach Nassau zu fliegen unter dem Vorwand, einen Patienten im Krankenhaus zu besuchen. Von dort wollte er Verbindung mit Mr. Butler aufnehmen.
Ich fuhr ihn in unserem Dienstwagen, den man uns neuerdings zur Verfügung gestellt hatte, zum Flughafen. Auf dem Rückweg entdeckte ich in der Siedlung Eight Mile Rock eine Ansammlung von etwa 40 Schwarzen, die Conch-Muscheln, Felsstücke und Coca-Cola-Flaschen in den Händen hielten. Sie versperrten die Straße, und während ich langsam näher fuhr, überlegte ich fieberhaft: Sollte ich umkehren? Aber das war sehr schwierig auf der engen Straße. Offensichtlich kannten sie unseren neuen Wagen noch nicht und machten Anstalten, mich anzugreifen. Ich ließ daher schnell das Fenster herunter, steckte meinen Kopf heraus und

grüßte freundlich lächelnd. Einer von ihnen erkannte mich sofort und rief: „Das ist Nurse Gottlieb“, worauf alle anderen die harten Gegenstände hinter ihrem Rücken versteckten, Spalier standen und sich verbeugten. Schon war ich fast an ihnen vorbei, als mein Wagen zu allem Überfluß auch noch stehenblieb. Einige hoben die Wagenhaube hoch und brachten den Motor wieder zum Anspringen. Dankend und winkend fuhr ich davon.
Inzwischen gab es außer Butler noch mehrere andere Leute bei der Port Authority, die zweifellos etwas zu sagen hatten, Leute, die Millionen Dollar investiert hatten. Die Geburtswehen des Unternehmens wirkten sich natürlich bis hinauf in die Führung aus. Wir bekamen sie in Form von sich widersprechenden Anordnungen zu spüren. Überall sollte gespart werden. Durch den häufigen Wechsel der amerikanischen Bauarbeiter und Ingenieure gingen uns jedoch viele Einnahmen verloren. Wir leisteten ihnen bei Unfällen Erste Hilfe, oft flogen sie dann zur Weiterbehandlung zurück in die USA und kamen nie wieder. Wir hatten keine Möglichkeit, das Geld, das sie uns schuldeten, in einem fremden Land einzutreiben. Zurück blieb ein steigendes Defizit.
Der Genuß unseres schönen Hauses mit dem Garten in Smith Point wurde uns von Butler vergällt, der sich immer mehr darüber ärgerte, daß wir ihm das Land zu unserem ursprünglichen Kaufpreis nicht willig überließen. Auch blieb uns kaum noch Zeit, dort Ruhe und Entspannung zu finden. Da die Bauarbeiten auch während der Wochenenden fortgesetzt wurden, mußten wir bei etwaigen Unfällen ständig erreichbar sein. Die wenigen Stunden mit Frederik und der kleinen Marina an unserem eigenen Strand waren teuer erkauft. Kaum genossen wir die Sonne und das Meer, erschien schon irgendein Auto mit der Nachricht, wir würden dringend gebraucht. Wir befanden uns in der unangenehmen Lage, 24 Stunden lang tagein, tagaus auf Abruf parat sein und außerdem vier Vorgesetzten Rede und Antwort stehen zu müssen, die sich untereinander keineswegs einig waren. So begannen wir uns ernstlich die Frage zu stellen, ob und wie lange wir diese Art Leben

akzeptieren wollten. Daher streckten wir unsere Fühler zu der Nachbarinsel Abaco aus.

Ausschau nach neuen Küsten

Im zweiten Jahr nach unserer Ankunft in Grand Bahama war ich bereits einmal ohne Ejnar mit einem holzbeladenen kleinen Frachter entlang der Nordküste nach Abaco geschippert. Diese Reise hatte auf mich einen unvergeßlichen Eindruck gemacht. Abaco ließ sich überhaupt nicht mit Grand Bahama vergleichen. Während Grand Bahama flach wie ein Tisch ist und nur an der Südküste einen einzigartigen Strand hat, bietet Abaco schon durch seine beträchtlichen Erhebungen, weiten Buchten und Cays, den kleinen vorgelagerten Inseln, eine völlig andersartige tropische Schönheit. Die Insel ist 210 Meilen lang und hat die Form eines großen Bumerangs. Mit einer Fläche von 650 Quadratmeilen (1250 km^2) Land ist sie die zweitgrößte Insel der Bahamas. Sie schien sich noch in einem Dornröschenschlaf zu befinden. Die Einwohner lebten wie eh und je vom Fischfang, bauten aber viel mehr Gemüse und Früchte aller Art an als die Leute auf Grand Bahama. Das war mir gleich aufgefallen. Wie ich an Land feststellte, lag das an den wesentlich besseren Bodenverhältnissen. Autos gab es nur ganz wenige. Viele der Familien hatten mich wie eine alte Freundin begrüßt, da sie per Boot in Pine Ridge bereits unsere ärztliche Hilfe gesucht hatten und mich kannten.
Was für eine bezaubernde Reise war das damals gewesen. Wir tuckerten von Siedlung zu Siedlung. Nach den ersten Dörfern an Abacos Nordküste tauchte eine von etwa 460 Menschen bewohnte vorgelagerte Insel auf, die den schönen Namen Green Turtle Cay oder Grüne Schildkröten-Insel trug. Die grünen Schildkröten, nach denen sie benannt worden war, gab es damals noch häufig im Meer. Wir hatten sie schon öfter beim Tauchen an den Korallenriffen gesehen. Sie wurden wegen ihres schmackhaften Fleisches

erbarmungslos von den Menschen verfolgt. Der anderen Schildkrötenart, Hawks-Bill genannt, ging es auch nicht besser, und zwar wegen ihres Schildpatts. Ich konnte das Leiden dieser vorsintflutlich anmutenden Tiere oft nicht ertragen und kaufte sie den Fischern ab, wenn sie nicht zu sehr verletzt waren, um sie wieder in Freiheit zu setzen. Ein ziemlich sinnloses Unterfangen, weil sie immer wieder zu ihrem Standort am Riff zurückkehren und aufs neue gefangen werden.

Diese Insel nun erhob sich wie der Rücken einer Schildkröte aus dem türkisfarbenen Meer. Durch die üppige Vegetation erinnerte sie an einen leuchtenden Smaragd. Viele rosaweiße Häuschen säumten den zum Meer hin abfallenden Hügel. Es sah von weitem aus, als habe ein Kind einen Haufen Spielklötzchen ausgeschüttet. Wo immer wir auch anlegten, waren wir die Sensation des Tages. Sämtliche Einwohner, alt und jung, umringten uns bei unserer Ankunft. Eine zierliche, lebhafte Frau ist mir besonders in Erinnerung geblieben. Sie begrüßte mich überaus herzlich und stellte sich als Ella Abgar vor. Sie war Amerikanerin und bestand darauf, daß ich die Nacht in ihrem geräumigen, am Berghang gelegenen Haus verbrachte. Mein ihr unbekanntes Gesicht und vielleicht auch mein Akzent entfesselten wohl ihr lange aufgestautes Bedürfnis, sich mitzuteilen, denn sie erzählte mir bei herrlichem Wein bis in die frühen Morgenstunden die interessantesten Geschichten über Green Turtle Cay und seine Bewohner.

Von dieser Frau erfuhr ich damals schon, wie sehr ein Arzt für Abaco vonnöten war. Dr. Cottmann konnte bei seinen Rundfahrten, die sich auch auf weit entlegene Inseln ausdehnten, nur alle paar Monate dieselbe Siedlung besuchen. In Green Turtle Cay gab es einen Missionar, der sich auch Doktor nannte und seine Patienten mit einem Kuhhorn abhörte. Mit diesem Instrument stellte er auch den Blutdruck fest. Seine Behandlungsmethoden richteten viel Schaden an.

Nachdem wir vierzehn Tage lang ohne Eile fast alle Siedlungen auf Abaco und den Cays besucht hatten, konnte ich mir ein Bild von der Anatomie dieser Inselwelt und ihrer Bewohner machen.

Jedes Dörfchen unterschied sich völlig vom anderen und hatte seine eigene Charakterprägung. Auf den Cays wohnte vorwiegend die weiße Bevölkerung. Da gab es neben Green Turtle Cay noch Guana Cay, Man O'War Cay, Hope Town und Cherokee. Letzteres lag auf einer Halbinsel, konnte aber nur per Boot erreicht werden. Die auf Abaco selbst gelegenen Orte wie Fox Town, Coopers Town, Crown Haven, Murphy Town, Dundas Town, Crossing Rock und Sandy Point waren wiederum außer Marsh Harbour, das sich als Hauptstadt fühlte, nur von Schwarzen besiedelt. Die Vielseitigkeit der Landschaft und der ungeheure Charme der verstreuten und verträumten Dörfchen und ihrer Bewohner nahmen mich völlig gefangen. Es war schwer, nach unserer Rückkehr Ejnar davon ein nur annähernd getreues Bild zu übermitteln. Ich geriet dabei in Ekstase. Diese Trauminsel übertraf bei weitem meine geheimen Vorstellungen, die ich mir seinerzeit in der Schweiz spontan gemacht hatte, als der Bahama-Plan Form angenommen. Ja, selbst Little Whale Cay konnte nicht mithalten. War es doch nur ein winziges Inselchen, das von Menschenhand sehr verschönt worden war. Ein Wort eines alten Bahamers fiel mir ein: Als Gott mit der Erschaffung von Abaco fertig war, nahm er die kläglichen Überreste und kreierte damit Grand Bahama. Wie konnte es sein, daß diese so nahe beieinander gelegenen großen Inseln derart verschieden gestaltet waren? Seit meiner ersten Reise waren neun Jahre vergangen. Der zunehmende Druck im Freeport ließ die märchenhaften Eindrücke der Unberührtheit von Abaco wieder in mir aufleben. Zur gleichen Zeit bot uns unser alter österreichischer Freund, Dr. Walter Lorenz, eine Partnerschaft in Nassau an. Ejnar war von dieser Idee begeistert, denn in Nassau gab es nur wenige Ärzte. Auch das Schulproblem für Frederik und Marina wäre dadurch gelöst worden. Das Leben in Nassau aber reizte mich gar nicht. Dort fand ich es nur für kurze Zeit lustig. Abaco hingegen mit seinen weiten Buchten und Sandstränden, mit den dunklen ausgedehnten Wäldern und Sümpfen hatte es mir angetan. Dort gab es noch Wildpferde,

Wildschweine, Papageien und Flamingos. Das alles wollte ich erforschen und mit eigenen Augen sehen.
Ejnar willigte ein wie immer, wenn er merkte, daß mir etwas sehr am Herzen lag. Kurz vor Beginn unseres Jahresurlaubs charterten wir ein Flugzeug und flogen nach Abaco, um die Aussichten für einen neuen Anfang zu ergründen. Wieder zeigte sich diese Insel von ihrer besten Seite, als wir im Tiefflug über ihre weiten Flächen brausten. Bei fast allen Einwohnern waren wir bereits bekannt. Überall beschenkte man uns und redete uns zu, unsere Praxis hierher zu verlegen. Wir hatten ein eingehendes Gespräch mit dem Commissioner, Collin Macdonald. Auch er gab uns Auskünfte, die uns in der Annahme bestärkten, daß wir einen so entscheidenden Schritt mit einiger Hoffnung auf Erfolg unternehmen könnten.
Während der anschließenden Ferien in Europa würden wir Zeit haben, darüber nachzudenken. Ganz besonders günstig erschien uns die Tatsache, daß die Owens Illinois Glass Company, die Nachfolgegesellschaft in Pine Ridge ihre Zelte im östlichen Grand Bahama ebenfalls abbrach, um sie in Abaco aufzuschlagen. Das Holz in Grand Bahama war abgeerntet, die Lizenz aber erstreckte sich auch auf Abaco. Bei den vielen Unfällen, die es bei den Holzfällerarbeiten ständig gab, war die Anstellung eines Arztes unerläßlich. Wir hatten ja schon mehrere Jahre für diese Gesellschaft in Riding Point gearbeitet, die Leute kannten und schätzten uns. Ejnar traf sich zu einer geheimen Besprechung mit dem Vizepräsidenten der Gesellschaft, wobei er erfuhr, daß zwischen dieser Company und der Port Authority ein Übereinkommen bestand, sich gegenseitig keine Angestellten wegzuheuern. Wir wollten uns ohnehin nicht mehr in ein Anstellungsverhältnis begeben, falls wir Freeport verließen. Die Freiheit war uns das wichtigste. Daher schlug Ejnar vor, gegen Honorar die Patienten der Company zu betreuen, ohne ein Grundgehalt zu beziehen. Damit war man einverstanden. Die Gesellschaft sicherte uns auch die Benutzung der kleinen modernen Klinik auf der „Robert Fulton" zu, sowie ein bescheidenes Quartier, bis wir unser eigenes Dach über dem Kopf hatten.

Mit diesen Aussichten flogen wir erleichtert nach Europa. Aber so recht konnten wir die Ferien diesmal nicht genießen. Unsere Eltern und Freunde, denen wir von unseren neuen Zukunftsplänen erzählten, rieten uns einstimmig, in Freeport zu bleiben und uns nicht auf ein neues Experiment einzulassen.

Doch weder Ejnar noch ich wollten in Freeport bleiben. So flogen wir denn mit nicht mehr ganz so leichtem Herzen via Nassau zurück, nicht ahnend, was auf uns zukommen sollte. In Nassau unterbrachen wir die Reise und versuchten, den allerwichtigsten Punkt der Zukunft zu klären, nämlich eine Lizenz für Abaco zu erhalten. Dabei stießen wir auf hartnäckigen Widerstand des damaligen englischen Chief Medical Officers. Es wurde uns nie klar, warum er uns die Lizenz glattweg verweigerte. Entweder hatte die Port Authority Wind von unserem Vorhaben bekommen und sich eingeschaltet, oder es spielte eine seltsame Rivalität des Engländers einem Deutschen gegenüber eine Rolle. Wir mußten unverrichteter Dinge nach Freeport fliegen.

Hier hatten die Dinge aber eine schlimme Wendung genommen. Es läßt sich kaum beschreiben, was uns „zu Hause" an Gemeinheiten erwartete. Während unserer Abwesenheit hatte man einen gewissen Dr. O'Connor auf Ejnars Platz gesetzt, einen unkollegialen, unleidlichen Mann, der bereits in unser Haus eingezogen war. Alle unsere Sachen hatte er lieblos in ein kleines Zimmer gestopft. Auch schämte er sich nicht, unsere zahmen Tauben vor den Augen unserer Kinder abzuschießen und die kleinen roten Fischchen aus Frederiks Teich zu fangen und sie auf dem Mauerrand in der Sonne vertrocknen zu lassen. Dabei schien er sich an Frederiks und Marinas Tränen zu ergötzen. Für uns war gar kein Haus mehr vorgesehen. Offenbar wollte man uns zwingen, in Smith Point in unserem eigenen Haus zu wohnen. Dank der Freundlichkeit und dem Mut der Freeport-Bewohner erhielten wir noch am selben Tag ein Häuschen, in das sie auch Möbel, Lampen, Betten und einen Eisschrank stellten.

Ejnar ging am nächsten Tag zur Port Authority und erfuhr, daß man uns erst dann gehen lassen wollte, wenn wir die Summe von rund 10 000 Dollar, die sich im Laufe von zehn Jahren aus nicht einzukassierenden Rechnungen ergeben hatte, aus unserer eigenen Tasche ersetzten. Andernfalls verlangte man von uns, obwohl wir durch keinen Vertrag gebunden waren, daß wir noch vier weitere Wochen in Freeport arbeiteten. Die völlig neue Situation enthob uns wenigstens jetzt jeglichem Zweifel, ob unsere Entscheidung, nach Abaco überzusiedeln, richtig sei. Wie hätten wir in Freeport bleiben können?

Die Tatsache, daß man uns aus Schikane zwang, noch vier Wochen Dienst zu tun, paßte uns insofern sehr gut, als die Owens Illinois Company genau nach diesem Zeitraum von Grand Bahama nach Abaco übersiedelte. Sie bot uns an, unsere ganze Habe auf die „Robert Fulton" zu laden und mit ihnen zu dem neuen Bestimmungsort Snake Cay hinüberzufahren. Blieb also nur noch das Hauptproblem zu lösen: die Lizenz für Abaco. Also schickte Ejnar mich zu unserem alten Freund, Sir George Roberts, nach Nassau.

Sir George sah der Entwicklung in Freeport mit geteilten Gefühlen zu. Er war einer der wenigen Männer, denen das Wohl der bahamischen Bevölkerung, ob schwarz oder weiß, wirklich am Herzen lag. Bei Sir George wurde ich mit offenen Armen empfangen. Er bot mir einen schweren Eichenstuhl in seinem getäfelten Büro an, drückte mir eine Telefonmuschel zum Mithören in die Hand und rief unverzüglich den Chief Medical Officer an. „Howard, was hast du gegen Dr. Gottlieb? Warum verweigerst du ihm die Lizenz für Abaco?" Ich hörte ein Räuspern am anderen Ende der Strippe. George wartete eine Antwort überhaupt nicht ab, sondern fuhr fort: „Ich schicke Doktor Gottliebs Frau jetzt hinüber, damit sie sich die Lizenz abholt. Falls du sie ihr nicht gibst, lasse ich die Katze aus dem Sack über — na, du weißt schon was!" Damit hängte er auf und schickte mich auf den Weg. Die Lizenz war bereits ausgeschrieben, als ich das Vorzimmer betrat, uns beiden blieb dadurch eine persönliche Begegnung erspart. Ein warmes Glücksgefühl durchflutete mich. Ich rief bei Sir George an und bedankte mich auf das herzlichste. Dann flog ich mit der Freiheit in der

Tasche zurück nach Freeport zu Ejnar. Nun galt es noch, die letzten drei Wochen auszuhalten.
Sobald es sich herumgesprochen hatte, daß wir vom Urlaub zurückgekehrt waren und wieder arbeiteten, war das Wartezimmer im Krankenhaus gerammelt voll. Wenn Dr. O'Connor den Kopf aus Ejnars früherem Behandlungsraum steckte und sagte: „Der Nächste, bitte", bekam er immer wieder die gleiche Antwort: „Wir wollen zu Doktor Gottlieb." Ejnar arbeitete in einem kleinen Nebenzimmer und hatte gar nicht vor, sich noch ernstlich einzusetzen. Es ließ sich jedoch nicht durchhalten, denn seine Patienten konnte er schließlich nicht enttäuschen.
So endete der Abschnitt Pine Ridge Freeport in unserem Leben. Mr. Butler ließ sich überhaupt nicht mehr blicken, oder er ließ sich verleugnen. Mrs. Butler, mit der uns seit Jahren eine herzliche Freundschaft schon durch unsere und ihre Kinder verbunden hatte, fürchtete die Reaktion ihres Mannes, wie sie mir bei einem Treffen traurig sagte, und hielt sich deshalb zurück. Um so erfreulicher verhielten sich die Bevölkerung und die Patienten. Die Atmosphäre in der Klinik war so gespannt, daß es beinahe zu Tätlichkeiten der Patienten gegen Dr. O'Connor kam, wenn er und Ejnar zur gleichen Zeit dort arbeiteten. Daher ließ Dr. O'Connor durch die Port Authority anordnen, daß er am Vormittag und Ejnar am Nachmittag Dienst taten.

Drei Fischreiher zogen mit weichem Flügelschlag den sanften Bogen der Küste Abacos entlang. Ihre heiseren Schreie ließen meine Gedanken zurück nach Guja wandern — wie oft hatte ich ihnen dort zugeschaut, wenn sie des Abends vom See her den knorrigen Eichenkronen am Waldrand zustrebten, um auf diesen zu übernachten. Sie schienen in der herben ostpreußischen Landschaft genauso zu Hause zu sein wie in der subtropischen sonnigen Inselwelt der Bahamas. Ich fühlte mich ihnen wesensverwandt. Konnte ich mich doch auch wie sie anpassen, solange Natur um mich war.
Sie und mein Engel gaben mir Mut, denn wieder einmal befanden

wir uns auf einem Schiff, das neuen Küsten zustrebte. Ein zehneinhalbjähriger Lebensabschnitt lag hinter uns. Wir saßen auf dem geräumigen oberen Deck der „Robert Fulton". Cay war im Internat in Jamaica, Frederik und Marina kuschelten sich, eingehüllt in warme Decken, an unsere alte Schäferhündin Cora. Das große Schiff wurde von einem Leichter gezogen. Die Fahrt ging nur langsam vonstatten. Am Horizont zeichnete sich die erste Morgenröte ab. Wir fuhren der aufgehenden Sonne entgegen, die alsbald ihre rotgoldenen Strahlen über das Meer sandte und uns zu wärmen begann. Unsere Gedanken wanderten nicht nur in die Zukunft, sondern auch zurück.

Wir zogen Bilanz. Die Zeit auf Grand Bahama war eine harte Schule gewesen, das Arbeitspensum oft über unsere Kräfte gegangen. Mein Tagesprogramm — hatte ich es je beenden können? Wenn ich todmüde aus der Klinik oder von einer Geburt nach Hause gekommen war, waren mir im Haus unzählige dringend zu erledigende Dinge in die Augen gesprungen. Von der Zuwendung an die Kinder ganz zu schweigen. Ihnen versuchte ich immer gerecht zu werden, koste es, was es wolle. Um keinen Preis hatte ich sie der Patienten wegen vernachlässigen wollen. Aber es hatte sich einfach nicht vermeiden lassen, da wir Tag und Nacht erreichbar sein mußten und gebraucht wurden.

Von meinen Eltern war ich dazu erzogen worden, bis zur Selbstaufgabe ehrlich, fleißig, pflichttreu und bescheiden zu sein. Vielleicht typisch preußische Eigenschaften der adeligen Junker! Hier aber hatten diese Tugenden, wie es schien, keine Gültigkeit. So hatte ich zum Beispiel ein Jahr lang umsonst gearbeitet, weil ich meinte, keinen Lohn annehmen zu dürfen, ohne eine Krankenschwesternausbildung gehabt zu haben. Eine Amerikanerin hätte von Anfang an hohe Gehaltsansprüche gestellt und mit ihrem Doktortitel aufgetrumpft. Nach einem Jahr fand man es selbstverständlich, daß ich umsonst weiterarbeitete. Erst als ich aufhörte und eine wesentlich teurere Krankenschwester hätte eingestellt werden müssen, kam man meinen Forderungen nach. Auch Ejnar hatte einmal ehrlich und offen gesagt, daß er noch nie Zähne gezo-

gen hatte, es aber leicht lernen werde. In den Gesichtern unserer Vorgesetzten konnten wir deutlich lesen, daß sie eine andere Antwort von ihm erwartet hatten. Bescheidenheit war fehl am Platz. Hier wurde erwartet, daß man seine Fähigkeiten ohne Skrupel anpries. Aber das lag uns nicht; wir mußten es erst lernen. Nach dem Motto: ,,Sein Licht ja nicht unter den Scheffel stellen — Gutes tun und auch darüber sprechen.''
Was würde uns diesmal erwarten? Würden wir genug Arbeit auf dieser unberührten, kaum entwickelten Insel finden, um leben zu können? Die Freiheit war uns das Wichtigste. Unsere Arbeitgeber in Freeport hatten uns enttäuscht, aber die Eingeborenen nicht. Sie hatten uns volles Vertrauen und ein gerütteltes Maß an Freundschaft und Liebe entgegengebracht. Durch sie hatten wir bereits viele Fäden nach Abaco geknüpft. Unser Name war bekannt, und unser Ruf war nicht nur in medizinischer, sondern auch in menschlicher Hinsicht gut. Wenn es uns gelang, ein freies Leben aufzubauen und unsere Patienten gut zu versorgen, so waren wir schon zufrieden. In Freeport hatten wir gelernt, ein riesiges Arbeitspensum gründlich und schnell zu bewältigen, doch in Zukunft wollten wir mehr Zeit für unsere Kinder haben.
In Grand Bahama hätten wir es mit genügend Selbstaufgabe, Kaltblütigkeit und Unehrlichkeit leicht zu großem materiellen Wohlstand bringen können, aber es lag uns viel mehr an einem freien und ausgefüllten Dasein.
Ejnar hatte im letzten Jahr im Freeport noch ein gewisses Glück gehabt: Drei Monate lang hatte er, von Dr. Cottmann vertreten, an Ärztekursen in Chicago am Cook County Hospital teilgenommen, um mit den neuesten Entwicklungen in der Medizin auf dem laufenden zu bleiben. Diese Kurse würden ihm jetzt in Abaco sehr zustatten kommen. Unser größter Lehrmeister aber war die Erfahrung gewesen. Durch sie hatten wir beide viel dazugelernt. Ejnars Stärke war es, eine genaue Diagnose rechtzeitig zu stellen, so daß keine wertvolle Zeit verlorenging, wenn er bei schweren Fällen einen Patienten nach Nassau oder in die USA ins Krankenhaus schicken mußte. Es brachte ihm großes Vertrauen der Bevölke-

rung ein. Die Patienten, die wir rechtzeitig wegschickten, waren nach ihrer Rückkehr um so treuer. Sie kamen zu uns zurück mit den Worten: ,,Die Ärzte in Nassau oder den USA haben genau das gleiche wie Doc gesagt und mich entsprechend behandelt oder operiert.'' Zweifellos würde der Anfang in Abaco leichter sein als in Grand Bahama. Die Schikanen eines Mr. Brad fielen fort. Wir würden völlig unabhängig und selbständig sein. Das bedeutete unendlich viel für uns. Wir hatten das sichere Gefühl, den richtigen Schritt unternommen zu haben. Ich hoffte, daß mein Engel seinen Segen auch zu diesem neuen Unternehmen geben würde.
Zu unserer Linken tauchte das bezaubernde Green Turtle Cay, von der Morgensonne beschienen, auf. Wir fuhren daran vorbei und weiter nach Osten, auch an Guana Cay und Man O'War vorbei. In weiter Ferne zeichnete sich der Leuchtturm von Hope Town ab. Schon während der Dunkelheit hatte uns sein rhythmisches Aufleuchten begleitet. Zwei schwarze Bahamer von der Besatzung erschienen mit heißem Kaffee, gekochtem Fisch und Grütze, einem bahamischen Lieblingsgericht, und gaben ihrer Freude darüber Ausdruck, daß wir sie und ihre Familien auch in Zukunft betreuen würden. Ihre Angehörigen waren schon vor einiger Zeit nach Abaco übersiedelt.
Vor Hope Town schwenkten wir nach Süden, der Küste folgend. Zuerst würden wir also auf der ,,Robert Fulton'' wohnen und praktizieren. Das kleine Appartement, in dem wir ,,wohnten'', war für einen Junggesellen vorgesehen. Aber immerhin hatten wir ein Dach über dem Kopf. Seine Winzigkeit und seine Kompaktheit amüsierten mich. Man konnte praktisch auf der Toilette sitzen, seine Beine auf dem Bett ausstrecken und zur gleichen Zeit Kaffee kochen, ohne sich zu bewegen. Unter dem Appartement befand sich die moderne Klinik, in der wir schon auf Grand Bahama gearbeitet hatten. Nur für unseren Röntgenapparat mußten wir noch einen geeigneten Raum finden. Es war, als hätten wir unser Schneckenhaus mit uns gebracht.
Gegen zehn Uhr früh kamen wir in Snake Cay an. Das Schiff wurde geschickt in einen ausgebaggerten Kanal manövriert und dort ver-

ankert. Dann fühlte man Erde ringsherum und nur noch Ebbe und Flut verrieten, daß die untere Hälfte im Wasser lag, denn bei Gezeitenwechsel senkte und hob sich die „Robert Fulton" um etwa einen Meter. Daran mußte man denken. Ich vergaß es einmal und stellte unseren kleinen Combiwagen abends zu dicht an die Schiffswand. Als ich am Morgen abfahren wollte, hing das Auto mit der vorderen Stoßstange und den Vorderrädern an einem Schiffsvorsprung in der Luft, und ich mußte warten, bis Ebbe eintrat und das Auto von selbst in seine Ausgangsstellung gebracht wurde.

Kaum waren wir angekommen, erwarteten uns schon die ersten Patienten. Zwischen Auspacken und Einrichten gab es keine Zeit zu verlieren. Es war wie einst auf Grand Bahama. Wir fingen täglich um sieben Uhr früh mit der Sprechstunde an, und um neun Uhr abends saßen immer noch Patienten vor der Klinik auf der Treppe, die zu unserem Appartement führte. An Arbeit fehlte es uns also nicht.

Nur an den Wochenenden blieb uns etwas Zeit, in der wir Entdeckungsfahrten unternehmen konnten. Wir mußten ja möglichst schnell ein schönes Stück Land finden, auf dem wir unser Haus bauen konnten, und eine Schule für Frederik und Marina auskundschaften. Marsh Harbour hatte zwar eine, aber da man keinen Lehrer für die Schule gefunden hatte, blieb sie geschlossen. In dem benachbarten Dorf Dundas Town hingegen, das ausschließlich von Schwarzen bewohnt wurde, gab es ein rosafarbenes Schulhaus, hoch auf einem Berg mit weitem Blick über Meer, Sumpfgebiet und dunkle Kiefernwälder. Dort unterrichtete Mr. Boodle, ein charmanter schwarzer Lehrer mit noch schwärzeren Kirschaugen in einem runden humorvollen Gesicht. Wir besuchten Mr. Boodle wegen der Einschulung unserer Kinder Frederik und Marina in seinem romantischen abgelegenen Schulhaus. Die Kinder waren zu dieser Zeit zehn und sechs Jahre alt. Während Ejnar sich mit dem Lehrer unterhielt, starrten uns die Schüler sämtlicher Altersstufen mit offenen Mündern an. Dabei fiel mir auf, daß viele von ihnen eine frappierende Ähnlichkeit mit Mr. Boodle

hatten. Vor allem die runden Kirschaugen waren unverkennbar. Ejnar, der meine Gedanken erriet, flüsterte mir auf deutsch ins Ohr, ich solle den Mund halten. Er hatte bereits gehört, daß Mr. Boodle nicht nur beim Unterricht sehr aktiv war. Zweifellos verbesserte er das Intelligenzniveau dieses Dorfes in jeder Hinsicht. Er war keineswegs abgeneigt, Frederik und Marina aufzunehmen. Zwischen Marsh Harbour und Hope Town, das auf der vorgelagerten Insel Elbow-Cay liegt, gab es von jeher einen Rivalitätskampf. Hope Town hatte den rotweiß gestreiften Leuchtturm und bis jetzt auch die Residenz des Commissioners aufzuweisen. Aber das sollte sich gerade zur Zeit unserer Ankunft ändern. Der Commissioner übersiedelte nach Marsh Harbour. Die Marsh Harbour-Einwohner hätten am liebsten auch den Leuchtturm zu sich geholt, mußten jedoch mit dem Commissioner vorliebnehmen, für den ein stattliches Haus gebaut worden war und der fortan von hier aus regierte. Er war der höchste Regierungsangestellte auf Abaco und fungierte auch als Richter. Ihm oblag es, viele wichtige Entscheidungen zu treffen.
Der erste Commissioner in Marsh Harbour war ein Engländer, der im letzten Weltkrieg in der Royal Navy gedient und dementsprechend eine hervorragende körperliche Schulung hinter sich hatte. Dies war sein Glück, denn er hatte sich seiner Haut zu wehren. Zum Beispiel stieß er auf härtesten Widerstand bei der Marsh Harbour-Bevölkerung, als er die ersten Verkehrsschilder anbringen ließ. An jedem Morgen lagen sie wieder herausgerissen am Straßenrand. Auch hatte man bisher „Bonefische", eine Gamefischart, die wegen ihres temperamentvollen Kampfes an der Schnur von Anglern sehr geschätzt wird, mit großen Fischnetzen zu Hunderten in den flachen Buchten gefangen. Nun versuchte der Commissioner, ein Gesetz gegen diese Art des Fanges einzuführen. Der Bonefisch zog viele Touristen an und war daher sehr wertvoll. Im übrigen war er, abgesehen von einem leidlich guten Geschmack, vor lauter Gräten kaum zu genießen.
Eines Nachts erschien der Commissioner bei uns. Fünf Mann hatten ihm aufgelauert und sich mit Coca-Cola-Flaschen, Conch-

muscheln und Felsbrocken auf ihn gestürzt. Dank seiner guten körperlichen Verfassung hatte er jedoch in dem Kampf gesiegt. Außer einem eingerissenen Ohr und einigen runden blutunterlaufenen Flecken an Kopf und Oberkörper hatte er keine Wunden davongetragen. Aber als nächste Patienten erschienen zwei seiner Angreifer mit gebrochenem Handgelenk und Unterarm, die wir eingipsen mußten. Seit diesem Kampf respektierte man ihn, aber ein leichtes Leben hatte er dennoch nicht.

Als Gegenmaßnahme kaufte er sich eine kleine Segeljacht in Florida. Ungetrübte Stunden auf dem Meer sollten ihm den Alltag leichter überstehen helfen. Er wollte die Jacht von Florida nach Abaco segeln, und lud uns ein, nach Miami mitzukommen und das Boot zu holen. Wir alle liebten solche kurzen Flugreisen, um, ,,den Busch'' hinter uns lassend, wieder einmal die Vorzüge einer zivilisierten Großstadt zu genießen.

Im Flughafen von Miami stellte er seinen Koffer vor sich auf die abwärts fahrende Rolltreppe. Das Unglück wollte es, daß sich die Gurtschnalle des Koffers in der untersten Stufe verhakte und den Ausgang versperrte. Es gelang uns gerade noch, über den eingeklemmten Koffer zu steigen, aber die nachfolgenden Reisenden waren nicht so sportlich. Es entstand ein fürchterliches Durcheinander. Einige versuchten, auf der Treppe gegen die Fahrtrichtung und den Menschenstrom wieder nach oben zu gelangen. Doch der Nachschub von oben war zu stark. Zwei beleibte Frauen kamen in sitzender Stellung, die Beine von sich gestreckt heruntergesegelt. Ein schreiendes Kind landete auf dem Rücken der hinteren Dame. Inzwischen zerrte der Commissioner verzweifelt an seinem Koffer, der plötzlich nachgab, sich öffnete und seinen Inhalt auf die unterste Stufe entlud. Unser Freund entschuldigte sich immer wieder aufs neue in seinem Oxfordenglisch, während er den Opfern auf die Beine half und ihre Kleidungsstücke abstaubte. Aber den prozeßfreudigen Amerikanern fehlte der Humor vollkommen, und wir machten uns auf Ejnars Anraten schnellstens aus dem Staube.

Bevor wir die Jacht übernahmen, mußte noch gelbe Farbe gekauft werden. In dem zuständigen Laden gab es eine ungeheure Auswahl. Der Commissioner hatte eine kleine Farbprobe mitgebracht, und da er den Farbangaben auf den aufgeklebten Schildern nicht recht traute, entfernte er die Kappe einer Sprühdose und preßte den Knopf, um ein wenig Farbe zum Vergleich auf ein Papier zu sprühen. Es war wirklich nicht sein Glückstag, denn die Dose hörte nicht wieder auf zu sprühen und zu zischen. Verzweifelt setzte er die Kappe wieder drauf und stellte die Dose auf das Wandbrett zurück. Gelber Schaum quoll unter dem Deckel hervor und breitete sich auf der lackierten Unterlage aus. Entsetzt nahm er die Dose wieder zur Hand, um noch einen letzten Versuch zu unternehmen. Diesmal war der zischende Strahl genau gegen ihn gerichtet und traf ihn voll ins Gesicht. Haare, Stirn, Nase, Wimpern und Wangen waren im Handumdrehen kanariengelb. Dazu tropfte die Farbe auf seine Hose und Schuhe. Durch unser Gelächter aufmerksam geworden, erschien eine Verkäuferin, der er sein Mißgeschick vorführte. Auch sie endete mit gelbem Gesicht. Die Komik der Situation überwog. Die Verkäuferin holte einen in Terpentin getränkten Lappen herbei und wischte sich und ihrem Kunden damit gründlich das Gesicht ab, was zur Folge hatte, daß seine Augen für den Rest des Tages tränten. Er sah seine schöne neue Jacht nur durch einen Tränenschleier.

Da Marsh Harbour der Lage wegen wohl auch in Zukunft die Hauptstadt Abacos bleiben würde, versuchten wir dort oder in unmittelbarer Nähe Land für ein Haus zu erwerben. Dies war ein schwieriges Unterfangen. Land gab es genug, aber immer, wenn wir handelseinig werden wollten, fehlte es bei den derzeitigen Besitzern entweder an glaubwürdigen Papieren oder es gab so viele Mitbesitzer, die zum Teil in Amerika wohnten, daß man befürchten mußte, nie alle unter einen Hut bringen zu können. Schließlich aber fanden wir dank der freundlichen Hilfe von Mr. Bunion Key, Posthalter, Polizist, Friedensrichter und Kolonialwarenhändler in einer Person, ein einmalig schön gelegenes Stück Land an der Ostküste, direkt über Marsh Harbour. Auch hier gab es Parzellen, die von vielen Familienmitgliedern freigegeben werden mußten.

Aber auf dem höchsten Punkt verkaufte Mr. Key uns ein Stück, das groß genug für Haus und Garten zu sein schien. Mit seiner Hilfe machten wir uns sofort daran, mit sämtlichen Besitzern der anliegenden Parzellen Verbindung aufzunehmen. Das gesamte Grundstück erstreckte sich von der Höhe über einen südöstlich gelegenen Abhang hinunter zum Meer. Dort endete es in zwei bezaubernden Sandbuchten mit einigen aus dem Wasser ragenden, vorgelagerten Felsköpfen. Sie gaben dem Ganzen ein malerisches Aussehen. Regenpfeifer und Strandläufer liebten diese stillen Buchten und waren häufig dort anzutreffen. Mit etwas Glück könnten wir unser Anwesen bis zum Meer ausdehnen. Im Gegensatz zu unserem Land in Smith Point, das flach wie ein Tisch war, erreichte dieses eine beträchtliche Höhe. Die reizvolle Aussicht über grüne Baumwipfel hinunter zum Meer, das sich ständig in neuen Farben und Bewegungen zeigte, war nicht der einzige Vorteil. Vor allem die frischen Winde, die fast immer von Ost-Südost wehten, hatten es uns angetan und ließen uns die Hitze nicht so spüren.
Mr. Key, der uns so spontan Hilfe angedeihen ließ, war zweifellos eine der wichtigsten Persönlichkeiten in Marsh Harbour. Als Polizist mußte er auch die Autoprüfungen abnehmen, ohne jedoch selber Autofahren zu können. Dabei erlitt er einen Nervenschock, als ihn ein Fahrschüler rückwärts vom hochgelegenen Dock fast ins Meer gefahren hätte. Selbstverständlich erhielt dieser Pechvogel den Führerschein nicht, dafür kam Mr. Key zur Behandlung seines Zustandes zu Ejnar. Wenn seine Söhne einige Streiche vollführten, begann er die Suche nach ihnen immer auf der anderen Seite des Dorfes, um ihnen Zeit zum Verschwinden zu lassen. In dem kleinen Raum, der als Postbüro diente, ging es täglich von zehn bis zwölf Uhr hoch her. Es war schwer für Mr. Key, seinen Kunden Disziplin beizubringen. Sie waren gemischt aus Touristen, weißen und schwarzen Inselbewohnern und einer ganzen Anzahl nicht englischsprechender Haitianer, die illegal von Haiti einwanderten. Mr. Key klopfte energisch mit dem Knauf eines umgedrehten Stempels auf den Tisch und verlangte Ruhe. Dann ver-

las er die Adressen der eingetroffenen Briefe und Karten. Wie in der Schule mußte man den Finger heben und „hier“ rufen, wenn der eigene Name fiel. War es ein Brief, wurde er von allen hilfsbereit weitergereicht, bis er zum Empfänger gelangte. Handelte es sich um eine Karte, so wurde sie zuerst laut und vernehmlich von Mr. Key vorgelesen. Dies wiederum langweilte die Haitianer, die nichts verstanden und anfingen, sich untereinander in Kreolisch zu unterhalten. Mr. Key, in seiner Vorlesung gestört, klopfte gebieterisch auf den Tisch und erklärte, daß die Haitianer zur Strafe ihre Post erst am Ende bekämen. War alle Post schließlich verteilt, schien Mr. Key so erschöpft, daß man es kaum mit gutem Gewissen verantworten konnte, ihn auch noch nach Briefmarken zu fragen oder gar ein Einschreiben zu senden.
Dieser hilfreiche, vielbeschäftigte Mann hatte ein Ektopium an einem Auge. Das ist ein herunterhängendes Unterlid, das einen normalen Tränenabfluß verhindert, was allmählich zu Komplikationen führt. Ejnar, der solche Operationen gern vornahm, schlug Mr. Key vor, ihn bei nächster Gelegenheit umsonst zu operieren. Mr. Key war einverstanden und erschien am verabredeten Tag in Snake Cay auf der „Robert Fulton“ zur Operation. Ejnar fragte, ob man ihm schon ohne Schwierigkeiten Zähne gezogen hätte, und Mr. Key sagte ja. Dr. Cottmann war auch gekommen, um bei dieser Operation zuzusehen.
Wir hatten alles vorbereitet und deckten Mr. Keys Gesicht mit sterilen Tüchern ab, so daß das zu operierende Auge und die Nase frei blieben, weil er meinte, sonst nicht atmen zu können. Ejnar hatte eine Spritze mit Novocain für die Lokalanästhesie bereit. Beim Einstich gelang es ihm, zwei Teilstriche davon zu injizieren, dann verfärbte sich Mr. Keys Nase, sein Herz hörte auf zu schlagen. Als wir in fieberhafter Eile den Sauerstoffapparat in Tätigkeit setzten, Spritzen gaben und Wiederbelebungsversuche machten, bewegte mich, von Aufregung und Ängsten überlagert, nur ein einziger Gedanke: Warum hatte ich alles ausgepackt, warum Ausschau nach Land und Schule gehalten, wenn wir Mr. Key auf dem Gewissen haben würden. Es war unmöglich, hier unsere Zel-

te aufzuschlagen, sollte es uns nicht gelingen, ihn ins Leben zurückzurufen. Aber es sah nicht danach aus. Wir arbeiteten wie besessen, während ich wieder meine Zwiegespräche mit meinem Engel hielt. Der Schweiß rann mir bereits in die Schuhe — Endlich, endlich kam wieder etwas Farbe in Mr. Keys Gesicht.
Als Ejnar ihn später fragend daran erinnerte, ob er beim Zahnziehen Schwierigkeiten gehabt hätte, sagte Mr. Key plötzlich: „Ja, jedesmal bin ich fast gestorben.“ Wir beschlossen, unseren guten Freund sein Leben weiter mit Bernhardineraugen fortführen zu lassen, und dankten unserem Schöpfer, daß alles noch glimpflich abgelaufen war.
Es hatte sich schnell auf der ganzen Insel herumgesprochen, daß wir in der Klinik auf der „Robert Fulton“ praktizierten. Die Menschen strömten von sämtlichen Siedlungen nach Snake Cay und baten uns inständig, zu ihren Dörfern zu kommen, da es viele Alte und Kranke gäbe, denen es nicht möglich war, die Strapazen der Reise per Boot oder mit alten klappernden Vehikeln auf sich zu nehmen. Zwei weitere Dörfer versorgten wir am ersten und zweiten Mittwoch jeden Monats. Es waren Cherokee Sound und Man O'War Cay. Letzteres lag auf einer besonders schönen Insel. Ähnlich wie Green Turtle Cay und Hope Town war sie Abaco vorgelagert und leicht mit dem Boot von Snake Cay aus zu erreichen.

In Seenot

Die ersten wohlhabenden amerikanischen Familien erschienen vor allem in Man O'War Cay um die gleiche Zeit, als wir nach Abaco übersiedelten. Sie kauften sich dort Land und ließen sich Jachten und Häuser bauen. So kam es, daß Man O'War Cay bald eine Vorrangstellung unter den anderen noch schlafenden Inselchen einnahm. Dort gab es Arbeit und guten Verdienst. Hope Town folgte langsam nach.
Wir schipperten jeden ersten Mittwoch des Monats mit unserem

kleinen Boot nach Man O'War Cay, nahmen Medikamente und Krankengeschichten mit und hielten Sprechstunde in der Governments-Klinik. Das Boot war so klein, daß wir schon bei wenig Wind und Wellengang auf diesen Fahrten bis auf die Haut naß wurden. Die Einwohner von Man O'War Cay mochten beobachtet haben, daß wir oft tropfnaß an Land kamen, denn eines Tages überraschten sie uns mit einem herrlichen, selbstgebauten, wetterfesten Abaco-Dinghi, das sie uns als Geschenk übergaben. Wir kauften einen starken Außenbordmotor dazu und fühlten uns auch bei Sturm und Wellengang in diesem Boot sicher. Die Freundlichkeit der Eingeborenen tat wohl. Wie hatten wir in Pine Ridge um das Allernötigste kämpfen müssen! Hier übergab man uns ein so großzügiges Geschenk, ohne daß wir darum gebeten hatten. Ejnar hatte das Gefühl, in diesem Boot könnte er den Atlantik überqueren. Ich aber muß gestehen, daß ich auf Fahrten bei Sturm schwere Bedenken, ja sogar Angst hatte. Auf unseren Masurischen Seen in Ostpreußen hatte ich schon früh gelernt, die Naturgewalten zu respektieren. Und das nicht zu Unrecht.
Bei strahlendem Wetter fuhren wir eines Mittwochs zur Sprechstunde nach Green Turtle Cay. Mein Bruder Harro und seine Frau waren aus Zürich zu Besuch gekommen und genossen die Fahrt mit uns. Während wir Sprechstunde hielten, wanderten sie durch das Dorf mit seinen im Kolonialstil erbauten kleinen bunten Häuschen zu dem schönen Strand. Das Wetter aber verschlechterte sich zusehends, und so trafen wir uns alle nach der Sprechstunde bei unserem Freund, dem Commissioner Macdonald. Er redete Ejnar zu, die Rückfahrt zu verschieben, und lud uns zu einem üppigen Abendbrot mit Langusten und Rum ein. Der Wetterbericht sei sehr schlecht und es wäre dumm, sich irgendwelchen Gefahren auszusetzen. Wir nahmen seine freundliche Einladung zur Übernachtung an, schickten per Funk Nachricht, daß wir nicht vor Beendigung des schlechten Wetters zurückkämen, und machten es uns bei weiteren Rumgetränken gemütlich.
Mit ziemlich schweren Köpfen erwachten wir früh am Morgen durch das Heulen des Sturmes, der die Fenster klappern ließ.

Draußen war es noch stockfinster. Wir schauten auf die Uhr: „Fünf Uhr!“ sagte Ejnar. „Um neun Uhr habe ich eine Magendurchleuchtung. Wenn wir jetzt abfahren, kann ich rechtzeitig da sein.“ Alle unsere Einwände und Bedenken konnten ihn nicht umstimmen. Meine Schwägerin Bea, die in Zürich aufgewachsen war und sich ohnehin auf dem Meer nicht ganz sicher fühlte, ließ alle ihre Überredungskünste spielen, aber es half nichts. Ejnar hatte sich in vollem Vertrauen auf sein unsinkbares Boot die Rückfahrt in den Kopf gesetzt. Wir hinterließen unserem noch schlafenden Freund einen Zettel mit Dank für den reizenden Abend und der Nachricht, daß wir abgefahren seien.

Zunächst befanden wir uns noch im Windschatten von Green Turtle Cay, aber mit jeder Meile schlug das Boot heftiger auf. Schwaden von kaltem Salzwasser brausten auf uns nieder. Bea hockte zusammengekauert vorne unter dem kurzen Verdeck, während Harro und ich voll damit beschäftigt waren, das Wasser aus dem Boot zu pumpen und zu schöpfen. Ejnar saß am Steuer und versuchte, jede der höher werdenden Wellen von vorne anzupeilen. Wir hatten trotz langsamer Fahrt schon ein gutes Stück hinter uns gebracht und fuhren nun in den sogenannten Whale Cay Kanal ein. Er ist etwa fünf Meilen breit. Zu unserer Rechten lag die Küste von Abaco und zu unserer Linken verschiedene unbewohnte Inseln. Hier, so hofften wir, würde es etwas ruhiger werden. Aber genau das Gegenteil war der Fall. Die Flut, die zu dieser Zeit in der entgegengesetzten Richtung des Sturmes strömte, verursachte, daß das Wasser wie in einem überhitzten Kochtopf brodelte. Die haushohen Wellen kamen nun nicht mehr von Norden, sondern aus allen vier Himmelsrichtungen. So etwas hatte ich noch nie erlebt. Wenn Ejnar sich auf eine sich hoch über ihm auftürmende Welle konzentrierte, wurden wir von einer gleich hohen seitlich gepackt und dabei aus dem Wasser gehoben, so daß der Propeller sich aufheulend ohne Widerstand frei in der Luft drehte. In diesem Moment war es Ejnar nicht möglich, das Boot zu steuern. Die nächste Welle schleuderte uns in die entgegengesetzte Richtung und eine vierte ergoß sich über uns, während wir uns gerade in

einem Wellental befanden. Es gab nur eine Rettung: umzukehren oder das nächstgelegene Land zu erreichen. Beides aber schien unmöglich, da unsere kleine Nußschale sich in dieser Situation kaum noch steuern ließ.
Es blieb uns keine Wahl. Wir konnten lediglich unter Anstrengung aller körperlichen Kräfte und Sinne versuchen, das Boot von Sekunde zu Sekunde vor dem Kentern zu bewahren. Die Naturgewalten würden es in der von ihnen vorgeschriebenen Richtung treiben, vorausgesetzt, daß wir und das Boot so lange aushielten. Mein Bruder und ich arbeiteten unter Einsatz aller unserer Kräfte, um das Boot vor dem Sinken zu bewahren. Wir hatten eine Handpumpe mit, deren Ende ich mit einer Hand über Bord hielt, während Harro wie wild pumpte. Mit meiner freien Hand schöpfte ich mit einem Eimer. Das Wasser stand uns bis zu den Waden, es schien ein aussichtsloser Kampf, aber noch sanken wir nicht ab und auch der Motor gab noch nicht auf. Was mich am meisten wunderte, sofern ich überhaupt Zeit zum Wundern hatte, war die Tatsache, daß das Boot bei den harten Aufschlägen nicht auseinanderplatzte wie eine Nuß im Nußknacker. Der guten Arbeit der Man O'War-Leute verdankten wir nicht zuletzt unser Leben.
Meine Kräfte drohten allmählich zu versagen, aber höchstens 30 Minuten hatten wir bisher mit den Elementen gekämpft. Der Horizont färbte sich im Osten blutrot, und ich erkannte, daß wir von der Abaco-Küste weg auf eine unbewohnte Insel zu getrieben worden waren. Ich erwog unsere Chancen: wenn wir es bis in die Nähe dieser Insel schafften, konnten wir im schlimmsten Fall zu ihr schwimmen, obwohl ich große Sorgen um Bea hatte. Sie saß verängstigt und bleich unter dem Verdeck, von Zeit zu Zeit hörte ich ihre klagende Stimme auf Schweizerdeutsch: „Das habt Ihr jetzt davon!" Das Ausmaß der Gefahr war ihr aber wohl doch nicht bewußt. Wir kämpften weiter. Meine Knie zitterten und meine Arme schmerzten. Harro gab nicht auf. Mehrere Male sah es hoffnungslos aus, wenn wieder und wieder eine Welle unser Boot fast bis zum Bordrand füllte. Wir hatten das Gefühl, daß Stunden vergangen seien, als es uns schien, daß die Wellen nicht mehr ganz so hoch waren.

Die unbewohnte Insel Whale Cay kam näher und näher. Wir schöpften neuen Mut, als die ersten Sonnenstrahlen dem Meer etwas von seinem bösartigen Aussehen nahmen. Je niedriger die Wellen wurden, um so besser konnte Ejnar steuern und um so schneller gelangten wir nach Whale Cay. Als wir mit unserem treuen Boot um einen Landvorsprung in eine ruhige, türkisblaue Bucht steuerten, konnten wir es kaum fassen: Da lag ein unberührter Sandstrand von der hellen Morgensonne beschienen vor uns, freundliche kleine Wellen leckten am Sandsaum, es war so still und friedlich hier, als wäre unser Kampf ums Überleben ein unwirklicher böser Traum gewesen. Wir gingen an Land und ließen uns erschöpft auf den Sand fallen.
Aber schon bald verdunkelten Wolken die wärmende Sonne. Der Sturm rauschte in den hohen australischen Pinien, und nach wenigen Minuten prasselte ein eiskalter Regen auf uns nieder. Es war November, der Beginn der kühlen Jahreszeit auf den Bahamas. Dies war das erste kalte Tief, das sich von Norden her über den Golfstrom vorschob. Unsere nassen Kleider hätten wir gerne ausgezogen, aber Schwärme von Moskitos griffen uns wie Flugzeuggeschwader an. Wir mußten uns auf eine lange Wartezeit einrichten, denn solche kalten nördlichen Wettereinbrüche dauerten gewöhnlich drei bis vier Tage. Nach der Funkdurchsage würde man uns nicht einmal erwarten und folglich auch nicht nach uns suchen. Harro hatte unter seiner Mütze glücklicherweise ein Streichholzheftchen gerettet, das einigermaßen trockengeblieben war. Wir wickelten dieses Kleinod in Plastik ein, dann schleppten wir alte Pinienzweige herbei, um wenigstens ein anständiges Feuer zu machen. Durch die vorangegangene Anstrengung und den eiskalten Regen begannen wir mehr und mehr zu frieren. Auch mußten wir die Moskitos irgendwie vertreiben.
Es war nicht leicht, bei dem tropischen Regen den Holzhaufen zum Brennen zu bringen, zumal die feuchten Streichhölzer nur kurz aufflammten und dann erloschen. Doch Harro, dem alten Jäger, gelang es, bevor die Hölzchen alle verbraucht waren. Während unsere dem Feuer zugekehrte Seite fast verbrannte, fror die

andere weiter und wurde von Moskitos buchstäblich aufgefressen. Bea sah bald aus, als hätte sie die Masern, an ihr fanden die Insekten ganz besonderen Gefallen. Doch diese Unannehmlichkeiten waren leicht zu ertragen, hatten wir doch wenigstens festen Boden unter den Füßen. Denn nun setzte der Sturm erst in voller Stärke ein. Am späten Nachmittag begannen unsere Mägen zu knurren, und Durst peinigte uns. Wir machten einen Erkundungsgang und fanden eine einzige Kokospalme mit vielen großen grünen Kokosnüssen. Das Problem war nur, wie sollten wir die Nüsse herunterholen? Unsere Männer konnten nicht höher als zwei Meter am Stamm emporklettern. Beim Anblick einer vertrockneten und daher leicht gewordenen Pinie kam uns eine gute Idee: Wir schleppten sie zu der Palme, die beiden Männer richteten sie auf, so daß die Spitze zu den Kokosnüssen zeigte. Während Bea und ich die Führung und das Zielen in die Kokosnußnester übernahmen, stießen unsere Männer mit großer Kraftanstrengung die Pinie nach oben. Alsbald fielen die schweren Nüsse rechts und links von unseren Köpfen zu Boden. Ein weiteres Problem war das Öffnen. Wir schlugen sie so lange auf die harten Felsen, bis sie platzten. Dabei verloren wir zwar viel von dem Kokoswasser, aber das noch unreife geleeartige Fleisch schmeckte herrlich und erfrischend. Schließlich fanden wir auch in etwa eineinhalb Metern Tiefe vier große Conchmuscheln auf dem Meeresgrund, die wir ebenfalls mit größter Mühe und Ausdauer aufbrachen, indem wir eine Muschel zum Öffnen der anderen benutzten. Ejnar und ich verspeisten sie roh, für unsere Geschwister hielten wir sie an Stöcken eine Weile ins Feuer.

So vertrieben wir uns die Zeit von Donnerstag bis Samstag. Der Sturm ließ nicht nach, erst gegen Abend wurde es ruhiger, und wir wagten uns aus der stillen Bucht hinaus. Das Meer war aufgewühlt, überall schwammen Seetangfetzen herum, aber Hunger und Durst setzten uns so zu, daß wir nicht noch eine Nacht auf Whale-Cay verbringen wollten. Die Fahrt nach Hause war zwar rauh, ging aber ohne weitere Ereignisse vonstatten.

Dieses Erlebnis war Gott sei Dank gut abgelaufen. Als wir es einigen Bahamern erzählten, berichteten sie uns, daß in diesem berüchtigten Whale Cay Kanal mehr Menschen ertrunken seien als irgendwo sonst um Abaco. Um eine Erfahrung reicher, nahmen wir uns vor, in Zukunft nicht nur mehr Vorsicht walten zu lassen, sondern auch auf Ratschläge der Eingeborenen zu hören und sie zu befolgen.

1960 begannen wir den Hausbau. Mit der einzigen Baufirma in Marsh Harbour wurde ein Kontrakt ausgehandelt, der auf dem Papier ganz annehmbar aussah. Aber in die Wirklichkeit umgesetzt, erwies er sich als doppelt so teuer wie vorgesehen und brachte nichtendenwollende nervenaufreibende Probleme mit sich. Wir konnten von dem neun Meilen entfernten Snake Cay, unserem damaligen Wohnsitz auf der „Robert Fulton", nur vor oder nach der Arbeit zu unserem Bauplatz in Marsh Harbour fahren. Am frühen Morgen waren die Arbeiter noch gar nicht da, und am Abend nach Beendigung unserer Arbeit waren sie bereits wieder weggegangen. In der Dunkelheit besichtigten wir mit Taschenlampen die vielen Fehlkonstruktionen! Dann mußte einer von uns sich während der Sprechstunde wegstehlen, um mit den Arbeitern zu verhandeln. Die Kosten wuchsen uns über den Kopf. Hätten wir nicht auf unser gutes Land in Smith Point Kredit aufnehmen können, so wäre es wohl nie gelungen, den Bau zu beenden.
Über ein Jahr zogen sich die Bauarbeiten hin und stellten uns auf eine harte Geduldsprobe. Wir waren dankbar, daß die Company uns so lange Obdach gewährte und uns auch sonst in so vielen Dingen entgegenkam. Es war eine Art Symbiose, die uns verband. Sie brauchten einen Arzt, und wir profitierten von ihren Einrichtungen und der Zahl ihrer Arbeiter. So durften Frederik und Marina auch in die Schule auf der „Robert Fulton" gehen, die eigentlich nur für die Kinder der amerikanischen Angestellten bestimmt war. Dies bedeutete eine große Erleichterung für uns.
Kurz nach der Beendigung unseres Hausbaues erstellte die Company eine geräumige Klinik für uns in Marsh Harbour, so daß wir uns finanziell nicht noch zusätzlich mit einem solchen Bau zu bela-

sten brauchten. An Neuanschaffungen von Apparaten und Instrumenten sparten wir nicht. Ejnar führte in den hellen praktischen Räumen viele Untersuchungen durch und spezialisierte sich zusätzlich auf Augenoperationen und Kardiologie. Neben diagnostischen Untersuchungen machte er Hauttransplantationen bei Verbrennungen und Unfällen. Die George-Washington-Universität, bei welcher er eine Professur erhielt, schickte alle sechs Wochen junge Ärzte, die bei uns praktizierten, um einen Einblick in die Allgemeinmedizin zu bekommen, bevor sie sich spezialisierten. Dies war für alle Beteiligten von Vorteil.

Für die Kinder war das Leben in Abaco noch um einige Grade schöner als in Grand Bahama. Wir kauften ihnen ein kleines Man O'War Dinghiboot mit Segel und Motor. Fortan verbrachten sie alle Freizeit auf dem Wasser mit Segeln, Fischen und Tauchen. Vor allem für Cay war es ein willkommener Ausgleich nach der harten Schulzeit in Jamaica, wenn er endlich in den Ferien heim durfte. Das Haus war schließlich doch noch wunderschön geworden. Von der geräumigen Veranda aus sah man nach Westen über einen Teil des Hafens und nach Osten aufs Meer, das am Horizont von den Inseln Elbow Cay, Tilloo und Lubber's Quarters begrenzt wurde. Dieser Meeresteil hatte die Form einer weiten lieblichen Lagune. Immer aufs neue beglückte uns der freie Blick über grüne Baumwipfel und das glänzende Meer, das fast stündlich seine Farbe wechselte. Wir konnten sowohl den Sonnenaufgang als auch den Sonnenuntergang von unserer Veranda aus erleben. Wie anders war diese bezaubernde großzügige Landschaft, in der unser Haus stand, verglichen mit jener von Menschenhand verschandelten in Pine Ridge! Hier würden wir vielleicht endlich eine zweite Heimat finden. Weder in der Schweiz noch in Pine Ridge oder Freeport hatte ich je dieses Gefühl gehabt. Unser Haus und Land in Smith Point hätten es sein können, aber die Umstände unseres Anstellungsverhältnisses hatten es nicht erlaubt.

Hier in Abaco konnte ich mir ein endgültiges Zuhause ohne weiteres vorstellen. Hier wollte ich ein natürliches Paradies für uns, unsere Kinder, Tiere und Pflanzen schaffen. Ich brannte darauf, einen herrlichen Garten anzulegen, und konnte ihn mir bereits genau vorstellen. In den geschützten, tiefer gelegenen Parzellen gab es recht gute Erde. Das war der geeignete Platz für Avocados, Mangos, Papayas, Bananen und Zitrusbäume. Um das Haus herum legte ich einen Rasen an, der von verschiedenfarbigen Bougainvilleas gegen den natürlichen Busch abgegrenzt wurde, so daß mein Garten sich harmonisch in die dahinterliegende Landschaft einfügte. Die steil abfallenden Hänge wollte ich mit Steinmauern einfassen. Das brachte mehrere Vorteile mit sich: Erstens konnte ich einen großen Teil der herumliegenden Felsbrocken zu Mauern verarbeiten und somit loswerden. Zweitens verhüteten die Mauern, daß bei den starken Regengüssen die kostbare Erde weggespült wurde, und drittens ließen sie sich mit allerlei tropischen, buntblühenden Rankengewächsen verzieren und überwuchern. Vereinzelte Palmen und Blütenbäume sollten Höhepunkte in der gesamten Gartenanlage bilden und dem Ganzen ein tropisches Aussehen verleihen. Da gab es leuchtend rote afrikanische Flammenbäume und Orchideenbäume, die weiß, rosa und violett blühten. An Auswahl fehlte es nicht. In einer Rasenecke legte ich einen kleinen Seerosenteich an, auf dessen Rand Mutters modellierter Fischotter einen besonders schönen Platz erhielt. Ich begann mit dem Setzen von 100 Kokosnüssen an den zwei malerischen Strandbuchten. Von dort aus schlängelte sich in sanften Biegungen ein Weg hinauf zum Haus — wie ich es in Little Whale Cay bei Mr. Butler gesehen hatte. Nach und nach sollte dann das angrenzende Buschdickicht durch blühende Sträucher ersetzt werden.

Auf den Pfaden der Wildnis

Sobald wir uns in unserem geräumigen, kühlen Haus eingerichtet hatten, benutzte ich einige Wochenenden, um mit Abacos Wildnis vertraut zu werden. In Cherokee gab es einen Mann namens Leebrey, der seit Jahren auf die Wildschweinjagd ging und sich in den

ausgedehnten Wäldern entlang der Küste auskannte. Bei einer Unterhaltung mit ihm erfuhr ich von bunten Papageienschwärmen, schwarzen Wildtauben, die ein weißes Käppchen trugen, von Schildkrötennestern an Sandstränden und nicht zuletzt von Wildschweinen, die er nur mit einem Messer oder einer Machete tötete. Auch Wildpferde erwähnte er, aber die gäbe es nur auf dem westlichen Inselteil.
Ich brachte Leebrey einige Geschenke und freundete mich langsam mit ihm an. Er war ein wortkarger Naturbursche, fast zwei Meter groß, mit unzähligen Narben an den Armen, die von den Hauern der Wildschweine herrührten. Das Töten interessierte mich weniger als die lebendige Tier-, Vogel- und Pflanzenwelt in dem fast undurchdringlichen, etwa zwei Meilen breiten Streifen, der sich zwischen Meer und Hochwald hinzog. Die Vegetation war hier ganz anders als in Grand Bahama. Man konnte dieses Gebiet schon fast einen Dschungel nennen. Da gab es gelbe, violette und rote Orchideen. Der Hochwald hatte außer einigen Kiefernsprößlingen und hie und da einem Laubbaum oder etwas Gesträuch kaum Unterholz. Hingegen bildete brusthohes Farnkraut, durchsetzt mit zähen dornigen Schlingpflanzen, eine fast undurchdringliche Mauer, die ein Vorwärtskommen ungemein erschwerte. Ich hatte bereits beobachtet, daß Waldbrände, die es jedes Jahr im Januar und Februar gab, gar nicht viel Schaden anrichteten. Das Feuer verbrannte das Farnkraut mit großer Intensität und Schnelligkeit, so daß es nicht lange genug an einer Stelle blieb, um den Bäumen Schaden zufügen zu können. Nach ein paar Regengüssen war alles wieder grün.
Obwohl ich einen guten Orientierungssinn habe, wollte ich mich in diese ausgedehnten Gebiete nicht allein wagen. Leebrey und ich verabredeten uns für einen Samstagmorgen. Ich holte ihn mit meinem Wagen an einer Landungsstelle ab, die er von Cherokee aus per Boot erreichte. Außer einem Stück Brot in einem zusammengeknüpften Tuch und einer scharfen Machete führte er vier kleine Dorfköter mit sich. Sein Schuhzeug beeindruckte mich besonders. Während ich Wollsocken und Tennisschuhe trug, steck-

ten seine nackten Füße in „whompers", wie er die selbstgemachten Sandalen nannte. Zwei Autoreifenstücke, die er etwas größer als seine Fußsohlen zugeschnitten hatte, hatte er mit Schnüren versehen, die kreuzweise über die Füße und dann um die Knöchel gebunden wurden. Die leichte Biegung des Autoreifens, so behauptete er, gab seinen Füßen eine Art Federung und Beschleunigung beim Laufen auf dem harten, felsigen Untergrund. Ich konnte mich bald davon überzeugen.

Wir luden die vier armseligen Hunde in meinen Combiwagen und fuhren, soweit die Straße reichte, nach Süden. Gerade zur Zeit des Hellwerdens hielten wir an. Leebrey nahm drei der Hunde an Leinen und ließ den vierten, der auf den Namen „Teufel" hörte, frei laufen. Mit einer bewundernswerten Gewandtheit und Schnelligkeit schlug er vorwärtsgehend mit der Machete einen provisorischen Pfad durch das Dickicht, wobei ich bereits Mühe hatte, ihm zu folgen. Manchmal verhedderten sich die Hunde an den Leinen, so daß ich Leebrey einholen konnte. Unterdessen durchkämmte Teufel mit großer Schnelligkeit weite Gebiete zu beiden Seiten von uns. Die drei Leinenhunde waren kaum zu halten. Leebrey ließ sie erst los, als Teufel ein Wildschwein verbellte. Schon nach wenigen Minuten gesellten sich ihre Stimmen zu der von Teufel.

Es schien wirklich, als beflügelten die „whompers" meinen Schweinejäger, denn eine andere Erklärung hatte ich nicht für das Tempo, mit dem er, dem Gebell folgend, durch den Busch raste. So gut ich konnte, hetzte ich hinterher, kam aber — nachdem ich zweimal der Länge nach hingefallen war — mit drei Minuten Verspätung am Ort der Aktion an. Offensichtlich hatte Leebrey auf mich gewartet. Er stand mit seinem schüchternen Lächeln etwas abseits von einem etwa 140pfündigen braunen Keiler, der die kläffenden Hunde mit langen gebogenen Hauern abzuwehren versuchte. Leebrey hatte wohl einen gewissen Jägerstolz, denn erst, als ich da war, fuhren seine nackten Arme blitzschnell unter den Körper des Keilers, packten dessen Läufe und brachten ihn zu Fall. Dann stieß er dem für eine Sekunde lang auf der Seite liegenden Tier die Machete durch das Schulterblatt mitten ins Herz, wie

ich später beim Aufbrechen feststellen konnte. Dabei hatte der Keiler ihm eine kleine Schnittwunde am Arm beigebracht. Immerhin gehörte nicht nur Mut zu dieser Jagd, sie gab dem Tier außer einer Chance auch ein schnelles, qualloses Ende.
Beim Aufbrechen kämpften die vier Hunde um Herz, Leber und Hoden, die ihr Herr ihnen zuwarf. ,,Warum'', fragte ich, ,,darf allein Teufel durchs Gelände streifen, warum machst du die anderen drei Hunde erst auf sein Bellen hin von den Leinen los?'' ,,Teufel ist der einzige, der erst beim Anblick des Wildschweines zu bellen beginnt. Die anderen kläffen schon, wenn sie nur die Witterung und die Fährte aufnehmen. Das gibt dem Schwein eine frühzeitige Warnung. Die Hunde haben kaum eine Chance, das flüchtende Tier einzuholen'', erklärte mir mein Feund. ,,Aber wie hast du gerade Teufel dies Verhalten beigebracht?'' wollte ich wissen. Leebrey fuhr mit seiner großen Hand über Teufels Kopf, der vor Freude an ihm hochsprang, denn Liebkosungen wurden ihm nicht oft zuteil. ,,Es gibt nur selten Hunde, die es von Anfang an mit wenig Training so machen'', fuhr er fort. ,,Darum ist es ein großes Glück, einen solch guten Hund zu besitzen.''
Bald danach erlebte ich, wieviel der Hund Leebrey bedeutete. Da es noch früh am Tage war, versteckten wir den Keiler unter Ästen und Farnkraut, damit die immer über uns kreisenden Aasgeier ihn nicht fänden. Dann ging es weiter. Schon von ferne hörte ich lautes Gekreische, als hätten sich ein Dutzend Waschweiber in den Haaren. Leebrey drehte sich um. ,,Papageien'', sagte er. Beim Näherkommen erkannte ich etwa 60 haustaubengroße Papageien, in einem Madeirabaum sitzend. Einige von ihnen knackten geschickt die kartoffelähnlichen harten Früchte dieses Baumes auf, indem sie die Füße greifend zu Hilfe nahmen, und fraßen die Samen. Andere kamen herbeigeflogen und stritten sich um die Plätze. Das Geschrei war ohrenbetäubend. Auch schienen sie sich gar nicht viel um uns zu kümmern. Beide Umstände sind sicher der Grund dafür, daß sie leicht entdeckt und abgeschossen werden können. Leebrey erklärte mir, daß sie im Dörfchen Cherokee als Delikatessen gelten. Er wußte auch, wo die Papageien brüte-

ten, und zeigte mir ihre Nisthöhlen im felsigen Boden. Auch dort war es ein leichtes, Jungvögel von einem Handschuh geschützt herauszunehmen. Die Brutzeit begann Anfang bis Mitte Juni.
Um diesen Papagei, Amazona leucocephala, zu schützen, bedurfte es strenger Gesetze, die erlassen und beachtet werden mußten, sowie einer Überwachung des Brutgebietes. Die Bahamer aber sind im tiefsten Herzen Piraten und Jäger, die sich nie an Gesetze gehalten haben und sich auch so bald nicht daran halten werden. Man denke nur an die Höhepunkte der bahamischen Geschichte: Waffenschmuggel für den Amerikanischen Bürgerkrieg, Alkoholschmuggel zur Zeit der Prohibition und nun die Gerüchte über den Rauschgifthandel und das Einschleusen von illegalen Immigranten nach den USA von Haiti und Kuba. Allein die Weite, die Struktur und Geographie dieser 700 Inseln macht es fast unmöglich, Gesetzesausführungen zu überwachen. Es würde also sehr schwierig sein, etwas für diese und andere bedrohte Vogel- und Tierarten zu unternehmen. Immerhin wollte ich mich so gut wie möglich über Abacos Wildleben orientieren, um bei günstiger Gelegenheit zu wissen, wovon ich redete.
Die Sonne schien auf diese grasgrünen bis gelben Vögel mit weißer Stirn, roten Bäckchen, Kehle und Nacken und eisvogelfarbenen Schwingenfedern. Das Bild war so eindrucksvoll wie das Gemälde eines haitianischen primitiven Malers. Ich konnte mich nicht sattsehen und empfand dankbar, daß Leebrey mir Zeit ließ. Doch da bellte Teufel aus weiter Ferne und beendete das Idyll. Wieder ließ Leebrey die drei Köter los, ein neuer Marathonlauf begann. Als der Chor der Hundestimmen endlich näher schien —, meine Füße schmerzten, Blut tropfte von den von dornigen Schlingpflanzen zerfetzten Schienbeinen — mußte das Wildschwein sich von seinen Angreifern befreit haben und in die entgegengesetzte Richtung gerannt sein. Also änderten auch wir unsere Richtung. Ich hätte am liebsten aufgegeben, wollte mich aber nicht blamieren. Keuchend, schwitzend und blutend erreichten wir eine Bache, die drei halbwüchsige Frischlinge in ihrer Nähe hatte. Die Hunde hätten die Kleinen leicht schwer verletzen

können, aber sie schienen sich nur für das Muttertier zu interessieren.

Ich flehte Leebrey an, sie alle zu schonen. Er dachte eine Weile nach, dann nahm er die drei Hunde an die Leine, die nur ungern von ihrem Opfer lassen wollten. Erst jetzt bemerkten wir, daß Teufel fehlte. Helle Aufregung bemächtigte sich dieses sonst so ruhigen Mannes. Er achtete nicht auf meine Dankesworte, verzweifelt schaute er um sich, pfiff und rief nach Teufel. Ich hatte anfangs die Gewißheit, daß er bald wieder auftauchen würde, denn lautes Kläffen war ja nicht seine Art. Vielleicht suchte er schon wieder nach einem neuen Schwein oder hielt einen der Frischlinge in Schach. Aber Leebrey war nicht zu beruhigen. „Er ist in eine Höhle gefallen", war alles, was er herausbrachte. Pfeifend, rufend, dann lauschend kämpften wir uns durch den Busch. Mindestens drei Stunden vergingen. Die Sonne, die genau über uns stand, verursachte mir fast einen Hitzschlag. Wahnsinniger Durst plagte mich, auch Leebrey hatte nichts zum Trinken mitgenommen. Was ich hatte, befand sich im Wagen. Wir zogen weite und weitere Kreise von dem Punkt aus, an dem wir der Bache die Freiheit gegeben hatten. Alles vergebens.

Gegen vier Uhr nachmittags machten wir uns schweren Herzens auf den Heimweg. Die Aasgeier hatten den toten Keiler wohl aufgespürt, aber die Äste und das Farnkraut, mit Felsstücken beschwert, hatten sie nicht entfernen können. Die Geier saßen, dunklen Trauergestalten gleich, darüber in den Bäumen. Leebrey riß ein Stück Rinde von einem wilden Feigenbaum ab, rieb es in seinen großen Händen, bis es weich wurde, und band damit die vier Läufe des Keilers zusammen. Dann hob er ihn mühelos über den Kopf, so daß der schwere Körper auf seinem Nacken lag und die vier Läufe, einem Kranz gleich, vorne an seiner Stirne Halt fanden. So marschierten wir bis zu meinem Combiwagen, dessen Anblick mich geradezu euphorisch stimmte. Ich versprach, ihn am folgenden Morgen wieder an der Landungsstelle abzuholen.

Als in der Frühe der Wecker erbarmungslos läutete, bereute ich fast mein Versprechen, so weh taten mir alle Knochen. Leebrey hatte wohl auch Zweifel gehegt, ob ich kommen würde und freute sich offensichtlich, als er mich sah. Diesmal ließ er die drei Hunde gleich los, die kläffend in das Dickicht drangen. Immer wieder lauschten wir. Teufel würde bestimmt Laut geben, aber vergebens. Nach endlosem Suchen gaben wir auf. Die Hunde kamen an die Leine und mit gesenkten Köpfen machten wir uns auf den Heimweg. Es war, als hätte Leebrey seinen Sohn verloren. Da drang plötzlich ein leises Bellen ganz in unserer Nähe an unsere Ohren. Wir lauschten mit angehaltenem Atem. Es war ein leichtes, ihm zu folgen, denn es schien ganz nah, aber irgendwie sehr gedämpft. Als wir uns das üppige Farnkraut niederstampfend voranarbeiteten, tat sich plötzlich eine tiefe, dunkle Höhle auf, in die unser treuer Teufel gefallen war.

Leebrey freute sich wie ein Kind. Er beugte sich tief über den Rand und zog den Hund, der sich auf die Hinterbeine stellte, an den Vorderpfoten heraus. Teufel freute sich genauso, denn er sprang unentwegt an Leebrey hoch und leckte seine Hände. Er hatte lange Zeit Futter und Wasser entbehren müssen, aber das schien ihm nichts auszumachen, denn sofort nahm er seine gewohnten Streifzüge wieder auf. Als wolle er seinen Herrn belohnen, bellte er bereits nach zehn Minuten lauthals ziemlich in unserer Nähe. Die drei anderen Hunde stürzten hinterher. Der Lauf durch den Busch war gottlob nur kurz, die Beute groß. Zwei Überläufer kamen zur Strecke. Sie wogen aufgebrochen ungefähr 35 Pfund. Leebrey band wie üblich die Läufe zusammen, als Teufel, der einige der Innereien verschlungen hatte und von neuer Kraft beseelt war, mit unermüdlichem Jagdeifer im Busch verschwand. Ich hoffte im Stillen, daß uns weiteres Jagdglück versagt bliebe, denn ich wäre brennend gerne zu einem Mangrovensumpfgebiet gegangen, in dem die Bahama Wildtaube — white crown pigeon (Colomba leucocephala) — zu Hunderten brüten sollte. Doch daran war nicht zu denken. Denn schon wieder tönte das angriffslustige Bellen von Teufel durch den Busch.

In der Eile konnten wir die Überläufer nicht verstecken, so gab Leebrey sie mir und sagte, ich solle langsam, dem Gebell folgend, nachkommen. Er raste davon, während ich die beiden toten Tiere je über eine Schulter wie Handtaschen hängte und mich einem Bulldozer gleich durch das Dickicht schob. Plötzlich trat mein Fuß ins Leere. Ich fiel — und schmerzhaft wurde mir klar, daß mich das gleiche Schicksal wie Teufel ereilt hatte. Während des Fallens warf ich mich auf die Seite und landete auf dem toten Schwein, das von meiner linken Schulter hing. Über mir schloß sich das Wirrwarr der Farnkräuter.

Einige Zeit lang konnte ich gar nichts sehen. Wehgetan hatte ich mir kaum, aber eine unheimliche Angst packte mich. Hatte ich mich doch selbst davon überzeugt, wie sehr das Farnkraut Geräusche abzuschirmen vermochte. Wie, wenn Leebrey meine Schreie nicht hörte? Nachdem meine Augen sich endlich an die Dunkelheit gewöhnt hatten, konnte ich eine langgestreckte etwa zweieinhalb Meter tiefe Höhle ausmachen, eher einem breiten Felsenspalt oder Graben gleichend. An einem Ende gab es einen Vorsprung. Dorthin schleppte ich die Schweine und legte sie übereinander. Dann stieg ich auf sie und sprang mit aller Kraft, die Verzweiflung und Angst einem eingeben, hoch, so daß ich den Vorsprung umklammern konnte. Mit Klimmzug und Abstützen der Beine an der Felswand gelang es mir endlich, mich hochzuziehen. Welch ein herrliches Gefühl, wieder Tageslicht zu sehen. Nur die zurückgelassenen Schweine bereiteten mir einige Sorgen. Verließ ich sie, würden wir sie kaum wiederfinden. Darum pfiff und schrie ich, bis Leebrey mich hörte und mir zu Hilfe kam. Für ihn war der Klimmzug eine Kleinigkeit, nachdem er mir die toten Tiere herausgereicht hatte. Solche Erlebnisse verbinden.

Wir gingen oft gemeinsam auf die Jagd, und wann immer ich um das Leben eines Tieres bat, gab er ihm die Freiheit, mir zuliebe. Auf diesen Gängen sah ich viel Schönes und Interessantes. So werde ich nie den Anblick einer Kette von 16 wilden Flamingos gegen den leuchtend blauen Himmel vergessen, oder einen Keil laut rufender Kanada-Gänse, die sich auf dem Zug befanden. Wildtauben verschiedener Arten, weiße große Reiher, brütende Nachtschwalben, Spechte, Kolibris und vieles mehr beobachtete ich.

Die meisten der Vögel sind sehr scheu. Das erklärt sich aus der Schießfreudigkeit der Bevölkerung. Es würde Jahre brauchen, bei Bahamern eine Ehrfurcht vor Natur und Kreatur zu wecken. Ich tat und tue, was in meinen Kräften steht, lege Zeitschriften über die Tier- und Pflanzenwelt im Wartezimmer aus und werde nicht müde, den Jägern zuzureden, die brütenden Tauben nicht von den Nestern zu schießen, die tranig schmeckenden Reiher leben zu lassen, die Schildkrötennester nicht zu plündern und die Wildpferde zu schonen. Oft müssen wir von Wildschweinen aufgeschlitzte Hunde nähen. Während Ejnar sie mit Silberdraht zusammenflickt — anderes Nahtmaterial beißen sie auf — lasse ich meine Moralpredigten auf den Besitzer los, der mir nicht entwischen kann, weil er seinen Hund halten muß. Allmählich haben wir einen Ruf, über Tiere und ihre Krankheiten Bescheid zu wissen. Man bringt uns Jungspechte, die beim Fällen eines Baumes aus der Nisthöhle geschleudert wurden, andere verunglückte Vögel und Tiere; aber auch Haustiere müssen wir verarzten.
Eines der größten war eine zwei Zentner schwere Sau, die mir ihr Besitzer im Kofferraum seines Autos brachte. 60 km weit war er von dem entlegenen Sandy Point über eine miserable Straße gekommen. Das Auto, so erklärte er, stieß durch das schwere Gewicht bei jedem Straßenloch auf, und so hatte er Stunden gebraucht, bis er unsere Praxis erreichte. Das Tier war schlecht dran. Kurzatmig grunzend lag es heiß mit dick geschwollenem Euter auf der Seite und machte keine Anstalten, beim Untersuchen aufzustehen oder gar herauszuspringen. „Neun Kleine hat sie geboren, aber dann bekam sie Fieber und kann den Ferkeln keine Milch geben, sie werden alle verhungern", jammerte der Besitzer. „Ich habe wenig Hoffnung für deine Sau", entgegnete ich. „Sie braucht Spritzen. Die erste gebe ich ihr, die weiteren mußt du ihr an bestimmten Tagen verabreichen. Schau gut zu! Wenn sie den langen Rückweg überlebt, so gib ihr Wasser und halte die Kleinen warm in ihrer Nähe." Ich zeigte ihm eingehend, wie er die Spritze mit der Medizin vorbereiten und geben mußte. Drei Monate später erschien er mit einem Geschenk für mich. Wieder öffnete er den

Kofferraum und holte einen Sack mit einem quiekenden Ferkel heraus. Die Sau hatte überlebt und alle neun Ferkel aufgezogen. Ein trauriges Kapitel sind die Wildpferde. Es gibt zwei Theorien, wie sie auf die Insel gekommen sind. Die eine besagt, daß sie von einem sinkenden spanischen Schiff an Land geschwommen seien, die andere, daß sie vor vielen Jahren zum Herausschleifen der gefällten Kiefern in den Wäldern benutzt und dann freigelassen worden seien. Ich halte die letztere Theorie für wahrscheinlicher. Auch die Wildschweine sind zweifellos verwilderte Haustiere, dafür sprechen die Farben. Ich habe sogar ein schwarz-weißes New-Hampshire-Schwein gesehen. Ihre Hauer haben sich im Laufe der Jahre der Tätigkeit, im felsigen Untergrund nach Wurzeln und Schnecken zu wühlen, angepaßt und sind sehr lang geworden. Die Wildschweine wird man nicht so leicht ausrotten können, da das Dickicht ihnen einen hervorragenden Schutz bietet. Auch kann man sie aus diesem Grunde nur mit kleinen Hunden jagen.

Den Wildpferden aber, die so sehr gefährdet sind, gilt meine besondere Liebe. Die erste Begegnung fand in Treasure Cay statt, etwa dort, wo heute ein Luxushotel steht. Ich fuhr mit einer naturbegeisterten Freundin aus Deutschland früh um vier Uhr bei noch völliger Dunkelheit hin, um eventuell Wildpferde oder auch Vögel und anderes Getier zu sehen. Wir fuhren relativ langsam, und plötzlich flammten auf der neuangelegten Straße mindestens zwölf Augenpaare im Scheinwerferlicht auf. Wir erkannten ein Rudel Wildpferde, das, vom Licht geblendet, kurz vor dem Fahrzeug auf der Hinterhand kehrt machte und vor uns davongaloppierte. Wir fuhren fast bis zum Strand hinter den Tieren her. Dort hörte die Straße auf, und so schlichen wir zu Fuß weiter. Während wir den Wagen abstellten, hatten wir die Tiere aus den Augen verloren. Doch im Morgengrauen sahen wir sie noch einmal, angeführt von einem schwarzen Hengst, den Strand entlanggaloppieren. Zwei Falben und drei Fohlen waren in der Herde. Es war ein unberührter, herrlicher Anblick, den ich niemals vergessen werde.

Heute tummeln sich Touristen an demselben Strand. In jener Zeit aber ging es den Wildpferden noch gut. Wenige Jahre später zog die Holzfäller-Company ein Netz von Straßen durch die Wälder, um mit Maschinen das Holz herauszuholen. Die Wildpferde hatten bis dahin einige ausgetretene Pfade und einige ruhige Straßen benutzt, um an den Rändern zu grasen. Ein kraterähnliches großes Wasserloch diente ihnen als Tränke. Während oben auf diesem See eine Süßwasserschicht von 20 m Dicke schwamm, war das Wasser darunter salzig und offenbar unterirdisch mit dem Meer verbunden. Auch bei größter Trockenheit änderte sich der Wasserspiegel kaum und bot den Pferden immer genügend Trinkwasser. Der Bestand der Tiere wurde allgemein auf etwa 180 bis 200 Stück geschätzt. Als die Holzfällerstraßen fertig waren, begann die Wildpferdkatastrophe.

Außer auf den eigenen Pfaden und den von Menschen gemachten Straßen war es ihnen unmöglich, querfeldein auf dem felsigen Untergrund durch das Dickicht zu entkommen. Die Bevölkerung hatte das sehr bald herausgefunden. Mit Lastwagen und Jeeps begann eine erbarmungslose Jagd auf die armen Tiere, bis sie erschöpft zusammenbrachen oder sich ein Lasso nach Cowboyart um den Hals schlingen ließen. Danach wurden sie meilenweit in praller Sonne nach Marsh Harbour gezerrt. Wenn sie das überlebten, band man sie an einen Baum. Nach wenigen Tagen war der Reiz des Neuen vergessen, und die armen Gefangenen bekamen nicht einmal mehr einen Eimer Wasser. Wie viele Eimer haben Frederik, Marina und ich in dieser Zeit geschleppt! Ich machte mir viele Feinde, weil ich meine Meinung laut sagte. Erst nach einiger Zeit gelang es uns, ein Gesetz bei der Regierung zu erwirken, wonach jeder Pferdefänger eine Lizenz kaufen mußte. Lizenzen aber wurden nicht ausgegeben. Einige Jäger schämten sich nicht, Wildpferde abzuschießen. Einen amerikanischen Hundefutterfabrikanten konnten wir noch abwehren.

Inzwischen gab es dreizehn Wildpferde im Dorf. Die Prozedur des Einreitens regte mich noch mehr auf, da die Tiere dabei halb totgequält wurden. Es ist mir zu schmerzlich, eine Beschreibung dieser Grausamkeit zu geben.

Ich sann auf Abhilfe. Zu jener Zeit besaßen wir einen jungen Wallach namens „Sparky" vom Nassauer Rennstall. Er hatte ein ungeheures Temperament, war Rennen gelaufen, aber wohl doch etwas zu langsam, und deshalb abgeschoben worden. Mir fielen sein kleiner Kopf mit der leicht eingebogenen Nase und seine trockenen geäderten Beine auf. Die Hufe waren wohlgeformt und hart. Offenbar hatte er Araberblut. Er lief gewöhnlich frei bei uns im Garten herum. Ich war immer aufs neue erstaunt, mit welcher Sicherheit er wie ein Ziegenbock hinter unseren Sandbuchten über die halsbrecherischen Felsen preschte.
Meine Idee war nun, die Wildpferdebesitzer für Rennen zu begeistern. Auf einem weiten Platz, auf dem Sand aufgeschüttet worden war, wollten wir Wettrennen veranstalten. Die Wildpferde waren aber in miserablem Zustand. Ihre Hufe waren vom ewigen Angebundensein viel zu lang, und eingeritten waren sie zum Teil auch noch nicht. Ich hatte eine wesentlich bessere Methode des Einreitens und bot den Besitzern an, ihre Pferde unten an unserem Strand im Wasser einzureiten. Im Badeanzug führte ich die Pferde bauchtief ins Wasser, sprang auf, und schon nach kurzer Zeit beruhigten sie sich. Selbst wenn ich abgeworfen wurde, tat ich mir nur selten weh. Die Pferde waren an Temperament und Wildheit mit unseren ostpreußischen Trakehnern und mit Sparky überhaupt nicht zu vergleichen. Schon beim dritten- oder viertenmal beruhigten sie sich. Danach feilte ich ihnen die Hufe zurecht, was wesentlich schwieriger und gefährlicher war. Dann erklärte ich den Besitzern, daß sie sich Futter aus Nassau schicken lassen müßten, so wie wir es taten. Die Geschichte ließ sich ganz gut an. Die größte Begeisterung zeigte Dr. Cottmanns Tochter Gayle. Sie hatte ihre zwei Wildpferde von Anfang an bestens versorgt. Obwohl um einiges älter, freundete sie sich sehr mit Marina an. Eine natürliche Reiterbegabung schien Gayle angeboren. Sie ritt wie der beste Cowboy mit und ohne Sattel. Unser Sparky, dem das Rennen von Nassau her im Blut lag, ließ die Wildpferde bis auf Schulterlänge auflaufen, dann aber zog er ab. An ein Halten war nicht mehr zu denken.

Die Rennen fanden gewöhnlich am Samstag oder Sonntag nachmittag statt und bewirkten tatsächlich, daß die Pferde besser gehalten und gepflegt wurden. Doch dann passierte das Unglück. Eine elfjährige Freundin von Marina bat, auf Sparky reiten zu dürfen. Marina lehnte freundlich mit der Begründung ab, daß sie sich bei einem Sturz von Sparky bereits den Arm gebrochen habe und keine Verantwortung übernehmen könne. Das Mädchen ging zu Gayle, die ihr das ruhigere ihrer Wildpferde überließ. Sie stieg von der falschen Seite auf und stieß dem Pferd versehentlich die Schuhspitze in die Seite. Als das Tier sich aufbäumte, fiel das Mädchen nach hinten, während sein Fuß im Steigbügel hängen blieb. Davon erschreckt, raste das Pferd davon, das unglückliche Kind über Felsen hinter sich herschleifend. Ejnar flog sofort mit der Kleinen nach Nassau, aber sie starb in seinen Armen auf dem Nassauer Flugplatz. Für Gayle war es ein schreckliches Erlebnis, und es endete damit, daß die aufgebrachte Bevölkerung nachts ihr Pferd mit Kugeln durchlöcherte. Sie verdingte sich bald darauf in England an einen Reitstall. Erst nach einigen Jahren kam sie zurück. Unsere Freundschaft aber hielt. Heute hilft sie uns als Krankenschwester in unserer Praxis.
Mit diesem tragischen Unfall erlosch die Reitbegeisterung sehr rasch. Einige verkauften ihre Pferde nach Nassau. Zwei, die am schlechtesten behandelt wurden, ließ ich heimlich erschießen. Ein Hengst und zwei Stuten wurden auf einer neu entstandenen Farm aufgenommen und haben es dort sehr gut. Auch wir begannen einzusehen, daß Abaco, besonders die Umgebung von Marsh Harbour, nicht für Reitpferde und die Reiterei geeignet ist. Als Marina sich zum zweiten Mal beim Sturz auf dem felsigen Untergrund den Arm brach und überdies zur weiteren Schulausbildung fortmußte, verkaufte sie ihr damaliges Pferd „Lady" an einen Reitstall in Freeport auf Grand Bahama.
Ich hatte das zweifelhafte Vergnügen, Lady auf einem Shell-Tanker nach Freeport zu bringen. Das Verladen ging ganz gut, da das Dock und der Tanker durch die Gezeiten gerade auf fast gleicher Ebene lagen. Die Reise sollte zwölf Stunden dauern. Wir liefen ei-

nige Orte an, um Benzin an den Docks in große Tanks zu füllen. So weit so gut, doch dann führte uns unsere Route in den berühmten Whale Cay Kanal, der mir von unserer gefährlichen Expedition her noch lebhaft in Erinnerung war —, und tatsächlich setzte dort wieder ein orkanartiger Sturm ein. Der Tanker schlenkerte und schaukelte derart hin und her, daß die Besatzung alle Gegenstände an Bord festzurrte.

Mit Lady mußte ich genau das Gegenteil tun. Ich hielt sie am langen Zügel, und wenn sie auf dem glatten Stahlboden quer über den Tanker schlitterte, so blieb mir nichts anderes übrig, als alle Bewegungen mitzumachen, denn sonst wäre das Zaumzeug zerrissen. An einem Haltestrick um den Hals aber hätte sie sich aufgehängt. Dem armen Pferd war es hundeübel. Ganz offensichtlich war Lady seekrank. Sie ließ den Kopf hängen, als wolle sie sich übergeben, aber Pferde können das ja nicht. Oft fiel sie hin, rappelte sich jedoch wieder hoch. Ich war dauernd in Angst und Bewegung.

Nach zwölf Stunden hatten wir erst ein Drittel der Reise hinter uns. Ich bat einen der schwarzen Seeleute, mich für kurze Zeit abzulösen, aber er sagte: „Wir tun gerne alles für Sie, aber wir haben Angst vor Pferden." Keiner der Besatzung kam näher als zwei Meter an Lady und mich heran. Das Essen stellten sie mir liebevoll in einiger Entfernung auf eine Plane, aber an Essen war gar nicht zu denken. Ich konnte Lady keinen Augenblick aus Hand und Augen lassen. Auch gab es der Kapitän auf, noch weitere Docks anzulaufen, er wollte so schnell wie möglich nach Westend in den geschützten Hafen. Wir waren bereits 24 Stunden unterwegs, als wir den Notfunkruf eines Trimarans auffingen. Der Sturm hatte dieses eigenartig konstruierte Segelboot, das aus drei miteinander verbundenen Schwimmkörpern besteht, einfach auf die Seite gekippt. Gesunken war es nicht, zwei der Schwimmer ragten in die Luft. Aber der Besitzer, übrigens der einzige Mann an Bord, konnte es unmöglich allein in die Ausgangsstellung zurückbringen. So pirschten wir uns bei dem hohen Wellengang dichter heran, Leinen wurden hinübergeworfen und vertäut. Dann zog unser Tanker

den Trimaran wieder in seine normale Lage zurück und nahm ihn ins Schlepptau bis nach Westend. Dem Mann ging es nun wesentlich besser als mir. Er winkte manchmal teilnahmsvoll herüber, wenn er Ladys und meine Schlitterbewegungen verfolgte.
Nach 30 Stunden — Lady und ich waren halbtot — erreichten wir endlich Westend. Der Trimaran wurde losgemacht. Die Flut war auf ihrem höchsten Stand, so daß der Tanker hoch über dem Zementdock lag. Wie sollte ich das Pferd da hinunterbekommen? Der Kapitän hatte von der Anatomie eines Pferdes keine Ahnung. Großzügig ließ er eine schmale Planke vom Tanker zum Dock legen. Einer Katze wäre es vielleicht gelungen, auf der im steilen Winkel geneigten schmalen Planke hinunterzubalancieren, aber für ein Pferd war es schlichtweg eine Unmöglichkeit. Lady aber witterte nach so viel Pein auf dem Wasser sichere Landluft. Ich hatte Mühe, sie vom Abspringen zurückzuhalten und bat die Besatzung, einige große Bretter und Planen aufs Dock zu werfen, die beim Sprung — so hoffte ich — den Aufprall etwas dämpfen würden. Kaum war das geschehen, sprang Lady mit Todesverachtung aus einer Höhe von eineinhalb Metern auf das Dock hinunter. Um nicht mitgerissen zu werden, mußte ich die Zügel loslassen. Das Pferd ging in die Knie. Es sah schlimm aus, aber Lady rappelte sich wieder hoch, als ich ihr zu Hilfe kam. Sie war unverletzt.
Der Kapitän hatte mir erklärt, daß er des Sturmes wegen Freeport nicht anlaufen könne. Es lag 35 Meilen entfernt von Westend. Und da es schon spät am Abend war, konnte ich nicht mehr nach Freeport hinüberreiten. So ritt ich Lady langsam zu dem riesigen Jack Tar Luxushotel, um den Rest der Nacht dort zu verbringen. Es war mittlerweile Mitternacht, und es wimmelte in der großen Empfangshalle von Touristen. Calypsomusik drang an mein Ohr. Ich bat vor dem Eingang einen Boy, Lady zu halten, aber sie war so nervös, daß sie nach ihm schnappte. Kurz entschlossen nahm ich sie am Zügel mit in die Hotelhalle. Der schwarze Portier hatte Humor. Lachend fragte er mich mit der größten Selbstverständlichkeit: „Ein Zimmer für Sie beide, Madam?“ Als ich ebenso selbstverständlich bejahte, meinte er: „Vielleicht müßte es ein Doppelzim-

mer sein.“ Die Touristen lachten. Dann kam der Hoteldetektiv auf mich zu und fragte mürrisch: „Haben Sie das Pferd aus unserem Reitstall entwendet?“ Von der Existenz eines Reitstalls in Westend hatte ich noch nichts gewußt. Wie gut, daß ich es auf diese Weise erfuhr. Da war es sicherlich möglich, Lady bis zum Morgen unterzubringen. Als ich dem Detektiv meine abenteuerliche Reise schilderte, weckte der Mann den Manager des Reitstalls auf. Beide halfen mir dann, Lady zu versorgen, unter der Bedingung, daß ich anschließend noch einen Drink mit ihnen nahm. Meine Müdigkeit war verflogen, und wir tanzten, bis die Bar geschlossen wurde.

Am Morgen hätte ich mich in den Sattel schwingen und Lady nach Freeport reiten müssen, wäre mir nicht eine junge Freundin aus Deutschland zu Hilfe gekommen. Sie war die auffallend hübsche Tochter eines bekannten Schauspielers. Wir hatten sie anläßlich eines unserer Ferienaufenthalte in München kennengelernt. Sechs Monate darauf war sie bei uns in Abaco erschienen und hatte sich in die Bahamas verliebt, so daß sie am liebsten hier leben wollte. Das Schicksal aber führte sie nach Haiti, wo sie sich fast mit einem französischen Grafen verlobt hätte. Als die Sache scheiterte, rief sie von Haiti an und bat uns unter Tränen, ihr eine Stelle auf den Bahamas zu verschaffen. So verabredeten wir ein Treffen in Freeport als Endstation ihrer und meiner gerade bevorstehenden Reise. Während wir uns mühsam durch den Sturm kämpften und verspätet in Grand Bahama ankamen, war sie auf der Suche nach mir unermüdlich von einem Hafen zum anderen gefahren. Wir fielen uns selig in die Arme. Sie hatte sogar einen Pferdetransport-Anhänger organisiert, in dem wir Lady nun nach Freeport fuhren.

Bei einer Flasche Champagner berieten wir dann, wo und wie ich ihr eine geeignete Stelle verschaffen könnte. Mein alter französischer Freund Albèrt war gewillt, sie als Kellnerin in seinem neueröffneten „Pub on the Mall“ anzustellen, jedoch kam ihm der Manager der beiden großen Spielcasinos zuvor. Er heuerte sie vom Fleck weg, und schon am Abend begleitete ich sie in ihrem Ha-

remskostüm ins Spielcasino. Es war ihre Aufgabe, das Publikum an den Spieltischen mit Drinks zu versorgen.
Schlank und groß gewachsen, wurde sie besonders von der spielenden Männerwelt herangerufen: „Darf ich mal meinen Mittelfinger auf Ihr Nabelknöpfchen legen?" fragte ein grauhaariger Amerikaner, als sie ihm den Drink reichte. Ein hilfesuchender Blick traf mich. Ich flüsterte ihr schnell in deutscher Sprache zu: „Ja, für 100 Dollar dürfen Sie das!" Sie sagte es ihm mit deutschem Akzent und einem schüchternen Augenaufschlag. Sofort legte der Amerikaner vorsichtig seinen dicken Finger auf ihren Nabel, während er mit der anderen Hand eine 100-Dollar-Note aus der Tasche fischte. Unsere Blicke trafen sich, wir grinsten! Da wurde sie schon zum nächsten Tisch gerufen und erhielt einen weiteren 100-Dollar-Schein für den dargereichten Drink, weil der Spieler gerade eine große Summe gewonnen hatte. „Sie haben mir Glück gebracht", meinte er zufrieden. Sie war hier am richtigen Platz. Wenn sie ihren Charme und ihre natürliche Scheu behielt, konnte sie in kurzer Zeit ihren geheimen Traum, einen Antiquitätenladen zu eröffnen, leicht verwirklichen.

Eine unserer ersten Maßnahmen auf Abaco war ein Antrag auf Erwerbung von Kronland gewesen, doch hatten wir von der Behörde in Nassau nie etwas gehört und das Projekt fallengelassen. Zwei Jahre, nachdem wir den Antrag auf jene sieben Acres Kronland in Dundas Town gestellt hatten, erhielten wir einen Brief vom Amt aus Nassau, daß der Antrag genehmigt sei. Wir hatten natürlich gar nicht mehr mit einer Antwort gerechnet und uns finanziell mit dem Hausbau in Marsh-Harbour völlig verausgabt. Der Brief besagte, daß wir binnen zwei Jahren die Summe von 30 000 Dollar zur Entwicklung dieses Landes investieren müßten. Ein Inspektor würde am Ende der zwei Jahre die Investitionen prüfen und uns bei Zufriedenstellung die Papiere mit dem roten Siegel der Königin von England gegen die geringe Bezahlung von 200 Pfund übergeben.
Das klang sehr verlockend, aber wo sollten wir in dieser kurzen

Zeit eine solche Summe auftreiben? Es war unmöglich bei unserer augenblicklichen Finanzlage. Ejnar beschloß daher, das Projekt fallenzulassen und dem Beamten dankend abzuschreiben. Doch mir altem „Grundbesitzer" wollte das einfach nicht in den Kopf, und ich suchte nach einer Lücke in unseren Berechnungen. Bei einer genauen Besichtigung des Landes stellten wir fest, daß es ungeahnte Möglichkeiten bot. Entlang der Meeresküste erstreckte sich ein höher gelegener Landrücken als Halbinsel in den Hafen hinein, der einen idealen Bauplatz für mindestens sechs Häuser bot. Dahinter fiel das Land in einen ausgedehnten Mangrovensumpf ab, der sich ebenfalls zum Hafen hin öffnete. Dieser Sumpf wiederum wurde von einem flachen Streifen Landes begrenzt, das sich entlang der Hauptstraße des Dörfchens Dundas Town zog. Die Vorzüge dieses zusammenhängenden Landkomplexes lagen darin, daß man den Sumpf zu einem Binnenhafen ausbaggern konnte, der sich direkt an den Hafen anschloß und bei Wirbelstürmen den Booten einen sicheren Schutz gewährte. In einigen Jahren, wenn Marsh Harbour mehr und mehr vom Tourismus entdeckt sein würde, wäre dieses der ideale Platz für mindestens sechs Bungalows mit einem privaten Bootshafen.
Wir beschlossen, dem Amt vorläufig nicht abzuschreiben, und ließen die Sache fürs erste hängen. Ich pflanzte sofort viele Kokosnüsse entlang der Küste und schlug mit meinem Haitianer Johnny, den ich für unseren Garten angestellt hatte, einen provisorischen Weg am Rande des Sumpfes entlang bis zur Hafenöffnung. Johnny bedeutete für mich eine fabelhafte Hilfe. Er hatte eine Familie in Haiti und war, um sie zu ernähren, nach den Bahamas gekommen. Hier lebte er mit einer haitianischen Freundin zusammen, die für ihn sorgte. Seine Hütte war so armselig, daß ich beschloß, ihm auf unserem Land ein Häuschen aufzustellen. Aber auch das kostete Geld, und Geld hatte ich vorerst nicht. Da kam mir die Holz-Company Owens Illinois wieder einmal zu Hilfe. Die Firma hatte sich inzwischen auf Zuckerrohranbau umgestellt, nachdem auch auf Abaco alles Holz abgeerntet worden war. Sie baute für einige cubanische Zuckerexperten, die aus Cuba ge-

flohen waren, recht ansehnliche Häuser am Meer, 20 Meilen von Marsh Harbour entfernt. Der Manager, der öfter bei uns zu Drinks hereinschneite, kannte meinen Garten, und er gab mir den Auftrag, die Gartenanlagen für zwölf fertiggestellte Häuser zu übernehmen.
Was für eine Chance! Ich besichtigte sogleich das Terrain und zeichnete Pläne mit Kostenvoranschlag. Die Sache war so aufregend, daß ich oft früh erwachte und meine Ideen geordnet zu Papier zu bringen versuchte. Dabei kamen mir die Erfahrungen, die ich bei den verschiedenen Gartenanlagen in Pine Ridge, Smith Point und Marsh Harbour gemacht hatte, sehr zugute.
Etwas nervös, es war immerhin meine Premiere als Gartenarchitektin, ging ich zur Besprechung der Pläne und Kostenvoranschläge zum Manager, der sich mit allem einverstanden erklärte. Nur die Zeit war ihm wichtig. Ich sah schnell ein, daß ich weitere vier Haitianer einstellen mußte. Auf Vorschuß der Company kaufte ich mir einen Lastwagen, einen sogenannten Pickup Truck, den ich unbedingt zum Transport meiner Mannschaft und des Materials wie Steine, Erde, Sand, Seetang, Kunstdünger, Zement und Pflanzen brauchte.
Diese kreative Arbeit machte großen Spaß, und als sie beendet war, kam der Manager zur Besichtigung. Man kann sich meine Gefühle vorstellen, als er mir zufrieden mit meiner Arbeit einen Scheck von 24 000 Dollar überreichte. Im übrigen hatte ich auf meinen Fahrten zur Arbeit einige gut erhaltene Holzhäuser in der nunmehr verlassenen Siedlung Lake City entdeckt, die noch aus Pine Ridge stammten und seinerzeit für die Holzfäller auf Leichtern nach Abaco gebracht worden waren. Ich faßte mir ein Herz und fragte den mir wohlgesonnenen Manager, ob und zu welchem Preis ich ein solches Holzhaus für Johnny erwerben könne. Er machte ein ernstes Gesicht und erklärte: ,,Sie kostet ein solches Haus drei Martinis, die ich mir bei der nächsten Gelegenheit bei Ihnen abholen werde.''
Ich war glücklich! Nun hatte ich ein Haus für meinen Gärtner. Schon am nächsten Wochenende organisierte ich mir einen gro-

ßen Tieflader zusammen mit meinem Freund Carol Albury, dem Besitzer einer Garage. Er und seine sechs Brüder waren mir schon in vielen unmöglich erscheinenden Situationen treue Helfer gewesen. Wir blockten das acht Meter lange Haus auf leere Benzintonnen, fuhren den Tischwagen rückwärts darunter und transportierten das Haus in unseren Garten. Fortan wohnte Johnny dort mit seiner Freundin, die ihn kurz darauf mit Zwillingsbuben überraschte.

Mit dem erworbenen Gartengeld legten wir eine vernünftige Straße in das Dundas-Town-Land und außerdem Wasser und Elektrizität bis hin zu einem Bauplatz, auf dem wir ein Cottage planten. Somit war der Anfang der Investition, die für das Kronland verlangt wurde, gemacht. Aber selbst nach Fertigstellung des Cottage, für das eine Bank uns einen Kredit gewährte, war die vorgeschriebene Summe noch lange nicht erfüllt. Die Zeit näherte sich bedenklich dem Ende. Was dann, wenn man uns das Land wegnahm, nachdem wir schon so viel hineingesteckt hatten? Möglich war alles.

Da erschien eines Tages ein kanadischer Schreinermeister namens Ted bei uns. Er hätte sich gern eine Werkstatt einschließlich eines Appartements in Dundas Town gebaut, hatte aber nicht genügend Geld, um das nötige Land dafür zu erwerben. Da er keine Angehörigen besaß, schlug er uns vor, seine Behausung und Werkstatt auf unser Land zu bauen, vorausgesetzt, daß wir ihm das Stück 99 Jahre überließen. Nach seinem Tode sollte dann alles in unseren Besitz übergehen. Das Geld, das er in seinen Bau hineinzustecken gedachte, erfüllte genau die vorgeschriebene Summe, die uns noch fehlte. Ted war auch bereit, gleich an die Arbeit zu gehen, damit wir unsere Zeitgrenze nicht überschritten.

Dieser Zufall, der sich wirklich als eine glückliche Wendung für beide Teile erwies, wurde rechtlich zu Papier gebracht. Nach Beendigung des Wohn- und Werkstattbaues war der Inspektor mit der Erfüllung unserer Investitionen vollauf zufrieden. Wir erhielten die Papiere, das Land gehörte nun uns.

Nach zwei Jahren jedoch kam Ted mit einem neuen Anliegen. Er

hatte sich unsterblich in eine Marsh Harbourin verliebt und gedachte, sie zu heiraten. Darum wollte er das Land, auf dem seine Gebäude standen, erwerben, und unseren Vertrag rückgängig machen. Ja, er hoffte sogar, Kinder zu haben und war voller Pläne. Das war eine verzwickte Geschichte. Uns war Ted immer eigenartig vorgekommen. Er war ein schlechter Verlierer, wie wir beim Schachspielen hatten feststellen können. Eine dunkle Vergangenheit schien wie eine drückende Wolke auf ihm zu lasten, von der er nur andeutungsweise sprach. Ein richtiger Eigenbrötler, jedoch sehr geschickt mit seinen Händen, verdiente er gut und sah sein Glück in der bevorstehenden Heirat. Ejnar, der seiner Zukunft nicht im Wege stehen wollte, verabschiedete ihn mit den Worten: „Wenn deine Hochzeitsglocken läuten, lieber Ted, dann wollen wir sehen, was sich machen läßt!" — Wir konnten uns nicht recht vorstellen, daß die junge Frau, auf die Ted sein Auge geworfen hatte, diesem alten Eigenbrötler ihr Jawort geben würde.
Einige Tage später erschien die Polizei und bat Ejnar, er möge unverzüglich zu Ted gehen und ihn zur Übergabe seines Gewehrs bewegen. Da Ejnar sein Doktor sei, so meinten sie, hätte er bessere Chancen, nicht erschossen zu werden. Ted habe sich mit vorgehaltenem Gewehr der jungen Frau bemächtigt und sie in seinem Wagen an einen einsamen Strand gefahren, um ihr die Einwilligung zur Heirat abzuringen. Sie habe sich nach langen Stunden diplomatisch aus der Affäre gezogen, so daß Ted sie laufen ließ. Danach erstattete die Frau Anzeige bei der Polizei. Nun habe er sich in seiner Werkstatt verschanzt und drohe, jeden zu erschießen, der in seine Nähe käme.
Ejnar hatte das zweifelhafte Vergnügen, zu ihm zu gehen. Ted ließ ihn zwar ein, gebärdete sich aber dermaßen störrisch und aufgeregt, indem er mit entsichertem Gewehr vor Ejnars Gesicht herumfuchtelte, daß Ejnar es bald aufgab, ihn zur Vernunft zu überreden. Dem Commissioner und der Polizei machte Ejnar jedoch ernsthaft klar, daß der Mann gefährlich sei und man ihn keinesfalls unbewacht sich selber überlassen dürfe. „Doc", meinte der Polizist, „Du hast vergessen, wie es ist, wenn man so verliebt ist. Der

wird sich schon wieder beruhigen! Wir haben aber seinen Autoschlüssel abgezogen."
Damit überließ man Ted sich selbst für die nächsten drei Tage. Am Samstagabend erhielten wir einen dringenden Notruf zum Highway-Club. Dort fanden wir ein Blutbad vor — Ted hatte mit seiner Schrotflinte durch das Fenster auf die Frau seiner Träume geschossen, die hinter der Theke bediente. Aus dieser Nähe getroffen, war von dem Kopf der Frau nichts mehr zu erkennen. Das Schrot hatte gestreut und noch einen jungen Mann auf einem Barstuhl schwer verletzt. Auch er starb bald an seinen Verletzungen. Vier weitere Personen lagen in ihrem Blut am Boden, vom Schock übermannt. Ted flüchtete in die Wälder. Als man ihn mit Flugzeug und Schäferhunden ausmachte und einkreiste, gab er sich selber den Todesschuß. Auch schien kein Segen auf seiner Wohn- und Werkstatt zu liegen. Denn ein Blitz schlug bald danach in sein Anwesen und brannte es bis auf die Grundmauern nieder. Das Land aber ist noch immer in unserem Besitz.

Abenteuer auf dem Meer

Zu den schönsten und aufregendsten Erlebnissen gehören aber doch diejenigen, die wir auf dem Meer hatten. An stillen Mai- oder Junitagen fuhren wir schon früh mit unserem Boot auf den leicht bewegten Ozean. Ich hatte eine Menge Köderfische fachgerecht mit Angelhaken versehen in einem eisgekühlten Behälter parat, um sie etwa fünf Meilen vom Lande entfernt an die Leinen unserer schweren Angelstöcke zu hängen. Das Jagdfieber packte uns, wenn wir am fernen Horizont plötzlich ein Wirrwarr von aufgeregten Vögeln erspähten, die unermüdlich auf die Wasserfläche niederstießen. Gewöhnlich kochte und brodelte es an der Stelle unter ihnen. Beim Näherkommen konnten wir Thunfische oder Dorados erkennen, die sich an einer Schule kleiner Fische gütlich taten. Für die Vögel fiel dabei allerlei Nahrung ab. Deshalb blieben sie,

wenn irgend möglich, über den großen schnellen Jägern. Und wir wiederum orientierten uns an ihnen.
Wir schleppten einige Köderfische in hohem Tempo 30 bis 40 Meter hinter unserem Boot in unmittelbarer Nähe dieser Aktivität vorbei. Die Spannung wuchs. Im nächsten Augenblick surrte eine oder manchmal auch beide Leinen. Wenn der Angelhaken saß, begann der Kampf. Die Riesen hatten unsere Köderfische geschnappt und sausten mit der Leine davon. Man muß das erlebt haben, mit welchem Ruck und welcher Geschwindigkeit das geschieht. Dann heißt es, schnell zu reagieren, die Bremsen am Angelstock richtig einzustellen, den Fisch laufen zu lassen, wieder einzuholen, mit ihm zu spielen, bis er müde wird. Jede Fischart reagiert anders an der Leine. Der Dolphin, in Europa Dorado genannt, der nicht mit dem Delphin, dem Säugetier, zu verwechseln ist und der in seiner Farbenpracht wohl zu den schönsten Fischen des Meeres gehört, schnellt mehrmals hoch aus dem Wasser empor, um den Haken loszuwerden. Das gleiche tun auch der Marlin und der Sailfisch. Der Anblick ist faszinierend, wenn die Sonne seinen nassen Leib bescheint und ihn in sämtlichen Regenbogenfarben aufleuchten läßt. Er ist ein harter, nervöser Kämpfer. Oft ist hinter dem Fisch an der Angel ein Hai her, der das Vibrieren im Wasser gespürt hat. Wenn es nicht gelingt, die Beute schnell einzuholen, hat man nur noch den Kopf am Angelhaken, während der Hai mit dem besten Teil davonzieht.
Die Haie erscheinen immer dort, wo Aktivität im Wasser ist. Beim Speerfischen sind sie plötzlich da. Ich erinnere mich an einen Nachmittag, an dem ein Gast, der ein guter Speerfischer war, in vier Meter Tiefe einen großen Zackenbarsch, Grouper genannt, angeschossen hatte. Der Grouper hatte sich in eine Korallenhöhle zurückgezogen. Es war ein ungeschriebenes Gesetz, daß wir — wenn irgend möglich — verwundete Tiere nicht zurückließen, ebensowenig wie wir nie mehr Fische speerten, als wir für die Küche brauchten. Nicht eßbare Fische waren ohnehin tabu. Dieser Grouper nun bereitete unserem ehrgeizigen Gast einiges Kopf-

zerbrechen. Immer wieder tauchte er hinab und versuchte, zu einem erfolgreichen Schuß zu kommen.
Plötzlich war ein anderthalb Meter langer Hai da. Unser Freund, vom Jagdeifer erfaßt, war so beschäftigt, daß er ihn gar nicht bemerkte. Ejnar, Cay und Frederik jedoch ließen den Eindringling nicht aus den Augen. Schon oft waren wir beim Speerfischen von Haien belästigt worden. Sie umkreisten uns, schwammen weg und kamen wieder. Erst durch Erfahrung hatten wir aus ihrem Benehmen gelernt, wann sie gefährlich wurden. Es geschah gewöhnlich dann, wenn gespeerte Fische Blut im Wasser verbreiteten. Dann wurden ihre Bewegungen aufgeregter, und sie wurden angriffslustig. Wir respektierten sie und verließen dann das Wasser. Auch gingen wir nie allein zum Speerfischen. Gewöhnlich waren wir in einer Gruppe. Einer von uns blieb im Boot und übernahm dessen Führung. Bei Gefahr konnte er sofort zur Stelle sein. Selbst das Werfen eines Ankers erwies sich als zu zeitraubend. Dieser Hai nun mochte etwas von dem Blut des Groupers wahrgenommen haben, denn er ging ohne Warnungszeichen zum Angriff auf den Rücken unseres Gastes über. Frederik hatte gerade noch Zeit, seinen Speer auf ihn abzuschießen. Blitzschnell änderte der Hai daraufhin seine Richtung und attackierte Frederiks Schwimmflossen, von denen er die eine zur Hälfte abbiß. Nun schoß Cay seinen Speer auf ihn und lenkte ihn damit auf sich. Inzwischen hatte auch unser Gast bemerkt, was vor sich ging. Wir alle kletterten Hals über Kopf ins Boot, das Gott sei Dank zur Stelle war, während unsere Söhne mit den ihnen verbliebenen Bambusröhren dem Hai auf die Nase schlugen und gleichzeitig den Rückzug antraten. Auch sie schwangen sich unversehrt ins Boot. Aber die Bilanz waren zwei verlorene Stahlspeere, ein Grouper und eine Schwimmflosse.
Ein freundlicheres und doch aufregendes Erlebnis hatten wir eines morgens auf dem Ozean, als wir sechs Delphine spielen sahen. Einer von ihnen löste sich aus der Gruppe, schwamm dicht an unser Boot heran und steckte den Kopf aus dem Wasser. Dabei ließ er ein Geräusch vernehmen, das so klang, wie wenn man mit

dem Daumen über die Zinken eines Kammes fährt. Ich streckte ihm meine Hand entgegen — er ließ sich streicheln. Dann glitten wir mit unseren Tauchermasken ins Wasser. Sofort wand und drehte er sich um uns. Jede Berührung war ihm angenehm. Beim Streicheln und Kraulen des Bauches glaubten wir zu bemerken, daß er seine Augen verdrehte, als wolle er sagen: „Es ist herrlich, hört bitte nicht auf!" Manchmal schwamm er davon, um gleich darauf in rasender Geschwindigkeit auf uns zuzusteuern, so daß uns der Atem wegblieb. Kurz vor uns machte er einen Salto rückwärts und schaute uns danach von der Seite an, um die Wirkung seiner Akrobatik an unserem Verhalten abzulesen. Dann attackierte er mich von hinten, indem er seine Nase ungeniert zwischen meine Beine schob und mich spielend aus dem Wasser hob, so daß ich kopfüber nach vorne fiel. Sofort war er an meiner Seite und nahm meinen Arm zärtlich in sein hartbezahntes Maul, ganz vorsichtig zubeißend, wie es etwa junge spielende Schäferhunde mit einem machen. Dabei hatte er einen fast träumerischen Ausdruck.

Wir waren so begeistert und fasziniert von den einfallsreichen Spielen und der Sanftheit dieses Tieres, daß wir etwa vier Stunden mit ihm verbrachten, und gar nicht merkten, daß ein übles Gewitter heraufgezogen war, das sich nun über unseren Köpfen entlud. Plötzlich krachte und stürmte es, wir mußten das Boot schnellstens in eine ruhige Bucht fahren und waren sehr traurig, unseren Freund verloren zu haben. Zwei Anker wurden geworfen, dann begaben wir uns wieder ins Wasser. Wie läßt sich die Freude beschreiben, als unser Delphin bereits auf uns wartete und mit unermüdlichem Eifer seine Spiele und Liebkosungen fortsetzte. Als er plötzlich einem vorüberfahrenden Boot nachjagte und im geheimnisvollen Blaugrün des Unterwassers verschwand, war ich untröstlich. Er hatte so viel fast menschliches Empfinden gezeigt, daß wir einen solchen Abschied von ihm nicht erwartet hatten. Des Rätsels Lösung fanden wir etwas später. Dieser Delphin hatte einer Gruppe eingefangener Delphine angehört und war in dem Film „The day of the dolphins", zu Deutsch „Der Tag der Delphine", der Star gewesen. Sein Name war „Buck". Es fehlte ihm ein halbmondförmiges Stückchen an seiner Rückenflosse, wodurch wir ihn identifizieren konnten. Bei Freiaufnahmen war es ihm gelungen, auszureißen. Er hatte sich einer Gruppe wilder Delphine angeschlossen. Aber offenbar vermißte er seine menschlichen Freunde. Seine Beziehung zu ihnen war so stark, daß er vorübergehend ihre Gesellschaft aufsuchte. Das Bezaubernde aber war ja gerade diese vertraute Verspieltheit, dieses dem Menschen Nahe-sein-Wollen in der großen Wildnis und Freiheit des Meeres, ohne sich zu lange an ihn zu binden.

Abaco wird zur Heimat

Ich besaß zwei Juwelen, ohne die ich mir den Alltag kaum noch vorstellen konnte. Es waren die Haitianer Johnny und Theoma. Johnny, der weder lesen noch schreiben konnte, aber die liebevollsten und geschicktesten Hände mit Pflanzen und Tieren hatte, die ich je gesehen habe. Er arbeitete unbeaufsichtigt wie ein Bulldozer auf unserem Land. Der Erfolg stellte sich sehr bald ein. Ich hatte eine Menge tropischer Früchte, Bananen, Avocados, Mangos, Papayas, Sapodillas, deren Überfluß ich an Hotels verkaufte. Theoma, der eigentlich gelernter Schneider war, arbeitete bei uns im Haus. Er konnte einigermaßen lesen und schreiben, war jung, schlank und gut aussehend. Er kleidete sich nach der neuesten Mode und hatte nicht endenwollende Liebesprobleme. Ja, sogar mehrere unserer weiblichen Hausgäste hatten eine beachtliche Schwäche für ihn.
Wenn wir Samstagabend in die große Discohalle am Flughafen tanzen gingen und ihn dort trafen, kaufte Theoma mir stolz einen Drink und tanzte mit mir. Er war von einer rührenden Umsicht und Hilfsbereitschaft und lernte sehr schnell, selbständig zu denken. Seine besondere Liebe galt unseren zwei Schäferhunden und meinen Araukana-Hühnern, die hellblaue und grüne Eier legten.

Wenn wir verreisten, konnten wir ihm und Johnny beruhigt unser Anwesen überlassen.
Abaco wurde uns allen tatsächlich schnell zu einer richtigen Heimat. Nun, da wir ein wohnliches Haus so dicht am Meer hatten, konnten wir Eltern und Freunde aus Europa einladen und ihnen auch etwas bieten. Sie kamen gerne und erlagen genau wie wir dem Charme dieser Insel. Die Kinder brachten ihre Schulfreunde mit. Sie hatten ein Tanzorchester zusammengestellt, in dem Frederik der Schlagzeugspieler war, während Cay und Marina nebst drei Gitarristen sangen. Sie konnten sich wirklich hören lassen, waren sehr beliebt in den Clubs und hatten viel Spaß am Musizieren. Zusätzlich verdienten sie sich damit noch Geld, und wir fühlten uns verpflichtet, jeden Abend tanzen zu gehen. Obwohl sie keine richtige Ausbildung in Musik gehabt hatten, waren sie große Naturtalente. Cay brachte es sogar so weit, daß er eine Goldene Schallplatte für den besten bahamischen Song des Jahres erhielt. Er hatte ihn selbst komponiert, den Text geschrieben und sang ihn mit Solisten aus Nassau auf einer Schallplatte.
Um den Kindern die deutsche Sprache vertrauter und geläufiger zu machen, verbrachten wir immer wieder einige Wochen in Deutschland. Überhaupt blieb die Bindung zu Europa sehr stark. Cay und Frederik studierten in London, und Marina erhielt ihre Ausbildung als Krankengymnastin in Berlin. Glückliche Jahre kamen und gingen, sie flatterten wie bunte Schmetterlinge vorbei. Es gab natürlich auch Probleme, aber mein Engel half mir, sie zu lösen. Den Druck, den wir in Grand Bahama so bitter gespürt hatten, gab es nicht mehr. Wir waren tatsächlich frei und genossen diese Freiheit bewußt. Die Regierung wollte Ejnar als bezahlten medizinischen Direktor für Abaco anstellen, aber er lehnte die Bezahlung ab und akzeptierte den Job ehrenhalber. Dadurch geriet er auch hier nicht in Abhängigkeit, und wir konnten die Zeit unserer Ferien selbst wählen.

Zwischenspiel in England

Anfang der 70er Jahre waren Cay und Frederik zum Studium in London, während sich Marina im englischen Internat Queenswood auf ihr Abitur vorbereitete. Nach dem freien Leben auf den Bahamas litt sie wie ein Vogel, den man eingefangen und in einen Käfig gesperrt hatte. Sie war fest entschlossen, wegzulaufen, und nur der verständnisvollen Direktorin ist es zu verdanken, daß sie es nicht tat. Sie räumte Marina, wie seinerzeit Fräulein v. Thadden mir, verschiedene Freiheiten ein, weil Marina ihr volles Vertrauen erobert hatte. So durfte sie an Wochenenden ihre Brüder besuchen. Allerdings möchte ich bezweifeln, daß die gute Direktorin wußte, daß Cay und Frederik in Soho über einem Striptease-Club wohnten.

Da ich mich nach allen Kindern sehnte und mich auch wegen der damals akuten Drogenszene um sie sorgte, ließ mich Ejnar oft nach London fliegen, damit ich zwei oder drei Wochen in ihrer Nähe sein und ein wenig nach dem Rechten sehen konnte. Das Quartier unserer Söhne war wirklich keine feine Adresse. Die Taxifahrer musterten mich bereits erstaunt, wenn ich sie bat, in die Goodge Street 35 gebracht zu werden, denn der Striptease-Club schien allgemein bekannt zu sein.

Cay bewohnte ein winziges Appartement im vierten Stock gemeinsam mit Vincent, einem zierlichen kleinen Inder, der sich ebenfalls im Jurastudium versuchte. Frederik lebte mit Felix, einem schwarzen Studenten aus Abaco, und einer Katze darunter. Marina holten wir zu den Wochenenden zu uns.

Eines Abends saßen wir zu neunt gemütlich zusammengedrängt um Cay herum, der seine neuesten Songs auf der Gitarre spielte. Zu trinken und zu essen gab es nichts, und so lud ich die ganze Bande zu Schmitz, einem deutschen Restaurant, ein, das ganz in der Nähe lag. Wegen seiner köstlichen Kalbs- und Schweinehaxen war es immer überfüllt. Cay und der kleine Vincent erspähten zwei leere Tische und begannen sie zusammenzuschieben. Der Kellner, der sich offenbar übergangen fühlte, versuchte, die bei-

den energisch zur Tür hinauszuschieben. Im nächsten Augenblick war ein munteres Handgemenge im Gange. Eine Faust landete in Cays Gesicht, doch der Kellner hatte nicht mit der Reaktion eines Inseljungen gerechnet. Cay zahlte mit harten Schlägen zurück. Schon kamen zwei weitere Kellner ihrem Kollegen zu Hilfe. Ich hatte inzwischen mit Cays Freundin Lizzie das Lokal betreten, während das Ende der Schlange unserer Gruppe sich noch draußen befand. Lizzies Vater war ein bekannter und angesehener Pastor, zwei seiner Freunde, Lord und Lady B., saßen zufällig auch bei Schmitz. Wir hatten ihnen gerade freundlich zugenickt, als sich das Restaurant auch schon in ein Schlachtfeld verwandelt hatte. Sauerkraut, Suppe, Kalbshaxen, Ketchup und Bier, alles flog durch die Luft, landete auf dem Boden, an den Wänden und verschonte auch die Gäste nicht, die schreckensbleich an den Wänden standen. Alle sahen versteinert und fasziniert dem ungleichen Kampf zu. Drei Kellner griffen Cay an, während der kleine Vincent wie ein wildgewordenes Kätzchen seine Gegner zu kratzen versuchte, aber kaum zu ihnen hinaufreichte.
Ich war einen Augenblick wie gelähmt. Irgend etwas stimmte nicht! — Ja, natürlich, Frederik fehlte. Das war es! In diesem Augenblick trat er, etwas vorwärts gebeugt, durch den niedrigen Türrahmen, um sich mit seinen 1.93 Metern nicht den Kopf zu stoßen. „Hilf deinem Bruder", rief ich ihm auf deutsch zu. Doch dieser Aufforderung bedurfte es kaum, denn wie ein Bulldozer ging mein Sohn Frederik an die Arbeit. Als er den letzten Kellner bei den Handgelenken festhielt, rief er uns zu: „Verlaßt bitte das Lokal, bevor die Polizei kommt!" Geordnet marschierten wir hinaus, während Frederik sein Opfer gegen einen noch stehenden Tisch schleuderte und uns erhobenen Hauptes folgte. Wir zogen es vor, für ein Jahr nicht bei Schmitz zu essen! —
Eine Woche darauf stürzte ich kopfüber die dunkle Wendeltreppe von Cays Appartement hinab, überschlug mich und landete halb ohnmächtig von Schock und Schmerzen genau vor der Eingangstür des Striptease-Clubs. Es war frühmorgens, ich hatte etwas zum Frühstück einholen wollen. Da lag ich nun und versuchte, ei-

ne Bestandsaufnahme meiner zerschundenen Körperteile zu machen. Die Tür ging auf und die Nachtfalter strömten heraus, um nach Hause zu gehen und den Tag zu verschlafen. Als sie das Häufchen Elend sahen, waren sie sofort vom Mitleid übermannt. Ein Mädchen kam mit einem Glas Cognac angerannt, eine andere versuchte zu erfahren, was geschehen war, woher ich kam, wer ich war. Als ich mit meiner schmerzenden Hand nach oben wies, riefen sie im Chor: „Oh — Sie sind die Mutter der Jungen!!" Ich bejahte, und sogleich halfen sie mir auf die Beine, schoben, zogen und stützten mich, und redeten mir in fließendem Cockney-Englisch gut zu, bis ich wieder oben bei Cay angelangt war. Sie holten Eis für kalte Umschläge und mehr Cognac und brachten mich zu Bett. Ich hatte mir eine ganz üble Verstauchung des rechten Fußes zugezogen, von den blauen Flecken an Rücken, Schultern und Kopf ganz zu schweigen. Jeden Morgen besuchten die Mädchen mich und überschütteten mich mit herzlicher Anteilnahme, Eis und Getränken.

Nach anderthalb Wochen wagte ich den ersten Ausflug zu Frederiks darunterliegender Wohnung. Wir saßen bei einem Tee gemütlich am Fenster und schauten dem Treiben auf der Goodge Street zu. Da gab es unendlich viel zu beobachten. Gegenüber standen drei arme Invaliden und spielten für Almosen auf einem Akkordeon, einer Trompete und einer Geige. Frederik versuchte von oben, ein paar Münzen in den dargebotenen Hut zu werfen. Unter uns hatte sich der dicke glatzköpfige Rausschmeißer vom Striptease-Club mit verschränkten Armen aufgestellt und musterte jeden der eintretenden Kunden. Frederiks Katze strich schmeichelnd und schnurrend auf dem Fensterbrett um uns herum. Plötzlich verlor sie das Gleichgewicht und stürzte aus dem dritten Stock hinunter. Wir konnten ihr nicht mehr helfen und verfolgten ihren Sturz mit Entsetzen. Sie schwamm und steuerte während des Falles wie ein Skyrider genau auf die kugelglatte Glatze des Rausschmeißers zu und erwischte sie auch. Endlich fühlte sie Halt unter sich und versenkte ihre scharfen Krallen unter Fauchen und Miauen tief in die blanke Kopfhaut!

Der Mensch wußte nicht, wie ihm geschah. Von oben hatte er nichts Böses erwartet. „Verdammt“, schrie er wutentbrannt. Es sah aus, als wolle er unser unglückliches Kätzchen erwürgen. Bevor wir ihm erklärende Anweisungen zurufen konnten, schleuderte er das erschreckte Tier mit voller Wucht zu uns herauf. Frederik gelang es, die kleine Katze geschickt aufzufangen, bevor sie durch einen Aufprall an der Hauswand zu Schaden kam. Sie beruhigte sich schnell und strich schnurrend um unsere Beine. Einige Tage lang mied sie jedoch das Fensterbrett.
London besitzt für mich einen ungeheuren Charme. Ganz besonders genoß ich die Darbietungen der vielen verschiedenen Theaterbühnen, die Museen, Galerien und nicht zuletzt die vielen internationalen Restaurants. Oft besichtigte ich allein die historischen Gebäude, den Tower, Buckingham Palace, Westminster Abbey und schlenderte an der Themse entlang, während die Jungen zu Vorlesungen gingen. Erfrischt und reich an neuen Eindrücken flog ich dann wieder zu Ejnar nach Abaco zurück. Es war so wichtig, die Verbindung zu den Kindern aufrechtzuerhalten, besonders, da sie so weit fort waren.

1972 hatte Cay sein Jurastudium in London beendet und wurde mit der üblichen Zeremonie in Nassau als Barrister in die Zunft der Rechtsanwälte aufgenommen. Wir flogen eigens zu dieser Festlichkeit, bei der er eine Rede halten mußte. Mein Mutterherz schwoll, als ich ihn in dem landesüblichen schwarzen Talar mit der weißen Perücke auf seinem Lockenkopf den Eid leisten sah. Während der ersten Jahre arbeitete er bei verschiedenen Rechtsanwaltfirmen in Nassau, schien aber nirgends recht glücklich zu sein. Frederik studierte inzwischen Volks- und Betriebswirtschaft in London und entschloß sich danach ebenfalls zum Jura-Studium, das er 1979 erfolgreich beendete.
Am 10. Januar 1967 hatte die PLP (Peoples Liberal Party) unter der Führung von Lynden O. Pindling zum erstenmal die Wahlen mit einer knappen Mehrheit gewonnen. Am 10. April 1968 vermehrte sie ihre Sitze auf 29 gegenüber fünf Sitzen der United

Bahamian Party im House of Assembly. Nun hatte die PLP mit Prime Minister Pindling die Regierungsmacht. Wir kannten Pindling schon von Wahlkampfreden her, die er zusammen mit Randolph Faukes in Pine Ridge gehalten hatte.
Dieser Wechsel wirkte sich auf Freeport Grand Bahama einschneidend aus. Unter dem dynamischen Management von Mr. Butler hatte Freeport von der alten (weißen) Regierung viele exklusive Rechte erhalten, die nun (zum größten Teil) von der neuen Regierung rückgängig gemacht oder annulliert wurden. Das hatte zur Folge, daß Freeports industrielle Vorrangstellung erst einmal zerschlagen wurde. Verständlicherweise wollte die schwarze Regierung Freeport sowohl ökonomisch, kulturell als auch politisch in ihr neues Konzept der Bahamas eingliedern. Dieser Prozeß brachte die Entwicklung Grand Bahamas für einige Jahre zum Stillstand. Aber nachdem der Eingliederungsprozeß allmählich vollendet war, blühte der Handel unter den neuen allgemeinen bahamischen Vorzeichen wieder auf. Um diese Zeit herum, etwa um 1976, ging Cay nach Freeport und machte sich dort sehr bald selbständig. Hier schien er glücklich zu sein. Unsere jahrelange Arbeit mit den Eingeborenen wurde ihm zum Segen. Der Name Gottlieb war bekannt und hatte bei der Bevölkerung einen guten Klang.
Es war uns gelungen, unseren schönen Smith Point-Besitz zu einem guten Preis zu verkaufen, gerade zu der Zeit, als Freeport unter der alten Regierung seinen wirtschaftlichen Höhepunkt erreicht hatte. Natürlich traf uns der Verlust des Smith Point Landes mit dem ersten eigenen Haus hart. Aber es war besser, mit Hilfe des Erlöses an Ort und Stelle in Abaco etwas Neues zu schaffen. Außerdem konnten wir die teuren Schulen und Universitäten der Kinder davon bestreiten. Der alte Michael Edden, der uns das Land seinerzeit verkauft hatte, war mit seinem Maultier und seiner Frau bereits in anderen Sphären. Wenn wir Freeport besuchten, fuhren wir mit einer gewissen Wehmut zu unserem Land, aber auch mit dem herrlichen Gefühl der Unabhängigkeit, die wir nun in Abaco genossen.
In den Jahren von 1968 bis zur Unabhängigkeit der Bahamas am

10. Juli 1973 machten die schwarzen Einwohner eine gewaltige Metamorphose durch. Sie kleideten sich plötzlich erstklassig, wobei ihnen ihr angeborener Geschmack für Farben noch zu Hilfe kam. Sie gaben sich frei und selbstsicher. Nachdem die Wahlpropaganda abgeklungen war und sie sich in ihrer neuen Position sicher fühlten, kamen ihre natürliche Freundlichkeit und ihr Charme erst wirklich zum Vorschein. Noch nie hatten wir so viele gepflegte Erscheinungen in der Bay Street, in Hotels und Restaurants wahrgenommen.
Doch was uns am meisten erstaunte, war die Tatsache, daß sie, mit ganz wenigen Ausnahmen, keine Rachegefühle und Ressentiments gegen die Weißen zu hegen schienen. Ich entsinne mich noch der Zeit um 1952, in der ein Polizeiinspektor nach einer Gerichtsverhandlung in Grand Bahama, von Ejnar im Hotel zum Lunch eingeladen, nicht bedient wurde, weil er schwarz war. Ejnar hatte ihn daraufhin zu uns nach Hause gebracht. Heute ist derselbe Mann eine der höchsten Personen bei der Port Authority in Freeport. Ressentiments gegen die Weißen sind ihm fremd. Es scheint mir, als könnten die Bahamas nach ihrer unblutigen Revolution ein weltweites Beispiel dafür werden, daß Schwarze und Weiße friedlich zusammenleben können, daß sie einander respektieren und von einander profitieren.

Engel, steh mir bitte bei

Krebs, dieses Wort hatte seit meiner Kindheit Horror und Grauen in mir ausgelöst. Meine Großmutter war unter großen Schmerzen daran gestorben. Die Schwester meines Vaters hatte dasselbe Schicksal ereilt. Da sie aber der Christlichen Wissenschaft angehörte, ging sie nie zu einem Arzt. Eine Praktikerin dieser Sekte kam zu ihr und las aus Mary Baker-Eddys „Wissenschaft und Gesundheit“ vor, bis sie tapfer, aber unter entsetzlichen Qualen starb.

In Pine Ridge war ich zum erstenmal in enge Berührung mit schwer Krebskranken gekommen. Ich mußte sie täglich waschen und verbinden, dabei sah ich den Tod in ihren Augen und fragte mich, wie würdest du mit einem solchen Schicksalsschlag fertig werden? Verdrängen oder leugnen konnte ich den Gedanken an diese Krankheit nicht. Die brutale Vernichtung des Körpers und der Verfall der Patienten waren bittere Realität. So versuchte ich es mit Vernunft und einem gewissen Fatalismus, ähnlich wie man den Gedanken an den Tod als nicht akut empfindet.
Das Leben ging weiter. Bis auf einige Operationen war ich gesund und tat auch viel für die Gesundheit. Mir würde das sicher nicht passieren, mein Engel würde mich davor bewahren. Oft erwachte ich glückselig und dankbar, schaute zum Fenster hinaus auf den von der Morgensonne beschienenen Garten und das Meer, hörte die Vögel singen und erinnerte mich an die Morgenstunden meiner Kindheit.
Gerade an einem solchen Morgen stolperten meine Finger über einen haselnußgroßen Knoten in meiner rechten Brust. Ejnar schlief neben mir. Ich wollte ihn nicht wecken. Immer wieder betastete ich diese vorher nie entdeckte Geschwulst. Beim Erwachen fuhr Ejnars Hand wie von ungefähr über dieselbe Stelle. Er richtete sich spontan auf. ,,Was ist das für ein Knoten?'' Ich erklärte ihm, daß auch ich ihn gerade erst entdeckt hatte.
Um neun Uhr saß ich allein im Flugzeug nach Miami. Ejnar konnte eine sterbende Krebskranke nicht im Stich lassen. Das erschien mir zusätzlich als ein schlechtes Omen. Ich hatte die Frau am Tag zuvor noch besucht. Die ganze Elendigkeit, die Angst und der Schrecken des Monsters Krebs überfielen mich. Noch hatte ich die Hoffnung, die kleine Geschwulst könne ungefährlich sein. Aber wie, wenn es Krebs war? Krebs, dieses Teufelswort, mit dem ich mich nie richtig auseinandergesetzt hatte. Bilder tauchten vor mir auf von Kranken, denen wir nicht hatten helfen können, außer, daß Ejnar ihre Schmerzen schließlich mit Morphium linderte.
In Miami wurde ich von einem alten, erfahrenen Arzt untersucht, zu dem Ejnar viele Patienten geschickt hatte. Er wollte mir keine

unnötige Angst machen, war aber sehr beunruhigt und schickte mich am folgenden Tag zum Röntgen. Inzwischen war Cay nach Miami gekommen, um mir beizustehen, da Ejnar die Patientin nicht verlassen konnte. Mit dem Schwung seiner Jugend sagte er: „Mummy, laß uns Austern essen gehen. So schlimm wird's schon nicht sein. Du überlebst alles!" Dann flößte er mir einige Manhattan ein. Ich würgte sie und die Austern hinunter. Wir schlugen die Zeit bis zur nächsten Arztverabredung tot. Am Abend begleitete mich Cay zum Krankenhaus, hier sollte eine Biopsie gemacht werden. Zu dem Chirurgen hatte ich Vertrauen, kannte ihn aber kaum. Das Schicksal nahm seinen Lauf. Morgens um sieben Uhr wurde ich für die Operation vorbereitet. Ein uns befreundeter Anästhesist gab mir die erlösende Spritze. Als ich wie beim Tauchen aus dunklen Meerestiefen an die Oberfläche kam und erwachte, tastete meine Hand nach der Brust. Ich fühlte eine große flache Wundstelle unter dem Verband. Also, die Brust war ab, unwiderruflich. Wie weit würde der Krebs fortgeschritten sein? Tausend Fragen peinigten meinen ohnehin schmerzenden Kopf. Wäre es nicht besser, gleich sterben zu können? Aber wie? Das Leben nehmen? Das hatte ich schon einmal probiert. Abwarten? Gerade das war für meine Natur das Schlimmste. Vielleicht sollte ich es durch diese harte Schule endlich lernen. Oder hatte ich so viel falsch gemacht in meinem Leben und war selbst an allem schuld? Ich konnte nicht einmal weinen. Tiefer und tiefer sank ich in einen seelischen Abgrund. Selbstmord, Selbstanklage, Selbstmitleid, Rebellieren — die Gedanken kamen, konnten nicht zu Ende gedacht werden, flogen davon und sammelten sich wie Kampfflieger, um mich neu zu attackieren.
Dann erschien der Chirurg und teilte mir freundlich, aber sachlich mit, was ich schon wußte. Eine kleine Milderung des Schlages wurde noch hinzugefügt: Die Lymphdrüsen unter dem Arm seien nicht befallen, was mir eine gute Chance gäbe. Chance — dieses Wort öffnete eine Schleuse neuer peinigender Gedanken. Wie im Traum tat ich, was von mir verlangt wurde, stand auf, wusch mich, lächelte, wenn man es von mir erwartete, aber ich sehnte mich da-

nach, allein gelassen zu werden, zu Ende zu denken, mich mit dieser völlig neuen Lage auseinanderzusetzen. Eine Psychologin erschien und stocherte mit Fragen in meinem wunden Gehirn herum. Sie meinte es gut. Um nicht unhöflich zu erscheinen, lenkte ich das Gespräch auf sie selbst. Sie erzählte mir, daß sie für ihr Psychologiestudium ein Praktikum an diesem Krankenhaus machte. ,,Sie brauchen mich nicht'', sagte sie, ,,aber ich komme wieder, um mich mit Ihnen zu unterhalten.'' Wer wußte, was ich brauchte!
Plötzlich stand Ejnar neben meinem Bett. ,,Ist sie tot?'' fragte ich. ,,Ja, sie ist friedlich eingeschlafen. Ich bin gleich danach mit dem erstbesten Flugzeug zu dir gekommen.'' Da stand er, ein vertrauter Fels im brandenden Meer, Ruhe und Zuversicht ausstrahlend. Ich brauchte ihn. Zum erstenmal lösten sich meine Tränen. Er würde mir die Wahrheit sagen.
Im letzten Jahr hatte er viel um mich gelitten. Vier Wochen war es gerade her, daß ich aus dem Krankenhaus in West Palm Beach entlassen worden war. Nach fürchterlichen Bauchschmerzen hatte Ejnar mich dorthin geflogen. Diagnose: Darmverschluß. Diese Operation übertraf alles an Schmerzen, was ich je erlebt hatte, und ich war eben noch mit dem Leben davongekommen. Anfang des Jahres hatte ich in Berlin einen Virus erwischt, der den Herzbeutel und das gesamte Herz infiziert hatte, eine sogenannte Pankarditis. Drei Wochen verbrachte ich auf der Intensivstation des Miami Heart Institutes, vier weitere Wochen in einem Krankenzimmer daselbst und anschließend drei Monate zu Hause fest im Bett. Nun lag ich hier mit Krebs. Körperlich ließ sich diese Operation gar nicht vergleichen mit den Qualen und Strapazen der vorangegangenen, aber seelisch setzte sie mir um so mehr zu. Vielleicht gab es einen Zusammenhang zwischen beiden und man hatte mir die Wahrheit verschwiegen. Was nützten mir die nicht befallenen Lymphdrüsen, wenn es Metastasen im Bauch gewesen waren? Ich erwartete eine ehrliche Antwort von Ejnar. Er gab sie mir, und ich glaubte daran. Wir hatten zu viel gemeinsam durchgestanden. Er wußte, daß ich die Wahrheit brauchte. Trotzdem wurde be-

schlossen, daß ich mich in Hamburg am Altonaer Krankenhaus, an dem Marina zur Zeit als Krankengymnastin arbeitete, noch 25 Kobaltbestrahlungen unterziehen sollte. In Hamburg würde es billiger sein. Ich konnte bei Marina wohnen und würde nicht so allein sein. Wir hatten, da wir auf den Bahamas nicht versichert waren, Unsummen für meine verschiedenen Krankheiten ausgegeben. Immer wieder versuchte ich, meine Gedanken zu ordnen. Wie konnte es sein, daß ich in einem Jahr drei so gravierende Krankheiten durchmachen mußte? Geschwächt von den zwei vorangegangenen, schien die dritte mich seelisch völlig umzuwerfen. Ich brauchte Wochen, bis ich so etwas wie Selbstkontrolle fand. Vor allem, wenn ich hinter meinem Wandschirm in dem Zweierzimmer anfing nachzudenken, verzweifelte ich. Wo war mein Engel? Warum hatte er das zugelassen? Den Arm brachte ich nicht über Schulterhöhe empor. Ich sollte Übungen machen, aber ich wollte keine machen, hatte überhaupt keine Lust dazu. Eine warmherzige Cubanerin kam mit einer Plastiktüte herein. Sie schaute sich einen Moment im Zimmer um und steuerte dann siegesbewußt auf mich zu. „Ich bin von der Krebsorganisation ‚Reach for recovery' ", sagte sie mit schwerem cubanischen Akzent, und damit breitete sie Geschenke auf meiner Bettdecke aus, die sie wie Sankt Nikolaus ihrer Plastiktüte entnahm. Da war ein roter Gummiball, mit dem ich allerlei Übungen machen sollte, ein Büchlein mit Ratschlägen und Adressen für Kleidungsstücke. Sie hob die Arme spontan über ihren Kopf und erklärte ohne falsche Scham: „Ich habe beide Brüste verloren und sehen Sie, wie hoch ich hinaufreichen kann." Ihr Temperament überwältigte mich. „Sind Sie verheiratet?" fuhr sie fort. „Wie stellt sich Ihr Mann dazu?"
Darüber hatte ich noch gar nicht nachgedacht. Wie sollte er sich dazu stellen? Vielleicht war es jetzt an der Zeit, an ihn zu denken. Ich durfte mich nicht gehen lassen, mußte mein Äußeres um so mehr pflegen und auch die Übungen machen. Nicht um meinetwillen, sondern um seinetwillen. Das war ein neuer positiver Gedanke, aber auch er verursachte keinen Enthusiasmus bei mir. Ich brauchte einfach Zeit. „Mein Mann ist Arzt", sagte ich. „Da haben

Sie aber Glück", fuhr sie fort. Ich fragte nach ihrem Mann. „Obwohl er nicht Arzt ist", entgegnete sie, „macht es ihm jetzt nichts mehr aus." „Und wie lange hat er dazu gebraucht?" „Ziemlich lange", sagte sie vage, wobei etwas von ihrer mitreißenden Art verlorenging. Ich sah die Frau an und wußte, daß ich mich zusammennehmen würde und es meiner Umgebung möglichst leicht machen wollte.

Ganz sachte griff das Leben wieder nach mir. Jammern würde ich auf keinen Fall. Verbittert wollte ich auch nicht werden. Es blieb nichts anderes übrig, als Theater zu spielen, bis das Theater mir zur zweiten Natur würde. Aber ich brauchte Kraft und Zeit dazu. Immerhin empfing ich Liebe und Verständnis von Ejnar und den Kindern. Am folgenden Tag wurde der Verband gewechselt. Ich hatte Angst vor dem Anblick, aber wahrscheinlich hatte ich zu viele postoperative Wunden und Amputationen gesehen: Es berührte mich kaum. „Ihre Narbe sieht tadellos aus! Auch im Arm haben Sie keine Ödeme. Ich sehe keinen Grund, Sie noch länger hier zu behalten, zumal Ihr Mann die Fäden ziehen kann", meinte der Chirurg. „Morgen können Sie nach Hause."
Das traf mich wie ein Schlag. Ich wäre gern noch geblieben. Nun sollte ich aus meinen behüteten vier Wänden heraus, hatte nichts Richtiges anzuziehen, meine Blusen waren viel zu tief ausgeschnitten. Ich rief meine Freundin an und bat sie um ein Halstuch. Schon am Telefon fing ich an zu heulen. Es war wie eine neue Krankheit, dieses ewige Weinenmüssen. Vielleicht kam es von den zwei Narkosen binnen eines Monats und der Nachwirkung der drei Krankenhausaufenthalte. Je freundlicher und liebevoller unsere Freunde waren, die nicht müde wurden, mich zu besuchen, desto mehr hatte ich mit den Tränen zu kämpfen. Als meine Zimmernachbarin hörte, daß ich nach Hause „durfte", fing sie auch an zu weinen. Wir waren so gut miteinander ausgekommen. Sie hatte neben einer Bandscheibenoperation viele fast unlösbar erscheinende persönliche Probleme, die auf ganz anderer Ebene lagen als die meinen.

Meine Freundin Susie erschien am nächsten Tag mit einem halben Dutzend Halstücher und fuhr mich zum Flughafen. Ich war sehr wackelig auf den Beinen und sträubte mich nicht, als sie bereits einen Rollstuhl organisiert hatte, in dem sie mich vom Schalter zum Restaurant und dann zum Flugzeug schob. Irgendwie war es angenehm, in diesem Vehikel zu sitzen. Die Menschen machten sofort Platz, alle waren behilflich beim Türenöffnen und so weiter. Man genoß einen öffentlichen Schutz. Im Flugzeug saß ich ausgerechnet zwischen zwei Männern, die mich schon in der Wartehalle beobachtet hatten. Sie schoben ihre Tennisschläger unter die Vordersitze. Da sie zusammengehörten, bot ich ihnen meinen Platz an. „Ganz im Gegenteil", meinten sie, „das Schicksal hat es gewollt, daß wir eine so charmante Dame zwischen uns haben." Fast hätte ich wieder angefangen zu weinen, aber da brachte die Stewardeß schon einen Whisky, den die beiden mir unaufgefordert bestellt hatten. Das Gespräch würde unweigerlich auf meine Krankheit kommen. Was sollte ich dann sagen? Aber sie lenkten es auf die Insel Abaco, zu der sie zum erstenmal flogen. Darüber konnte ich ihnen einiges erzählen, ich war dankbar. Plötzlich fühlte ich die Augen meines linken Nachbarn auf mich gerichtet. Das Halstuch hatte sich verschoben, und der Verband schaute am Blusenrand hervor. Unsere Blicke trafen sich. „Wir bestellen für uns alle noch einen Whisky", fuhr er ablenkend fort. Als sie bald danach in Treasure Cay ausstiegen, beugte er sich zu mir und sagte leise: „Sie werden das Leben auch ohne die Brust meistern."

Diese Bemerkung gab mir genügend Mut, um das Spießrutenlaufen auf unserem Flughafen in Marsh Harbour durchzustehen. Unser schwarzer Zollbeamter, Alfonso Lewis, war auch in demselben Flugzeug. Mit liebevoller Aufmerksamkeit ergriff er meine Hand und führte mich allen voran die Flugzeugtreppen hinunter, als geleite er mich zum Tanz.

Gott sei Dank erwartete Ejnar mich. In so einem kleinen Dorf wußte natürlich jeder Bescheid. Während ich bei meiner Herzgeschichte unendlich viele Besuche und Beweise der Anteilnahme erhalten

hatte, las ich sofort eine gewisse Scheu und Unsicherheit in den Gesichtern derselben Menschen. Es war, als wenn ich Aussatz hätte.
In Marsh Harbour nun besuchten mich drei Frauen, die das gleiche Schicksal mit mir teilten. Sie waren wirklich hilfsbereit und standen mir mit Rat, Tat und Erfahrung bei. Drei Wochen blieben mir noch zu Hause. Mit eiserner Energie machte ich jeden Tag meine Übungen. Seit vielen Jahren hatte ich allmorgendlich eine Stunde Yoga betrieben. Diese Selbstdisziplin half mir ein wenig. Wasserski und Windsurfen hatten zusätzlich dazu beigetragen, daß ich gut durchtrainiert war. Es wurde mir von den Herzspezialisten und Chirurgen bestätigt und war wohl der Grund, daß ich körperlich immer wieder relativ schnell auf die Beine kam. Nun hieß es, mit gezielten Übungen meinen Körper langsam zu kräftigen und aufzurichten. Mit Willenskraft und Geduld würde es mir vielleicht auch gelingen, einige Sportarten wieder auszuüben. Das Schwierigste aber schien mir, ein Mittelmaß zu finden und Ausdauer zu haben.
Als ich nach drei Wochen in Hamburg bei Marina ankam, war sie noch gar nicht mit dem Strecken meines rechten Armes zufrieden. Systematisch übte sie täglich mit mir, auch wenn sie noch so müde und erschöpft vom Krankenhaus zurückkam. Wir hatten es urgemütlich in ihrer kleinen Wohnung. Während sie arbeitete, kaufte ich ein und hielt ihr Appartement in Ordnung. Ich lernte ihren Freundeskreis kennen und empfand wohltuend, mit welcher Natürlichkeit und Aufmerksamkeit mir die jungen Menschen begegneten. Nach einer Woche begannen die Kobaltbestrahlungen. Das Monster Krebs hatte gerade seinen Würgegriff ein wenig gelockert, da sprang es mich erneut von vorne an. Die unglücklichen Patienten, die mit mir auf der Wartebank vor dem Bestrahlungsraum saßen, nahmen mir allen Mut, alle Kraft, ja alle Hoffnung. Nach jeder Bestrahlung wurde ich deprimierter. Ich weinte nur noch, so sehr ich auch versuchte, mich zusammenzunehmen. Marina schaute mich oft an. Wenn meine Tränen dann hervorschossen, als hätte sie auf einen elektrischen Knopf gedrückt,

mußten wir beide doch lachen. Nach einigen Bestrahlungen wurde mir zusätzlich noch schlecht und schwindelig. Marina kaufte eine Flasche Cognac, mit deren Hilfe ich mich aufrichtete, wann immer ich schwach wurde.

Sechs Wochen dauerten die Bestrahlungen. Danach schleppte mich Marina zu verschiedenen Geschäften und kleidete mich neu ein. Mit Hilfe meiner liebevollen Tochter gelang es mir, mich und mein Äußeres langsam wieder zu akzeptieren. Allein hätte ich die Initiative dazu nicht aufgebracht.

Als ich endlich wieder in Marsh Harbour aus dem Flugzeug stieg und die warme Bahamaluft mich umwehte, fühlte ich mich zum erstenmal ein wenig optimistischer. Ejnar bereitete mir einen so liebevollen Empfang und verwöhnte mich, wo er nur konnte. Meine Tiere und Pflanzen, mein Garten, alles nahm mich so vertraut auf. Ich war endlich zu Hause. Es gab auch einiges zu tun nach dieser langen Zeit. Theoma, unser haitianischer Hausboy, hatte mit großem Eifer alles so gut versorgt, wie ich es auch nicht besser hätte machen können. Spontan wollte er meine Narbe sehen. Die einfachen Landmenschen haben ein ganz anderes Verhältnis zu solchen Eingriffen. Es war mir schon in Ejnars Praxis aufgefallen, daß sie Narben gerne unaufgefordert zeigten. Ein gewisser Stolz spielt dabei eine Rolle, etwa wie bei einem Krieger, der seine im Kampf erhaltenen Verwundungen präsentiert. Ich zeigte sie ihm. Er brach in mitfühlende Bewunderung aus. Es war besser so, als wenn er vielleicht versucht hätte, sie zu erspähen, wenn ich einmal wieder nackend im Swimmingpool schwimmen sollte. Vorläufig konnte ich mir das selber noch nicht vorstellen. Fortan schmückte er jeden Morgen unseren Frühstückstisch mit Hibiskusblüten, als wolle er meine Gedanken auf etwas Schönes lenken.

Am 11. November 1977 war ich operiert worden. Nun ging es dem Frühling entgegen. In sechs Monaten mußte ich allerdings wieder zur Nachuntersuchung. Die grauenhaften Bilder auf der Wartebank in Hamburg versanken langsam. Ein halbes Jahr hatte ich Zeit, meine Wunden zu lecken und mich seelisch zu fangen. Es ist gut, sich über die Dinge klarzuwerden, nur so kann ich die Faktoren, die in meiner Macht liegen, ändern. Vor allem muß ich mir mehr Ruhe gönnen und viele Dinge loslassen, sie geschehen lassen, ohne mich verantwortlich zu fühlen. Kurzum, ich gebe meinem Engel viel mehr Freiheit zum Handeln und glaube, nicht alles selber machen zu müssen.

Allmählich schlossen sich die seelischen Wunden ein wenig. Wenn ich jedoch in den Spiegel schaute, übermannte mich jedesmal die helle Verzweiflung. Es waren nicht nur die Brustoperation, sondern auch besonders die Bauchoperationen, die mich entstellten. Ich versuchte, mit diesen Äußerlichkeiten fertig zu werden. Aber bei meinem eigenen Anblick stürzte ich jedesmal aufs neue in tiefe Depressionen. Hinzu kam die Tatsache, daß man sich auf den Bahamas praktisch in Bikinis und hauchdünnen durchsichtigen Gewändern bewegt. Ich aber war gezwungen, bei der Hitze die viel zu großen T-Shirts meiner Söhne zu tragen. Selbst im ganzteiligen Badeanzug fühlte ich mich unbehaglich. Abends ging ich nicht mehr gerne aus, weil ich nie etwas zum Anziehen fand, das mich befriedigt hätte. Wenn ich jemandem meinen Kummer gestand, wurde ich gewöhnlich ausgelacht und ermahnt, für meinen jetzigen Zustand dankbar zu sein. Weder mit Willenskraft noch mit Vernunft gelang es mir, meinen Körper zu akzeptieren. Ich grübelte und grübelte. Es gab nur einen Chirurgen, zu dem ich auch menschlich unbegrenztes Vertrauen hatte. Es war Peter Ricklin, mit dem Ejnar ja vor vielen Jahren eine gemeinsame Assistentenzeit in Samaden verbracht hatte. Unsere Freundschaft hatte gehalten. Er war inzwischen Professor für Chirurgie im Kreisspital Männedorf bei Zürich. Er würde mir ehrlich sagen, ob es lächerlich war, mich in meinem Alter noch einer verschönernden Operation zu unterziehen, und was für Chancen ich dabei hätte. Wenn er sie vornahm, war ich sicher, daß sie nicht besser ausgeführt werden konnte.

Schließlich überwand ich meine Hemmungen und zeigte ihm, als ich zur nächsten Untersuchung nach Europa kam, meine körperlichen Probleme. Mit sachlichen Worten erklärte er mir, was ich zu erwarten hatte. Es klang phantastisch. Wir setzten sofort einen Termin für die Operation fest — und sie wurde ausgeführt. Meine kühnsten Erwartungen wurden noch übertroffen, als ich mich nach dem Entfernen der Verbände das erstemal betrachtete. Seit zwei Jahren hatte ich nicht mehr ein solches Glücksgefühl empfunden. Ich war dankbar — meinem Engel und Peter Ricklin.

Alle diese Erfahrungen haben mich um vieles reicher und reifer gemacht. Der Gedanke an den Tod bleibt irgendwie gegenwärtig und beschäftigt mich. Aber er vertieft eher mein Denken und Handeln. Ich nutze meine Zeit bewußt und tue mehr und mehr Dinge, die mir Spaß machen oder mich wirklich interessieren. Der Verwirklichung des Satzes: „Lebe jeden Tag so, als ob es Dein letzter ist", komme ich täglich näher. Ich arbeite an mir, geduldiger, gütiger und toleranter zu werden. Auch die Tränen fließen seltener. Im tiefsten Inneren hoffe ich auf einige Jahre mit Ejnar und unseren Kindern und Freunden hier in unserem Inselparadies, denn ich möchte sehen, wie alles weitergeht. Es ist interessant. Wir planen und arbeiten wieder gemeinsam, bauen einige Ferienhäuschen zum Vermieten hoch auf unserem hügeligen Land mit dem weiten Blick übers Wasser, da mehr und mehr Menschen die einzigartige Schönheit Abacos entdecken und diese Insel lieben. Im Sommer versuchte ich, auf einem Wasserski zu starten. Es gelang mir sofort und gab mir großen Auftrieb. Davon angeregt, holte ich meinen Windsurfer hervor und segelte lautlos, der goldenen Sonnenstraße folgend, auf mein geliebtes Meer hinaus.

Wiedersehen mit Ostpreußen

Seit meinem letzten Besuch in der Heimat im Winter 1944/45 verfolgte mich von Zeit zu Zeit der gleiche Traum. Ich stieg aus dem Wagen, der mich von der Bahnstation Perlswalde abgeholt hatte, und eilte als erstes in den Pferdestall, um meinen geliebten Dandy zu besuchen. Die Boxen waren leer bis auf eine, in der ich das schöne Pferd in bemitleidenswertem Zustand vorfand. Seine Fesseln waren geschwollen, unter dem struppigen Fell stachen die Knochen heraus. Sein Kopf hing müde über der leeren Krippe. Ein tiefes Schuldgefühl zerriß mir fast das Herz. Ich wollte ihn aus dem dunklen Stall in die Sonne führen, füttern, tränken und pflegen. Sowie ich ihm das Halfter anzulegen versuchte, wachte ich jedesmal schweißgebadet auf, und meine schweren Gedanken hingen dem Traum noch lange nach.

In Wirklichkeit hatte unser Förster Endruschat ihn kurz vor Aufbruch zur Flucht im Wald erschossen, da er ein Reitpferd und zum Wagenziehen ungeeignet war. Irgendwie war diese Tatsache bei den Wirren des Kriegsendes nicht wirklich von meinem Bewußtsein aufgenommen und verarbeitet worden. Dandy lebte wohl darin weiter und verursachte dieses tiefe Schuldgefühl, ihn vernachlässigt und verhungernd zurückgelassen zu haben. Nur so konnte ich mir den sich wiederholenden Traum erklären.

Da unser zweiter Sohn Frederik sich besonders für alles interessierte, was mit Guja, Launingken und Ostpreußen überhaupt zusammenhing, beschlossen wir beide, mit meinem Lieblingsvetter und seiner Frau im Auto nach Ostpreußen zu fahren. Frederik als Bahamer erhielt sein polnisches Visum in London sofort, während meines erst nach sechs Wochen erteilt wurde. Ich hatte immer noch einen deutschen Paß, in dem als Geburtsort Guja angegeben war. Dieser Name war von den Polen kaum abgeändert worden.

Mein Vetter hatte alles von Deutschland aus vorbereitet, so daß wir vier zur beginnenden Sommerszeit im Juni mit seinem Auto von Osnabrück abfahren konnten. Die Grenzübertritte in die und aus der DDR sind mir in höchst unangenehmer Erinnerung. Nach all den Jahren im Ausland war ich einen solchen Ton nicht mehr gewöhnt und hatte große Mühe, meinen Mund zu halten.

Wir ließen uns Zeit auf der Reise in die Vergangenheit. Es war herrlich, an irgendeinem Kornfeld zu halten, das blau von Kornblumen leuchtete, oder roten Klatschmohn am Rande eines Gerstenackers zu pflücken. Je weiter wir nach Osten vordrangen, desto

wacher wurden die Sinne. Alte Erinnerungen drängten sich auf. Die weite Landschaft, die kristallklare Luft, das helle, durchsichtige Licht, die Düfte und Geräusche —, das alles hatte ich seit vielen Jahren nicht mehr wahrgenommen, und es wirkte berauschend wie Sekt auf mich. Aber auch Frederik, der die Landschaft zum erstenmal erlebte, hatte ganz ähnliche Empfindungen.
Unsere erste Nacht verbrachten wir in Posen in einem Orbis Hotel. Neben vielen Deutschen gab es auch englische, amerikanische und französisch sprechende Touristen. In der langsam fortschreitenden östlichen Dämmerung schlenderten wir durch die alte Stadt am Dom vorbei. Einige Mauersegler, die sich beim Insektenfang verspätet hatten, schlüpften unter die Dachpfannen zu ihren Nestern. Ihre lauten Rufe hatte ich so lange nicht gehört, daß ich sie beinahe vergessen hatte. Ein leiser Abendwind raschelte in den Linden. Die Polen hatten fast alle häßlichen Kriegsspuren beseitigt und mit viel Liebe und wirklichem Können das alte Stadtbild wieder hergestellt.
Von Posen ging es weiter nach Allenstein. An einem klaren Wiesenbach machten wir halt und kühlten unsere Füße darin. Ich entdeckte einen Hecht in der Biegung des Flüßchens unter einem überhängenden Grasbüschel. Seine Form erinnerte an die Barrakudas unseres bahamischen Meeres. Lerchen schraubten sich laut singend aus dem zarten Wiesengrün ins Himmelblau. Einige Kiebitze schimpften über unsere Gegenwart. Besonders in Ostpreußen, so schien es mir, gibt es dieses Übereinstimmen von Klarheit der Luft, Tönen, Gerüchen und Farben. Auch das Klappern eines vorbeifahrenden Pferdewagens paßte dazu. Am liebsten wäre ich an diesem Wiesenrain geblieben und hätte mich von der Welle meiner Empfindungen forttragen lassen. Ich war gar nicht neugierig, wie das Wiedersehen mit Guja und Launingken auf mich wirken würde und welche Wunden es aufreißen könnte. Hier wußte und empfand ich deutlicher denn je, daß trotz des äußeren Verlustes der Heimat die Seele nichts verlieren kann, was sie einmal besessen hat.
Wir fuhren weiter in Richtung Angerburg. Einige Güter und Dörf-

chen waren mir gleich vertraut, sie hatten sich kaum verändert. Bei anderen hatte ich Schwierigkeiten, sie wiederzuerkennen. In Angerburg hatte mein Vetter ebenfalls in einem Orbis-Hotel Quartier bestellt. Er und seine Frau schliefen in einem kleinen Zimmer neben Frederik und mir. Zum Waschen gab es einen gemeinsamen Duschraum. Frederik freundete sich sofort mit einigen jungen Polen an, die ihn zu unendlichen Mengen Bier, „Pivo" genannt, einluden. Es bedurfte jede Nacht großer Diplomatie seinerseits, sich ohne sie in unser kleines Zimmer zu schleichen, in dem ich bereits seit Stunden schlief. Wenn ich früh um fünf Uhr als erste zu dem einzigen Duschraum ging, mußte ich gewöhnlich über drei oder vier völlig betrunkene Polen steigen, die den Rest der Nacht vor unserer Tür zugebracht hatten.

Das Essen war reichlich und wurde uns in einem Saal von jungen Polinnen auf einen Teller gehäuft serviert. Ein polnischer Musikprofessor nahm die Rolle eines Managers ein. Er verbrachte seine Ferien hier in dieser Eigenschaft und sprach außer deutsch auch leidlich englisch und fließend französisch. Frederik, der mit der hübschesten Serviererin zu flirten versuchte, obwohl eine Verständigung nur durch Zeichensprache zustande kam, brachte das Mädchen oft in Verlegenheit. Jedesmal, wenn es Huhn gab, was sehr häufig der Fall war, erhielt er ein Bein, hätte aber lieber ein Bruststück gehabt. Um sich der hübschen Polin verständlich zu machen, deutete er auf das Hühnerbein und dann auf ihren Schenkel, wobei er energisch verneinend den Kopf schüttelte. Dann wies er auf ihre Brust, strahlte sie an und nickte bejahend mit dem Kopf. Sie wurde rot und lief davon. Kurz darauf erschien der Professor und fragte in strengem Ton, was Frederiks anzügliche Zeichen zu bedeuten hätten, worauf dieser ihm lachend erklärte, daß er ein Stück Hühnerbrust einem Bein vorzöge und daß er sich der Zeichensprache bedienen müsse, um sein Ziel zu erreichen. Erleichtert ging der Professor davon, und die kleine Polin kam mit zwei Bruststücken zurück, die sie etwas patzig vor Frederik hinstellte. Er bedankte sich, indem er ihr eine Kußhand zuwarf. Errötend lief sie wieder davon.

Am Abend wurde von sämtlichen Gästen und dem Hotelpersonal ein Fußballweltmeisterschaftsspiel zwischen Deutschland und Polen im Fernsehen verfolgt. Frederik saß neben seiner Polin und erklärte ihr ebenfalls durch Zeichensprache, daß ihr Land bestimmt verlieren würde. Das Spiel war sehr aufregend und Franz Beckenbauer in seiner üblichen Glanzform. Als das entscheidende Tor geschossen wurde, brach sie in Tränen aus und stampfte wütend mit dem Fuß auf. Frederik tat sein Bestes, um sie zu trösten. Doch richtig kam sie erst über ihren Schmerz und ihre Schüchternheit hinweg, als er mit ihr am Abend zu den Klängen eines Akkordeons, einer Geige und eines Schlagzeugs Krakowiak tanzte und mehrfach dabei hinfiel.
Frühmorgens wachte ich gewöhnlich von dem Flöten und den Balzrufen eines Pirols auf, der vor dem Fenster in den Birken saß. Es hielt mich nicht länger im Zimmer. Ich ging den Pfad zur Angerapp hinunter und folgte ihrem Lauf bis zur Mündung in den Mauersee. Über gelben Mummelblüten schwebten verschiedenfarbige Libellen. Rohrammern zeterten im Schilf, Bleßhühner schwammen emsig und laut rufend zwischen großen grünen Seerosenblättern hin und her und tauchten nach Nahrung. Aus dem nahen Weidengestrüpp ertönte ein verspätetes Nachtlied des Sprossers, einer Nachtigallenart. Ein Fasan ließ seinen eintönigen Balzruf ganz in meiner Nähe ertönen. Bei all diesen Vogelstimmen und Bildern fühlte ich mich in die Gujaer Morgenstunden mit meinem Vater versetzt. 1973 war er am Dummersee gestorben. Er hatte es nie übers Herz gebracht, eine Reise in die Heimat zu unternehmen. Auch Mutter hatte die Reise mit uns in die verlorene Heimat nicht mitmachen wollen. Ich verstand und respektierte ihre Einstellung.
Der Professor riet uns, die erste Fahrt nach Guja mit einem Taxi zu unternehmen, da die Wege fast unpassierbar seien und es eines hochbeinigen Autos bedürfe, um durchzukommen. Auch hatten wir eine kleine 14jährige Dolmetscherin in Angerburg ausfindig gemacht, die von ihrer deutschen Mutter genügend gelernt hatte, um sich einigermaßen verständlich zu machen. So fuhren

wir denn in einem schwarzen knatternden und ratternden Taxi am Morgen los, kamen auf der recht guten Chaussee an den mir so vertrauten Nachbargütern Schönbrunn, Dombrowken und anderen vorbei, bis die Chaussee hinter dem Dorf Groß Guja in einem Landweg endete. Über diesen Weg schwankte und schaukelte das Auto derart, daß man meinte, seekrank zu werden. Mehrmals blieben wir stecken, stiegen aus und schoben. Einmal kippten wir fast um. Frederik hatte solche Straßen noch nie gesehen. Auch früher war dieser Weg im regnerischen November nicht viel besser gewesen. Doch hatte mein Vater ein Zweiergespann mit einem Reiter arrangiert, das vor den alten Fiat gehängt wurde. Die Pferde zogen das Auto vier Kilometer lang durch Pfützen und Morast auf die Chaussee, auf der es selbständig weiterfahren konnte.

Als wir in den hohen Mischwald einbogen, schlug mein Herz heftiger. Hier hatte sich seit meinen Ritten vor 30 Jahren kaum etwas verändert. Sogar die alte Eiche, die schon im Ersten Weltkrieg von den Russen halb abgehackt worden war, stand noch. Wie oft hatte ich die Geschichte gehört, daß Hindenburgs Soldaten die Russen beim Fällen der Eiche überrascht und zurückgeschlagen hatten. Der Baum hatte in vielen Jahren die Wunde zu schließen versucht. Dadurch war ein trichterartiges Loch entstanden, in das mein Bruder und ich als Kinder ein silbernes 5-Markstück geworfen hatten. Es mußte eingewachsen sein, denn nun sah man nur noch eine breite Querschnittsnarbe an der riesigen Eiche. Am Waldrand lag der alte Friedhof, und neben ihm waren die Gräber von gefallenen Deutschen und Russen des letzten Weltkrieges zu sehen. Die 500 gefallenen Russen aus dem Ersten Weltkrieg lagen auf dem sogenannten Russenberg, auf dem ein großes russisches Kreuz gestanden hatte. Doch das war nicht mehr dort. Tiefe Schützengräben zeugten noch an vielen Stellen von den schweren Kämpfen auf diesem Stückchen Erde.

Den Wald hinter uns lassend, fuhren wir den vertrauten Weg an den Häusern unserer ehemaligen Gutsleute vorbei. Dann über die Brücke des Rawdaflüßchens hinauf auf den Berg, auf dem das

Gutshaus stand. Merkwürdigerweise erschien mir alles viel kleiner und enger beisammen. Das Gutshaus sah sehr verkommen aus. Der mittlere Teil, in dem der Saal sowie Eß-, Jagd- und Birkenzimmer lagen, war unbewohnbar geworden und durch Steinmauern abgetrennt, so daß man nicht hinein konnte. Auch der obere Stock mit Schlaf- und Gästezimmern war dadurch nicht zu betreten. Auf der Westseite wohnte eine ukrainische Familie eng zusammengedrängt in der früheren sogenannten Milchküche. Auf der Ostseite in einem kleinen runden Anbau, den wir das Schwalbennest genannt hatten, hauste in ebenso primitiven Verhältnissen eine polnische Familie. Daß ich hier geboren und aufgewachsen war, ließ ich jedoch nicht verlauten.
Der einst so freie Blick von der Terrasse aus auf den See war zugewachsen, der Garten eine Wildnis geworden. Die Tannenhecke an der Nordseite des Hauses war zu großen Bäumen herangewachsen, die das Haus düster erscheinen ließen. Da wir in das Innere nicht weiter vordringen konnten, lief ich zum Pferdestall und schaute, wie so oft in meinem Traum, in die Boxen. Sie waren alle leer und hoch mit Mist gefüllt. Die Pferde schienen auf der Weide zu sein.
Hier in der Stille und Dunkelheit des Stalles wollte mich Traurigkeit überfallen. Aber da flog eine Schwalbe durch ein zerbrochenes Glasfenster über meinen Kopf. Aus den wehmütigen Gedanken herausgerissen, folgten ihr meine Blicke. Über Dandys Box klebte ein Schwalbennest mit sechs Jungen, die laut schreiend ihre Schnäbel geöffnet hatten und um Futter bettelten. Hastig stopfte die Alte ihre Beute in einen Rachen und glitt zwitschernd wieder in den sonnigen Tag hinaus. Das Leben geht weiter. Die Natur gleicht aus, heilt und tut wohl.
Frederik, mein Vetter und seine Frau hatten sich inzwischen mit Hilfe der Dolmetscherin mit dem ukrainischen Ehepaar unterhalten. Sie waren unglücklich hier, waren zwangsweise umgesiedelt worden und sehnten sich nach ihrer Heimat. Hinzu kam, daß sie an einen dauernden Aufenthalt hier nicht glaubten und sich deshalb auch keine Mühe gaben, ansässig zu werden. Das Verhältnis

zu den Polen nebenan schien eher kühl. Wir verteilten unsere Geschenke. Ich hatte keine Lust, noch weitere verwahrloste Gebäude anzusehen, und so fuhren wir mit unserem Schaukeltaxi wieder davon.
In den nächsten Tagen aber unternahm ich mit Frederik Ausflüge in die Landschaft meiner Kindheit. Von Groß Guja aus gingen wir über die Wiesen zum Vorwerk Neu Guja und zum See. Mein Vetter fuhr uns bis zum Chaussee-Ende, so daß wir kein Taxi brauchten. Am Abend holte er uns dort wieder ab. Das ließ uns Zeit, ungestört auf den alten vertrauten Wegen durch die heimatliche Landschaft zu wandern.
Unvergeßlich ist mir mein Schulweg zwischen dem Dorf Groß Guja und unserem Gut, der durch Wiesen und Weidelandschaft am Ufer des Rawdaflüßchens entlangführte. Nichts hatte sich hier verändert. Wir liefen durch kniehohes Gras mit blühendem Wiesenschaumkraut und wildem Sauerampfer. Sogar einige vierblättrige Glücksklee fand ich an derselben Stelle, an der ich sie als Kind gefunden hatte. Vom Vorwerk Neu Guja aus wanderten wir über die hügelige Moränenlandschaft hin zum See durch ein blühendes blaues Lupinenmeer, an den von Mutter gepflanzten Heckenrosen vorbei, die ihren zarten vertrauten Duft ausströmten.
Vom Schlangenberg bot sich uns ein großartiger Blick über den See. Die Zahl der wilden Schwäne schien sich verdoppelt oder verdreifacht zu haben. Am Nordufer des Sees erhoben sich die Wachttürme der russischen Grenzposten. Ein freundlicher polnischer Landarbeiter, den wir beim Grünfuttermähen überraschten, hob drohend seine Faust in Richtung der Wachttürme, als er bemerkte, daß wir sie mit dem Fernglas anschauten. Die Polen hätten wirklich Grund, uns Deutsche zu hassen, doch schien mir ihr Haß gegen die Russen unvergleichlich größer zu sein.
Am Waldrand äste ein Sprung Rehe. Der Wild- und Vogelreichtum dieses Landstriches schien unerschöpflich. Auch die heimatlichen verschiedenen Schmetterlingsarten waren in großer Zahl vorhanden. Auf einem Heuhaufen lagerten wir uns ein Weilchen

und ließen den Gedanken freien Lauf. Frederik mußte viele alte Geschichten anhören. Beim Anblick des nahen Teufelsbruchs fiel mir ein, daß mein Bruder mich einmal gebeten hatte, auf einen Baum zu klettern und aus einem Elsternnest ein Ei für seine Sammlung zu holen. Ich war hinaufgeklettert, und als ich in das Nest über mir gelangt hatte, war mir ein Marder fauchend ins Gesicht gesprungen. Ich war damals dermaßen erschrocken, daß ich wie eine reife Pflaume hinunterfiel.
Diese Wanderungen durch die vertraute Landschaft, die unverdorbene Natur bedeuteten für mich das eigentliche und wesentliche Wiedersehen mit der Heimat. Es war beglückend, daß mich der Anblick der verwahrlosten Gebäude kaum berührte. Auch wurde mir dabei klar, wie sehr die Bahamas mir zu einer wirklichen Heimat geworden waren.
Bei unserem letzten Spaziergang besuchten wir noch einmal die beiden Familien auf Guja. Als wir ihnen diesmal verständlich machten, daß ich hier geboren und daß Frederik mein Sohn war, wollten mir die Frauen die Hände küssen, was mir höchst unangenehm war. Sie eilten ins Haus und beschenkten uns trotz ihrer Armut mit frischen Eiern und Räucherspeck. Ich hatte ihnen Röcke, Blusen und Pullover mitgebracht. Frederik, der erfahren hatte, daß Blue jeans von den Männern am allerbegehrtesten waren, gab ihnen alle seine Jeans. Über dieses Geschenk gerieten sie in helle Begeisterung. Unter herzlicher Umarmung verabschiedeten wir uns und gingen schweigend den Weg nach Groß Guja zurück. Mir wurde ganz warm zumute, als ich das vertraute Gesicht meines Vetters sah, der am Ende der Chaussee auf uns wartete.
An einem der nächsten Tage fuhren wir nach Launingken. Hier befanden sich die Gräber unserer Großeltern und die der Eltern meines Vetters. Das geräumige Gutshaus war dem Erdboden gleichgemacht. Nur der uralte Park, durch dessen Mitte die klare Angerapp floß, ließ ahnen, daß hier einmal ein altes Gutshaus gestanden hatte. Der vielseitige Wirtschaftsbetrieb mit Elektrizitätswerk, Ziegelei, Schneidemühle, Viehzucht, Ackerbau und Forstwirtschaft war eine Kolchose geworden und einzig und allein auf

Milchproduktion von Holsteinkühen umgestellt worden. Wir sprachen mit dem polnischen Verwalter, der uns reserviert aber nicht unhöflich empfing. Er residierte im früheren Försterhaus. An den Wänden hingen Auszeichnungsplaketten für Höchstleistungen seiner Milchproduktion.
Wir wären gerne zu den Gräbern gegangen, aber das wurde uns nicht gestattet. So fuhren wir recht unbefriedigt wieder nach Angerburg zurück. Ein kleiner Trost für mich war, daß es jetzt auf den Dächern der Stallungen mehr Storchennester gab als früher.
Die restlichen Tage benutzten wir zu Fahrten in die weitere Umgebung und zu einer Dampferfahrt über die Masurischen Seen. Das Land war uns durch Hitlers Irrsinn genommen worden. Aber die Natur lebte weiter. Es war tröstlich zu wissen, daß die Polen, die neuen Herren, sie nicht vergewaltigten. Mein bedrückender Traum von Dandy beunruhigte mich nie wieder.

Auf dem Rückweg nach Westdeutschland hatten wir Zeit, die vielen Eindrücke, jeder auf seine Art, zu verarbeiten. Das Wiedersehen mit Ostpreußen war für mich ein geheimer Wunschtraum gewesen, der durch die vielen Ereignisse in meinem Leben oft überdeckt, aber nie erloschen war. Nun hatte er sich erfüllt.
Einige wehmütige, jedoch überwiegend dankbare und positive Empfindungen hatte er bei mir ausgelöst. Wie gut war ich in Guja und Launingken für die Zukunft erzogen worden. Es wurde mir rückblickend ganz klar. Hier waren Liebe und Verständnis für Menschen, Tiere und Pflanzen erweckt worden, die es mir später ermöglicht hatten, mich einzufühlen in die ganz andersgeartete Welt der Bahamas.
Mein Engel hat es weise eingerichtet und besonders gut mit mir gemeint, daß ich fern von Großstädten, der Natur nahe und verbunden bleiben durfte. In ihr kenne ich mich aus, fühle mich geborgen und zu Hause. Ganz gleich, ob es die dunklen Wälder, die weiten Wiesen und blauen Seen Ostpreußens waren oder ob es das grüne Meer, die leuchtenden Sandstrände und palmenumsäumten Inseln der Bahamas sind.

Wehmut wollte bei dieser letzten Begegnung mit der Heimat aufsteigen, als wir vom Russenberg noch einmal über das Elternhaus zum See schauten. Aber da nahm Frederik mich bei der Hand und sagte: ,,Komm, nun fahren wir wieder nach Hause!"